W0219934

C. ten Boom und J. u. E. Sherrill

Corrie ten Boom
und
J. und E. Sherrill

Corrie ten Boom erzählt aus ihrem Leben

ABC team

R. BROCKHAUS VERLAG WUPPERTAL

ABCteam hat sich preiswerte Veröffentlichungen und die weite Verbreitung des christlichen Buches zur Aufgabe gemacht.

Die Auswahl der aufzunehmenden Titel wird von einem Kreis bekannter christlicher Persönlichkeiten getroffen.

Neben den ABCteam-Bänden erscheint eine verbilligte Sonderausgabe für Mitglieder des ABCteam-Buchclubs.

ABCteam-Bände erscheinen zunächst in folgenden Verlagen:
Aussaat-Verlag Wuppertal / R. Brockhaus Verlag Wuppertal
Brunnen Verlag Gießen / Christliches Verlagshaus Stuttgart
Oncken Verlag Wuppertal.

ABCteam-Bände kann jede Buchhandlung besorgen.

Deutsch von Dr. Hansjürgen Wille und Barbara Klau

Die Originalausgabe erschien unter dem Titel: *The Hiding Place*
im Verlag Chosen Books Chappaqua

© 1971 by Corrie ten Boom und John und Elizabeth Sherrill

1. Auflage 1972
2. Auflage 1973

Umschlaggestaltung: Joachim Zimmerbeutel
Druck: Herm. Weck Sohn, Solingen

ISBN 3-417-00380-6

INHALT

VORWORT

Als wir Material für ein Buch über Bruder Andrew sammelten, stießen wir immer wieder auf einen Namen: Corrie ten Boom. Diese Holländerin — als wir zum erstenmal von ihr hörten, war sie Mitte siebzig — war Bruder Andrews liebste Reisegefährtin. Ihm fielen so viele faszinierende Geschichten über sie ein, daß wir schließlich die Hände heben mußten, um seinen Erinnerungsstrom zu stoppen. »Sie würde nie in das Buch passen«, sagten wir. »Man müßte ein Buch über sie allein schreiben.« Man sagt so etwas dahin, ohne es eigentlich ernst zu meinen.

Im Mai 1968 wohnten wir einem Gottesdienst in Deutschland bei. Ein Mann sprach über seine Erlebnisse in einem Nazi-Konzentrationslager. Sein Gesicht erzählte die Geschichte beredsamer als seine Worte: Augen, in denen sich noch erlebte Qualen spiegelten, zitternde Hände, die nicht vergessen konnten. Ihm folgte am Lesepult eine weißhaarige Frau von breiter Gestalt und mit einem Gesicht, das Liebe, Frieden, Freude ausstrahlte. Aber — die Geschichte, die diese beiden Menschen berichteten, war die gleiche. Auch sie war in einem Konzentrationslager gewesen, hatte die gleiche Grausamkeit erlebt, die gleichen Verluste erlitten. Seine Reaktion war leicht zu verstehen. Aber ihre?

Wir blieben nach dem Gottesdienst noch, um mit ihr zu sprechen, und da ging uns auf, daß es niemand anderes als Andrews Corrie war. Cornelia ten Booms weltweite Mission, zu trösten und zu raten, hatte dort in dem Konzentrationslager begonnen, wo sie »Einen Schild vor dem Wind, eine Zuflucht vor dem Sturm . . . den Schatten eines großen Felsens in einem elenden Land« gefunden hatte. Sie mußte aber erst noch entdecken, daß, wenn das Schlimmste geschieht, das Beste noch vor einem liegt.

Bei weiteren Besuchen lernten wir diese erstaunliche Frau gut kennen. Zusammen besuchten wir das verwinkelte kleine holländische Haus — ein Zimmer breit —, wo sie bis in ihre fünfziger Jahre das ereignislose Leben einer unverheirateten Uhrmacherin führte und, während sie für ihre ältere Schwester und ihren alten Vater sorgte, nicht einmal im Traum ahnte, daß große Abenteuer ihrer harrten. Wir besuchten den Garten in Südholland, wo die junge Corrie ihr Herz für immer verschenkt hatte. Besuchten das große Ziegelhaus in Haarlem, wo Pickwick mitten im Krieg echten Kaffee servierte ... Und die ganze Zeit hatten wir das seltsame Gefühl, daß wir nicht in die Vergangenheit, sondern in die Zukunft blickten. Als sprächen diese Menschen und Orte nicht von Dingen zu uns, die bereits geschehen waren, sondern von der Welt der siebziger Jahre, die da noch vor uns lag. Und schon entdeckten wir, daß wir das, was wir von ihr lernten, in die Praxis umsetzten:

Mit der Trennung fertig werden.
Mit weniger auskommen können.
Sicherheit inmitten der Unsicherheit.
Vergebung.
Wie Gott Schwäche benutzen kann.
Mit schwierigen Menschen fertig werden.
Dem Tod ins Auge sehen.
Wie man seine Feinde liebt.
Was tun, wenn das Böse siegt.

Wir sprachen mit ihr darüber, daß ihre Erinnerungen ein Licht auf Probleme und Entscheidungen zu werfen schienen, vor denen wir im Augenblick standen. »Aber«, sagte sie, »dafür ist die Vergangenheit da. Jedes Erlebnis, das Gott uns schenkt, jeder Mensch, den er uns im Leben schickt, ist die vollkommene Vorbereitung auf die Zukunft, die allein er sehen kann.«

Jedes Erlebnis, jeder Mensch ... Vater, der jede Uhr zu reparieren vermochte und dann die Rechnung zu schicken vergaß. Mama, deren Körper ein Gefängnis wurde, deren Seele sich aber frei emporschwang. Betsie, die aus drei Kartoffeln und zweimal benutzten Teeblättern ein Festmahl zaubern konnte. Als wir in die blitzenden blauen Augen dieser durch nichts zu entmutigenden Frau blickten, wünschten wir, daß diese Menschen auch zu unserem Leben gehörten.

Und dann, natürlich, wurde uns klar, daß sie es könnten ...

John und Elizabeth Sherrill
Chappaqua, New York

DIE HUNDERTJAHRFEIER

Als ich an diesem Morgen aus dem Bett sprang, bewegte mich nur die eine Frage: Sonne oder Nebel? Gewöhnlich war es im Januar in Holland neblig, feucht, kalt und grau. Aber manchmal, an einem jener seltenen, zauberhaften Tage, brach eine weiße Wintersonne durch. Ich beugte mich, so weit ich konnte, aus dem einzigen Fenster meines Schlafzimmers hinaus; es war immer schwer, vom Beje den Himmel zu sehen. Kahle Ziegelmauern blickten mich an, die Hinterfronten anderer alter Häuser in diesem dicht bevölkerten Zentrum des alten Haarlem. Aber als ich den Hals reckte, sah ich über den komischen Dächern und schiefen Schornsteinen ein viereckiges Stück blaßblauen Himmels. Zu Ehren der Feier würde es ein sonniger Tag werden!

Ich versuchte, mich im Walzertakt zu drehen, als ich mein neues Kleid aus dem alten Schrank herausnahm. Vaters Schlafzimmer war direkt unter meinem, aber mit siebenundsiebzig hatte er einen gesunden Schlaf. Das war einer der Vorteile des Altwerdens, dachte ich, während ich in die Ärmel schlüpfte und dann auf den Spiegel in der Schranktür schaute. Obwohl manche Holländerinnen 1937 ihre Röcke knielang trugen, reichte meiner noch bis fast an die Schuhe.

»Du wirst nicht jünger«, sagte ich zu meinem Spiegelbild. Vielleicht war es das neue Kleid, das mich mir gegenüber kritischer machte als sonst: fünfundvierzig Jahre alt, unverheiratet, von schmaler Taille schon lange keine Rede mehr. Meine Schwester Betsie hatte noch, obwohl sie sieben Jahre älter war als ich, die anmutige Schlankheit, die Leute auf der Straße sich nach ihr umdrehen und ihr nachblicken ließ. Es hatte wirklich nichts mit ihrer Kleidung zu tun; aber wenn Betsie ein Kleid anzog, geschah etwas wie ein Wunder damit.

Bei mir gingen Säume auf, rissen Strümpfe und zerknitterten Kragen — bis Betsie sich ihrer annahm. Aber heute, dachte ich, als ich, so weit ich es in dem kleinen Zimmer konnte, von dem Spiegel zurücktrat, stand mir dunkelbraun sehr gut.

Unten an der Haustür klingelte es. Besuch? Vor sieben Uhr morgens? Ich öffnete meine Schlafzimmertür und lief die steile, sich windende Treppe hinunter. Diese Treppe war erst später in dieses seltsame alte Haus eingebaut worden. In Wirklichkeit waren es zwei Häuser. Das Vorderhaus war ein typisches kleines Althaarlemer Haus, drei Stock hoch, zwei Zimmer tief und nur ein Zimmer breit. Irgendwann in seiner langen Geschichte hatte man die Hinterwand durchbrochen, um es mit dem noch schmaleren, höheren Haus dahinter zu verbinden — jenes Haus hatte nur drei Räume, einer über dem anderen, und diese schmale Wendeltreppe zwängte sich zwischen die beiden.

So schnell ich auch lief, Betsie war vor mir an der Haustür. Ein riesiger Blumenstrauß füllte die Tür. Als sie ihn in Empfang nahm, wurde ein kleiner Botenjunge sichtbar.

»Ein schöner Tag für die Feier, Fräulein«, sagte er und versuchte, an den Blumen vorbeizuspähen, als ob Kaffee und Kuchen bereits auf dem Tisch stehen müßten. Er würde später zu der Feier kommen, wie, so schien es, ganz Haarlem.

Betsie und ich suchten in dem Bouquet nach der Karte. »Pickwick«, riefen wir wie aus einem Munde.

Pickwick war ein ungeheuer reicher Kunde, der nicht nur die prächtigsten Uhren kaufte, sondern oft in die Privaträume über dem Laden heraufkam. Sein wirklicher Name war Hermann Sluring; Pickwick nannten Betsie und ich ihn, weil er genauso aussah wie die Zeichnung von Mr. Pickwick in unserer Dickensausgabe. Hermann Sluring war ohne Zweifel der häßlichste Mann in Haarlem, klein, kahlköpfig, kugelrund wie ein Holländerkäse; außerdem schielte er, so daß man nie ganz sicher war, ob er einen oder jemand andern ansah — und so reizend und großzügig er war, sein Anblick war geradezu furchterregend.

Die Blumen waren an der Seitentür abgegeben worden, der Tür, die die Familie benutzte und die in einen schmalen Gang führte, und Betsie und ich trugen sie aus dem kleinen Flur in den Laden. Als erstes betrat man die Werkstatt, in der Uhren aller Art repariert wurden. Dort war die hohe Werkbank, über die sich Vater so viele Jahre gebeugt hatte, wenn er die feinste und mühevollste Arbeit, die in Holland als die edelste galt, verrichtete. Und in der Mitte des Raumes stand meine Bank, daneben die des Lehrlings Hans und an der Wand die des alten Christoffels.

Hinter der Werkstatt war der für die Kundschaft bestimmte Teil des Ladens mit seinem Glasschrank voller Uhren. Alle Wanduhren zeigten sieben Uhr, als Betsie und ich die Blumen hineintrugen und überlegten, wo wir sie am besten hinstellten. Seit meiner Kindheit war es immer meine größte Freude gewesen, diesen Raum zu betreten, in dem Hunderte tickende Stimmen mich begrüßten. Es war drinnen noch dunkel, denn die Fensterläden waren noch nicht geöffnet. Ich schloß die Ladentür auf und ging auf die Barteljorisstraat hinaus. Alle Läden in der engen Straße waren noch geschlossen und stumm: der des Optikers nebenan, der Kleiderladen, die Bäckerei, Weils Pelzgeschäft auf der anderen Straßenseite.

Ich öffnete unsere Läden und betrachtete einen Augenblick bewundernd die Auslage im Schaufenster, über die Betsie und ich uns schließlich geeinigt hatten. Dieses Schaufenster war immer der Anlaß zum Streit zwischen uns. Ich wollte so viel von unserer Ware ausstellen wie möglich, während Betsie fand, daß zwei oder drei kostbare Uhren auf einem schön drapierten Stück Seide oder Satin eleganter und anlockender wirkten. Aber diesmal befriedigte das Fenster uns beide: es stand eine Sammlung von Uhren und Taschenuhren darin, die alle mindestens hundert Jahre alt waren und die wir uns für diesen Anlaß von Freunden und Antiquitätenhändlern in der ganzen Stadt geliehen hatten, denn heute beging das Geschäft seinen 100. Geburtstag. Am gleichen Tage, im Januar 1837, hatte unser Großvater väterlicherseits in dieses Schaufenster ein Schild gestellt, auf dem stand: *ten Boom. Uhren.*

In den letzten zehn Minuten hatten die Kirchenglocken von Haarlem, unbekümmert um Pünktlichkeit, sieben Uhr geläutet, und jetzt schlug die große Glocke von St. Bavo auf dem nahen Platz feierlich siebenmal. Ich blieb auf der Straße stehen, um die Schläge zu zählen, obwohl es in der Frühe dieses Januartages kalt war. Jeder in Haarlem hatte natürlich jetzt ein Radio, aber ich konnte mich noch an die Zeit erinnern, als das Leben der Stadt sich nach dem Läuten von St. Bavo gerichtet hatte, und nur Eisenbahner und andere, die die genaue Zeit wissen mußten, waren hergekommen, um auf die »astronomische Uhr« zu sehen. Vater fuhr jede Woche mit dem Zug nach Amsterdam, um seine Uhr genau nach der des Marineobservatoriums zu stellen, und er war äußerst stolz darauf, daß die astronomische Uhr im Laufe der Woche nie mehr als zwei Sekunden vor- oder nachging. Jetzt stand sie groß und glänzend, aber ihres Ruhms beraubt, auf ihrem Betonsockel im Laden.

An der Haustür klingelte es wieder. Es kamen weitere Blumen, und das ging eine Stunde lang so. Große und kleine Sträuße, kunstvolle Arrangements und zu Hause gezüchtete Pflanzen in Tontöpfen. Denn obwohl die Feier dem Laden galt, die Zuneigung der ganzen Stadt galt Vater. »Haarlems großen alten Mann« nannte man ihn, und die Leute kamen, um es zu beweisen. Als der Laden und die Werkstatt keinen Strauß mehr aufnehmen konnten, begannen Betsie und ich, die Sträuße in die beiden Zimmer über ihm hinaufzutragen. Obwohl Tante Jans schon zwanzig Jahre tot war, waren das immer noch »Tante Jans' Zimmer«. Sie war Mutters ältere Schwester, und man spürte ihre Gegenwart noch in den schweren dunklen Möbeln, die sie hinterlassen hatte.

Betsie stellte einen Topf mit Tulpen aus dem Gewächshaus hin und trat mit einem Ausruf des Entzückens ein paar Schritte zurück.

»Corrie, sieh doch, wieviel freundlicher es gleich wirkt!«

Arme Betsie. Das Beje wurde durch die Häuser ringsum so erdrückt, daß die Pflanzen vor den Fenstern, die sie in jedem Frühling zog, nie blühten.

Um Viertel vor acht kam Hans, der Lehrling, und um acht Toos, unsere Verkäuferin und Buchhalterin. Toos war eine mürrische Person, deren launenhaftes Wesen es ihr unmöglich gemacht hatte, es länger in einer Stellung auszuhalten, bis sie — vor zehn Jahren — bei Vater eingetreten war. Vaters sanfte Höflichkeit hatte sie entwaffnet und milde gestimmt, und obwohl sie lieber gestorben wäre, als es zuzugeben, sie liebte ihn so heiß, wie sie die übrige Welt haßte. Wir ließen Hans und Toos unten, damit sie, wenn's klingelte, die Tür öffneten, und gingen hinauf, um zu frühstücken. Nur für drei, dachte ich, als ich deckte. Das Eßzimmer war in dem Haus hinten, fünf Stufen höher als der Laden, aber tiefer als Tante Jans' Zimmer. Für mich war dieser Raum, dessen einziges Fenster auf die hintere Gasse blickte, das Herz des Hauses. Dieser Tisch, auf dem eine Decke lag, hatte mir, als ich klein war, als Zelt oder als Räuberhöhle gedient. Als Schulmädchen hatte ich hier meine Hausaufgaben gemacht. An Winterabenden hatte uns Mama aus Dickens vorgelesen, während die Kohlen im Kachelofen einen roten Schein auf die Kachel warfen, auf der stand: »Jesus ist Sieger.«

Wir benutzten jetzt nur eine Ecke des Tisches, Vater, Betsie und ich. Aber für mich war die ganze Familie immer dort versammelt. Da waren Mamas Stuhl und die Plätze der drei Tanten gegenüber (nicht nur Tante Jans, sondern auch die beiden anderen Schwestern Mamas hatten bei uns gelebt). Neben mir hatte meine ältere Schwester, Nollie, gesessen, und Willem, der einzige Junge in der Familie, neben Vater.

Nollie und Willem hatten schon seit vielen Jahren ihr eigenes Zuhause. Und Mama und die Tanten waren tot, aber mir war es, als sähe ich sie hier noch immer. Ihre Stühle waren natürlich nicht lange leer geblieben. Vater konnte ein Haus ohne Kinder nicht ertragen, und jedesmal, wenn er von einem Kind hörte, das eine Heimat brauchte, erschien ein neues Gesicht am Tisch.

Irgendwie gelang es ihm, obwohl sein Uhrenladen nie viel einbrachte, elf weitere Kinder zu ernähren, zu kleiden, für sie zu sorgen, nachdem seine eigenen vier erwachsen waren. Aber jetzt waren auch die erwachsen und verheiratet oder arbeiteten irgendwo anders, und so deckte ich nur für drei.

Betsie brachte den Kaffee aus der kleinen Küche herein, die kaum mehr als eine Kammer war, und holte Brot aus dem Fach im Büfett. Sie stellte beides auf den Tisch, als wir Vater sehr vorsichtig die Wendeltreppe herunterkommen hörten. Pünktlich wie seine eigenen Uhren betrat er das Eßzimmer, wie er es, soweit ich mich zurückerinnern konnte, jeden Morgen getan hatte, um zehn nach acht.

»Vater!« sagte ich, als ich ihn küßte und den Zigarrenduft schnupperte, der immer an seinem langen Bart haftete, »ein sonniger Tag für die Feier!«

Vaters Haar und Bart waren jetzt so weiß wie das beste Tischtuch, das Betsie für diesen besonderen Tag aufgelegt hatte, aber seine blauen Augen hinter den dicken, runden Brillengläsern waren so milde und heiter wie je, und er blickte uns abwechselnd mit offener Freude an.

»Liebe Corrie! Meine liebe Betsie! Wie fröhlich und hübsch ihr beide ausseht!«

Er beugte den Kopf, als er sich setzte, segnete das Brot und fuhr dann eifrig fort: »Wie hätte eure Mutter diese neue Mode geliebt! Wie hätte sie sich über euer hübsches Aussehen gefreut!«

Betsie und ich starrten in unseren Kaffee, um nicht lachen zu müssen. Diese »neue Mode« brachte unsere jungen Nichten zur Verzweiflung, die uns immer in den Ohren lagen, daß wir uns heller kleiden, die Röcke kürzer und die Kleider tiefer ausgeschnitten tragen müßten. Aber obwohl wir konservativ waren, es stimmte, daß Mama nie etwas so Helles getragen hatte wie mein dunkelbraunes Kleid oder Betsies dunkelblaues. Zu Mamas Zeit kleideten sich verheiratete Frauen — und unverheiratete eines gewissen Alters — von Kopf bis Fuß schwarz. Ich hatte Mama und die Tanten nie in einer anderen Farbe gesehen.

»Wie hätte Mama all das heute genossen!« sagte Betsie. »Erinnerst du dich noch, wie sehr sie Feste liebte?«

Mama konnte so schnell Kaffee kochen und einen Kuchen backen, wie die meisten Menschen brauchen, um zu sagen: »Herzlichen Glückwunsch«, und da sie fast jedermann in Haarlem kannte, besonders die Armen und Kranken und Vernachlässigten, verging fast kein Tag im Jahr, an dem nicht jemand, wie sie mit leuchtenden Augen sagte, »gefeiert werden« mußte.

Und wir saßen am Kaffeetisch, so wie man das an Geburtstagen tut, und blickten zurück — zurück in die Zeit, da Mama noch lebte, und darüber hinaus. Zurück in die Zeit, da Vater ein kleiner Junge war, der in diesem Hause aufwuchs. »Ich bin in diesem Zimmer hier geboren«, sagte er, als hätte er das uns nicht schon hundertmal erzählt. »Natürlich war es damals nicht das Eßzimmer, sondern ein Schlafzimmer. Und das Bett stand in einem in die Wand eingebauten Schrank ohne Fenster und Licht. Ich war das erste Baby, das am Leben blieb. Ich weiß nicht, wie viele vor mir geboren waren, aber sie starben alle. Mutter hatte Tuberkulose, wißt ihr, und man wußte damals noch nicht, daß selbst die Luft ansteckend sein kann und daß man Babys von Kranken fernhalten muß.«

Es war ein Tag für Erinnerungen, ein Tag, in dem die Vergangenheit wieder lebendig wurde. Wie hätten wir ahnen können, als wir dort saßen — zwei ältere, unverheiratete Frauen und ein alter Mann —, daß statt Erinnerungen Abenteuer vor uns lagen, wie wir sie uns nicht einmal im Traum ausgemalt hätten? Abenteuer und Angst, Hölle und Himmel warteten unser, und wir wußten es nicht.

Ach, Vater, Betsie! Wenn ich es gewußt hätte, hätte ich mich dann hineingestürzt? Hätte ich dann tun können, was ich tat? Aber wie konnte ich es wissen? Wie konnte ich ahnen, daß dieser weißhaarige Mann, den alle Kinder Haarlems Opa oder Großvater nannten, von Fremden in ein namenloses Grab geworfen würde?

Und Betsie mit ihrem hohen Spitzenkragen und ihrer Gabe, Schönheit um sich zu verbreiten, wie konnte ich mir diesen geliebtesten Menschen in der Welt nackt in einem Raum voller Männer stehend vorstellen? In diesem Zimmer und an diesem Tage war so etwas überhaupt nicht vorstellbar.

Vater stand auf, nahm die große Bibel mit den Messingbeschlägen aus dem Regal, als Toos und Hans an die Tür klopften und hereinkamen. Jeden Morgen um halb neun wurde, und das war eine alte Tradition, für alle, die im Hause waren, aus der Bibel vorgelesen. Vater schlug das dicke Buch auf; und Betsie und ich hielten den Atem an. Bestimmt würde er gerade heute, da es so viel zu tun gab, nicht ein ganzes Kapitel lesen! Aber er wandte sich dem Lukasevangelium zu, der Stelle, wo er gestern aufgehört hatte — und gerade bei Lukas sind die Kapitel lang —, legte den Finger darauf und hob den Kopf. »Wo ist Christoffels?« fragte er.

Christoffels war der dritte und einzige weitere Angestellte im Laden, ein gebeugter, runzliger, kleiner Mann, der älter als Vater aussah, obwohl er in Wirklichkeit zehn Jahre jünger war. Ich erinnerte mich noch an den Tag vor sechs oder sieben Jahren, als er zum erstenmal im Laden erschienen war, so elend und verwahrlost, daß ich geglaubt hatte, er sei einer der Bettler, die wußten, daß sie im Beje bestimmt etwas zu essen bekamen. Ich war nahe daran gewesen, ihn in die Küche hinaufzuschicken, in der Betsie immer einen Topf warmer Suppe bereithielt, als er mit großer Würde erklärte, er suche eine feste Stellung und möchte uns als ersten seine Dienste anbieten.

Es erwies sich, daß Christoffels einer der wenigen Uhrmacher war, die noch zu Fuß durchs Land zogen und die großen Pendeluhren, die der Stolz jedes holländischen Bauernhauses waren, regulierte und reparierte. Aber so sehr mich das feierliche Gehabe dieses so kläglich aussehenden kleinen Mannes überraschte, noch mehr erstaunte es mich, daß Vater ihn auf der Stelle engagierte.

»Diese wandernden Uhrmacher sind die besten, die es überhaupt gibt«, sagte er mir später. »Allein mit dem Werkzeug, das sie bei sich haben, gelingt ihnen die schwierigste Reparatur.«

Und das hatte sich auch in all den Jahren bestätigt, denn die Leute aus ganz Haarlem brachten ihm ihre Uhren. Was er mit seinem Verdienst machte, erfuhren wir nie. Er sah immer noch so schäbig wie ein Bettler aus. Vater versuchte, soweit er es wagte, ihn dazu zu bringen, sich besser zu kleiden — denn Christoffels war trotz seiner armseligen Aufmachung sehr stolz —, gab es dann aber auf.

Und heute kam Christoffels zum allerersten mal zu spät. Vater rieb seine Brille mit seiner Serviette blank und begann zu lesen, wobei seine tiefe Stimme liebevoll bei jedem Wort verweilte. Er war mit der Seite fast fertig, als wir Christoffels die Treppe heraufschlurfen hörten. Die Tür öffnete sich, und uns allen blieb vor Staunen der Mund offen stehen. Christoffels erschien in einem neuen schwarzen Anzug, einer neuen karierten Weste, einem schneeweißen Hemd, geblümter Krawatte und gestärktem Kragen. Ich riß meine Augen, so schnell ich konnte, von diesem prächtigen Bild los, denn Christoffels' Gesichtsausdruck untersagte uns, seine Verwandlung zu bemerken.

»Christoffels, mein lieber Mitarbeiter«, murmelte Vater in seiner altmodischen, förmlichen Art, »welche Freude, Sie an diesem — hm — glücklichen Tage zu sehen!« Und hastig wandte er sich wieder seiner Bibel zu.

Noch ehe er das Kapitel zu Ende gelesen hatte, klingelte es an der Ladentür und an der Haustür. Betsie eilte hinaus, um neuen Kaffee zu kochen, und schob ihre Kekse in den Ofen, während Toos und ich zu den Türen eilten. Jeder in Haarlem schien der erste sein zu wollen, der Vater gratulierte. Und schon bald wand sich ein steter Strom von Gästen die schmale Treppe zu Tante Jans' Zimmer hinauf, wo er in einem wahren Blumenhain saß. Ich half einem der älteren Gäste die steile Stiege hinauf, als Betsie mich am Arm berührte.

»Corrie! Wir brauchen sofort Nollies Tassen! Wie können wir . . .?«

»Ich werde sie holen!«

Unsere Schwester Nollie und ihr Mann wollten an jenem Nachmittag, sobald ihre sechs Kinder aus der Schule zurück waren, kommen. Ich lief die Treppe hinunter, ergriff meinen Mantel und mein Fahrrad im Flur und schob es über die Schwelle, als Betsie mir leise, aber energisch zurief: »Corrie, dein neues Kleid!«

Und so eilte ich wieder in mein Zimmer hinauf, zog meinen ältesten Rock an und radelte dann über das Kopfsteinpflaster zu Nollie. Sie wohnte etwa anderthalb Meilen vom Beje entfernt, außerhalb des dicht besiedelten alten Stadtzentrums. Die Straßen dort waren breiter und gerader; sogar der Himmel wirkte größer. Ich radelte über den Marktplatz, überquerte den Kanal auf der Grote Hout-Brücke, fuhr weiter und freute mich an der blassen Wintersonne. Nollie wohnte in der Bos en Hoen Straat, in einem Block von Häusern, die alle wie ein Ei dem anderen glichen, mit weißen Gardinen und Blattpflanzen in den Fenstern.

Wie konnte ich voraussehen, als ich um die Ecke bog, daß ich an einem Sommertag, als die Hyazinthenzwiebeln in der Gärtnerei in der Nähe reif und braun waren, hier von meinem Fahrrad absteigen und mit heftig klopfendem Herzen stehen bleiben würde, nicht wagend, näher heranzugehen, aus Angst vor dem, was hinter Nollies gestärkten Gardinen vor sich ging?

Heute fuhr ich mit elegantem Schwung auf den Gehsteig und riß die Tür auf, ohne vorher anzuklopfen. »Nollie, das Beje ist schon überfüllt! Du müßtest das sehen! Wir brauchen deine Tassen sofort!«

Nollie kam aus der Küche, das hübsche, runde Gesicht vom Backen gerötet. »Sie stehen alle eingepackt neben der Tür. Ach, ich wünschte, ich könnte gleich mitkommen — aber ich muß noch eine Menge Kekse backen, und ich habe Flip und den Kindern versprochen, auf sie zu warten.«

»Ihr kommt doch alle, nicht wahr?«

»Ja, Corrie, Peter kommt auch mit.«

Als pflichtbewußte Tante bemühte ich mich, alle meine Nichten und Neffen gleichermaßen zu lieben.

Aber Peter ... war Peter. Mit dreizehn war er ein musikalisches Wunderkind, ein Racker und mein ganzer Stolz.

»Er hat sogar ein Lied zu Ehren dieses Tages komponiert«, sagte Nollie. »Diese Tasche hier mußt du vorsichtig in der Hand tragen!«

Als ich zurückkam, floß das Beje über, und die kleine Gasse war von Fahrrädern so verstopft, daß ich meins an der Ecke stehen lassen mußte. Der Bürgermeister von Haarlem war im Frack und mit goldener Uhrkette erschienen, und der Briefträger, der Straßenbahnfahrer und ein halbes Dutzend Haarlemer Polizisten würden auch gleich kommen.

Nach dem Mittagessen begannen die Kinder hereinzuströmen und gingen, wie das Kinder immer taten, geradenwegs auf Vater zu. Die älteren hockten sich auf den Fußboden um ihn herum, und die kleinsten kletterten auf seinen Schoß. Denn abgesehen davon, daß Vater mit den Augen zwinkerte und sein langer Bart gut nach Zigarre roch, tickte er. Uhren, die auf einem Regal liegen, gehen anders als Uhren, die man bei sich trägt, und darum trug Vater immer die, die er gerade regulierte, bei sich. In seinen Jacken waren vier große Innentaschen, jede mit Haken für ein Dutzend Uhren, so daß, wohin er auch ging, das fröhliche Summen Hunderter von Rädchen ihn begleitete. Jetzt, da er auf jedem Knie ein Kind sitzen hatte und zehn weitere um ihn herumhockten, zog er aus einer anderen Tasche seinen schweren kreuzförmigen Uhrschlüssel, bei dem jedes der vier Enden für Uhren verschiedener Größen bestimmt war. Mit einem Fingerschnippen ließ er ihn sich im Kreise drehen.

Betsie blieb mit einem Tablett voller Kekse in der Tür stehen. »Er hat ganz vergessen, daß noch andere im Zimmer sind«, sagte sie.

Ich trug einen Stapel schmutziger Teller die Treppe hinunter, als mir ein leiser Schrei unten verkündete, daß Pickwick gekommen war. Wir, die wir ihn liebten, vergaßen immer, was für ein Schock es für einen Fremden sein konnte, der ihn zum erstenmal sah. Ich eilte zur Haustür, stellte ihn hastig der Frau eines Amsterdamer Kaufmanns vor und führte ihn hinauf. Er ließ sich mit seinem schweren Körper auf einen Stuhl neben Vater fallen, richtete ein Auge auf mich, das andere auf die Decke und sagte: »Fünf Stück bitte.«

Armer Pickwick! Er liebte Kinder so sehr, wie Vater sie liebte, aber während Kinder auf den ersten Blick von Vater angetan waren, mußte Pickwick sie erst erobern. Er hatte jedoch einen Trick, der nie versagte. Ich reichte ihm seine Tasse Kaffee mit den fünf Zuckerstückchen darin und sah, wie er in gespielter Bestürzung um sich blickte. »Aber meine liebe Cornelia«, rief er, »es ist ja kein Tisch da, auf den ich sie setzen kann.« Er riß ein Auge weit auf, um zu sehen, ob die Kinder ihn beobachteten. »Nun, es ist ein Glück, daß ich meinen eigenen mitgebracht habe!« Und schon setzte er Tasse und Untertasse auf seinen hervorquellenden Bauch. Ich hatte es noch nie erlebt, daß ein Kind dem widerstehen konnte, und im Nu hatte sich ein respektvoller Kreis um ihn versammelt.

Kurz darauf kamen Nollie und ihre Familie. »Tante Corrie«, begrüßte mich Peter unschuldsvoll, »du siehst nicht wie hundert Jahre alt aus!« Und ehe ich ihm einen Puff geben konnte, saß er an Tante Jans' Klavier, und durch das alte Haus hallte Musik. Die Anwesenden riefen, was sie hören wollten — Volkslieder, eine Auswahl Bachscher Choräle, Kirchenlieder —, und bald sangen alle im Chor.

Wie viele von uns, die an jenem beglückenden Nachmittag dort versammelt waren, sollten sich bald unter ganz anderen Umständen wiederbegegnen! Peter, die Polizisten, der liebe, häßliche Pickwick, wir waren alle da — nur nicht mein Bruder Willem und seine Familie. Ich fragte mich, warum sie sich so verspäteten. Willem lebte mit Frau und Kindern in Hilversum, das dreißig Meilen von Haarlem entfernt liegt: trotzdem hätten sie jetzt da sein müssen. Plötzlich verstummte die Musik, und Peter rief vom Klavierhocker aus: »Opa! Da kommt die Konkurrenz!«

Ich blickte aus dem Fenster. Gerade bogen Herr und Frau Kan, denen der andere Uhrenladen in der Straße gehörte, in die kleine Gasse ein. Nach Haarlemer Maßstäben waren sie noch Neulinge, da sie ihren Laden erst 1910 eröffnet hatten und also erst siebenundzwanzig Jahre in der Barteljorisstraat wohnten. Aber da sie sehr viel mehr Uhren verkauften als wir, fand ich Peters Bemerkung gar nicht so unpassend.

Vater dagegen hörte sie nicht gern. »Es sind keine Konkurrenten, Peter«, sagte er vorwurfsvoll. »Es sind Kollegen!« Und schon schob er die beiden Kinder von seinen Knien herunter, stand auf und eilte auf den Treppenabsatz, um die Kans zu begrüßen.

Vater betrachtete Herrn Kans häufige Besuche im Laden unten als die Besuche eines Freundes. »Merkst du denn nicht, was der hier will?« sagte ich erregt, wenn Herr Kan gegangen war. »Er versucht herauszubekommen, um wieviel er uns unterbieten kann.« In Kans Schaufenster waren alle Uhren mit Preisen ausgezeichnet, die genau fünf Gulden unter unseren lagen. Und Vaters Gesicht erhellte sich heiter überrascht wie immer bei jenen seltenen Gelegenheiten, wenn er über die geschäftliche Seite der Uhrmacherei nachdachte. »Aber, Corrie, die Menschen sparen Geld, wenn sie bei ihm kaufen!« Und dann fügte er stets hinzu: »Ich möchte nur wissen, wie er das macht.«

Vater war in geschäftlichen Dingen genau so naiv, wie es schon sein Vater gewesen war. Er arbeitete tagelang an einer schwierigen Reparatur und vergaß dann, eine Rechnung zu schicken. Je kostbarer und teurer eine Uhr war, desto weniger vermochte er an sie als eine Handelsware zu denken. »Man müßte für das Vorrecht, eine solche Uhr zu reparieren, etwas bezahlen!« sagte er.

In den ersten achtzig Jahren der Geschichte des Ladens wurden die Fensterläden jeden Abend Punkt sechs geschlossen. Erst als ich selber vor zwanzig Jahren in das Geschäft eingetreten war, hatte ich bemerkt, wie viele Menschen Abend für Abend über die schmalen Gehsteige schlenderten, und hatte gesehen, daß die anderen Läden noch offen und ihre Schaufenster erleuchtet waren. Als ich mit Vater darüber sprach, war er so entzückt, als hätte ich eine große Entdeckung gemacht. »Und wenn Menschen die Uhren sehen, weckt das in ihnen vielleicht den Wunsch, sich eine zu kaufen. Corrie, mein liebes Kind, wie klug du doch bist!«

Herr Kan kam jetzt auf mich zu, um mir zuckrige Komplimente zu machen. Mich meiner neidischen Gedanken schämend, machte ich mir die Menge der Gäste zunutze und flüchtete hinunter, aber in der Werkstatt und im Laden wimmelte es von noch mehr Gratulanten als in der Wohnung oben. Hans reichte in dem Hinterzimmer Kekse herum, Toos tat es vorn, wobei sie ihre Lippen so weit zu einem Lächeln öffnete, wie sie es ihr, die sie sonst immer schmollend verzog, erlaubten. Christoffels war plötzlich ein völlig anderer Mensch. In diesem prächtig gekleideten Mann an der Tür, der alle Gäste höflich willkommen hieß und dann immer wieder im Laden umherging, war der gebeugte und jämmerliche kleine Christoffels kaum wiederzuerkennen. Ganz offensichtlich war dies ein großer Tag in seinem Leben.

Den ganzen kurzen Winternachmittag hindurch kamen immer wieder neue Besucher, die sich zu Vaters Freunden zählten, junge und alte, arme und reiche, gelehrte Herren und ungelehrte Dienstmädchen — für Vater schienen sie alle gleich zu sein. Das war sein Geheimnis: nicht daß er die Unterschiede bei den Menschen übersah, sondern daß es sie für ihn gar nicht gab.

Willem war immer noch nicht da. Ich verabschiedete einige Gäste an der Tür, blieb dann einen Augenblick stehen und blickte die Barteljorisstraat hinauf und hinunter. Obwohl es erst vier Uhr nachmittags war, gingen schon die Lampen in den Läden an, denn es begann bereits zu dämmern. Ich empfand immer noch die Verehrung der kleinen Schwester für den großen Bruder, der fünf Jahre älter war als ich, ein ordinierter Pfarrer und der einzige ten Boom, der studiert hatte. Willem sah vieles, was andere nicht sahen, spürte ich. Er wußte, was in der Welt vorging.

Oft wünschte ich wirklich, Willem sähe nicht so viel; denn vieles von dem, was er sah, war erschreckend. Vor zehn Jahren hatte Willem in seiner Dissertation geschrieben, daß in Deutschland etwas sehr Böses Wurzel schlage. Selbst in den Universitäten, sagte er, werde die Saat einer Verachtung des Menschenlebens gesät, wie sie die Welt noch nie erlebt habe. Die wenigen, die seine Arbeit lasen, hatten gelacht.

Jetzt natürlich lachten die Menschen nicht über Deutschland. Die meisten der guten Uhren kamen von dort, und seit kurzem hatten mehrere Firmen, mit denen wir seit Jahren zusammengearbeitet hatten, seltsamerweise »geschlossen«. Willem glaubte, das sei die Folge einer bewußten und weitverbreiteten antisemitischen Bewegung, denn alle Firmen, die geschlossen hatten, gehörten Juden. Als Leiter des Hilfskomitees für Juden, das die holländische reformierte Kirche gegründet hatte, kam Willem mit diesen Dingen in Berührung.

Der liebe Willem, dachte ich, als ich wieder hineinging und die Tür schloß, verstand sich so wenig darauf, Proselyten für die Kirche zu machen, wie Vater aufs Uhrenverkaufen. Ich hatte nichts darüber gehört, daß er in zwanzig Jahren auch nur einen Juden bekehrt hätte. Willem versuchte nicht, die Menschen zu ändern, er wollte ihnen nur helfen. Er hatte genug Geld zusammengespart, um ein Heim für ältere Juden in Hilversum zu erbauen — für alte Menschen jeden Glaubens in Wirklichkeit, denn Willem war gegen jede religiöse »Gruppierung«. In den letzten Monaten aber war das Heim von jüngeren Menschen überflutet worden — lauter Juden, und alle aus Deutschland. Willem und seine Familie hatten ihre eigenen Zimmer zur Verfügung gestellt und schliefen in einem Flur. Und immer noch kamen verängstigte, heimatlose Menschen herbeigeströmt und berichteten, daß sich der Wahnsinn noch mehre.

Ich ging in die Küche hinauf, wo Nollie gerade eine frische Kanne Kaffee gekocht hatte, ergriff die Kanne und trug sie in Tante Jans' Zimmer.

»Was will der bloß?« fragte ich eine Gruppe Männer, die dort am Tisch saßen, als ich die Kanne hinstellte. »Will dieser Mann in Deutschland den Krieg?« Ich wußte, das war alles andere als das richtige Thema für eine Feier, aber wenn ich an Willem dachte, mußte ich unwillkürlich immer an solche Dinge denken.

Alle am Tisch verstummten. Niemand im Zimmer sagte noch ein Wort.

»Was hat das schon zu sagen?« brach eine Stimme das Schweigen. »Sollen doch die Großmächte miteinander Krieg führen! Uns geht das nichts an.«

»Das stimmt«, sagte ein Uhrenverkäufer, »die Deutschen haben uns im Weltkrieg in Ruhe gelassen. Es ist nur zu ihrem Vorteil, wenn wir neutral bleiben.«

»Sie haben gut reden«, rief ein Mann, bei dem wir Uhrenteile kauften. »Ihre Ware kommt aus der Schweiz. Aber wie ist das mit uns? Was soll ich tun, wenn Deutschland Krieg führt? Ein Krieg könnte mich geschäftlich ruinieren.«

In diesem Augenblick betrat Willem das Zimmer. Hinter ihm

kamen seine Frau Tine und die vier Kinder der beiden. Aber aller Augen blickten zu der Gestalt hin, die Willem untergefaßt hatte. Es war ein Jude Anfang dreißig mit dem typischen breitrandigen schwarzen Hut und dem langen schwarzen Mantel. Doch worauf aller Augen starrten, war das Gesicht dieses Menschen. Es war verbrannt. Vor seinem rechten Ohr hing eine graue angesengte Locke, die an das Haar eines uralten Mannes denken ließ. Der übrige Bart war verschwunden, und an seiner Stelle sah man nur das rohe, wunde Fleisch.

»Dies ist Herr Gutlieber«, sagte Willem auf Deutsch. »Er ist erst heute morgen in Hilversum eingetroffen. Herr Gutlieber, mein Vater.«

»Er ist auf einem Milchwagen aus Deutschland herausgekommen«, erklärte uns Willem schnell auf Holländisch. »Sie haben ihn an einer Straßenecke überfallen — junge Leute in München — und seinen Bart angesteckt.«

Vater hatte sich von seinem Stuhl erhoben und schüttelte Herrn Gutlieber kräftig die Hand.

Ich brachte ihm eine Tasse Kaffee und einen Teller mit Nollies Keksen. Wie dankbar war ich jetzt dafür, daß Vater immer darauf bestanden hatte, seine Kinder sollten neben ihrer Muttersprache schon möglichst früh Deutsch und Englisch sprechen.

Herr Gutlieber setzte sich steif auf die Kante eines Stuhls und starrte auf die Tasse auf seinem Schoß. Ich setzte mich neben ihn und machte ein paar törichte Bemerkungen über das ungewöhnliche Januarwetter. Um uns herum ging die Unterhaltung weiter.

»Rowdies«, hörte ich den Uhrenverkäufer sagen. »Junge Lümmel. Es ist in jedem Land das gleiche. Sie werden's erleben, die Polizei wird mit ihnen fertig werden. Deutschland ist ein zivilisiertes Land.«

Ein Schatten fiel an jenem Winternachmittag im Jahre 1937 auf uns, aber er bedrückte uns nicht. Niemand dachte auch nur im Traum daran, daß diese kleine Wolke wachsen würde, bis sie den ganzen Himmel verdeckte. Und niemand ahnte, daß jeder von uns in dieser Finsternis eine Rolle würde spielen müssen: Vater, Betsie, Herr Kan, Willem — und sogar das komische alte Beje mit seinen vielen Winkeln.

Nachdem am Abend der letzte Gast gegangen war, ging ich in mein Zimmer hinauf. Auf meinem Bett lag das neue braune Kleid; ich hatte vergessen, es wieder anzuziehen!

Ich habe mir nie viel aus Kleidern gemacht, dachte ich. Selbst als ich jung war ...

Bilder aus der Kindheit tauchten aus dem Dunkel vor mir auf, seltsam nahe und drängend. Heute weiß ich, daß solche Erinnerungen nicht der Schlüssel zur Vergangenheit, sondern zur Zukunft sind. Ich weiß, daß die Erfahrungen unseres Lebens, wenn wir Gott sie benutzen lassen, die geheimnisvolle und vollkommene Vorbereitung für das Werk werden, daß Gott uns auftragen wird.

Ich wußte das damals noch nicht — wußte nicht einmal, daß es in einem Leben, das so alltäglich und voraussagbar war wie meins, eine neue Zukunft geben würde, auf die man sich vorbereiten mußte. Ich wußte nur, wie ich dort oben im Hause in meinem Bett lag, daß bestimmte, längst vergangene Augenblicke aus den Schatten der Vergangenheit ins Licht traten. Sie waren seltsam deutlich und nahe, als wären sie noch nicht zu Ende, als hätten sie noch etwas zu sagen ...

DAS KIND

Es war 1898, und ich war sechs Jahre alt. Betsie stellte mich vor den Schrankspiegel und hielt mir eine Standpauke.

»Guck bloß mal deine Schuhe an! Du hast sie ganz falsch zugeknöpft, und diese alten zerrissenen Strümpfe willst du an deinem ersten Schultag tragen? Sieh doch, wie hübsch Nollie aussieht.«

Nollie und ich teilten dieses Schlafzimmer unterm Dach des Beje. Ich blickte zu meiner achtjährigen Schwester hin, von vornherein sicher, daß ihre hohen Schuhe richtig zugeknöpft waren. Widerwillig zog ich meine aus, während Betsie im Schrank wühlte.

Mit dreizehn kam mir Betsie fast erwachsen vor. Sie hatte zwar immer älter gewirkt, weil sie nicht laufen und springen konnte wie andere Kinder. Betsie litt seit ihrer Geburt an perniziöser Anämie, und darum tat sie langweilige Erwachsenendinge wie Sticken, während wir übrigen Kriegen oder Reifenschlagen spielten oder im Winter auf den zugefrorenen Kanälen um die Wette Schlittschuh liefen. Aber Nollie spielte so wild wie alle und war nicht viel älter als ich, und es schien mir ungerecht, daß sie immer alles richtig machte.

»Betsie«, sagte sie ernst, »ich werde den großen, häßlichen Hut nicht tragen, wenn ich zur Schule gehe, nur weil Tante Jans ihn bezahlt hat. Im vorigen Jahr war es der scheußliche graue, und der diesjährige ist sogar noch schlimmer.«

Betsie blickte sie mitfühlend an. »Nun aber ... du kannst doch nicht ohne Hut zur Schule gehen, und du weißt, einen anderen können wir uns nicht leisten.«

»Das brauchen wir auch gar nicht.«

Mit einem ängstlichen Blick zur Tür hin griff Nollie unter das einzige Bett — zwei hätten in das winzige Zimmer nicht gepaßt — und zog eine kleine runde Hutschachtel darunter hervor. In der Schachtel war der kleinste Hut, den ich je gesehen hatte. Er war aus Pelz und hatte ein blaues Seidenband, das unterm Kinn zugebunden wurde.

»Ach, ist der süß!« Betsie nahm ihn ehrfürchtig aus der Schachtel und hielt ihn in den schwachen Lichtschein, der der hohen Dächer ringsum wegen nur mit großer Mühe in das Zimmer dringen konnte. »Wo hast du den . . .?«

»Frau van Dyver hat ihn mir geschenkt.«

Den van Dyvers gehörte der Hutladen zwei Häuser weiter. »Sie sah, wie ich ihn betrachtete, und später, nachdem Tante Jans diesen gekauft hatte, brachte sie ihn her.«

Nollie deutete oben auf den Schrank. Ein breitrandiger brauner Hut mit einem Strauß lavendelfarbener Samtrosen ließ sofort erkennen, daß nur eine ihn ausgesucht haben konnte: Tante Jans, Mamas ältere Schwester. Sie war nach dem Tode ihres Mannes zu uns gezogen, um, wie sie sagte, »die wenigen Tage, die mir noch bleiben«, bei uns zu verbringen, obwohl sie erst Anfang vierzig war.

Ihr Einzug hatte das Leben in dem alten Haus sehr kompliziert. Es war schon vorher drangvoll eng gewesen, da die beiden anderen Schwestern Mamas, Tante Bep und Tante Anna, früher schon zu uns gezogen waren. Nun hatte Tante Jans noch eine Menge Möbel mitgebracht, die für die kleinen Zimmer im Beje viel zu gewaltig waren. Sie hatte für sich die beiden Zimmer im ersten Stock des Vorderhauses beschlagnahmt, die direkt über dem Uhrenladen und der Werkstatt lagen. In dem ersten schrieb sie die glühenden christlichen Traktate, durch die sie in ganz Holland bekannt geworden war, und in dem zweiten empfing sie die »reichen« Damen, die dieses Werk unterstützten. Tante Jans glaubte nämlich, daß unser Heil im Jenseits von der Menge der hier auf Erden vollbrachten Taten abhinge. Zum Schlafen teilte sie ein winziges Stück ihres Schreibzimmers ab, das gerade so groß war, daß ein Bett darin Platz hatte. Der Tod, sagte sie oft, warte darauf, sie aus ihrer Arbeit herauszureißen, und darum war sie so tätig wie möglich und legte immer nur kurze Ruhepausen ein.

An das Leben im Beje vor Tante Jans' Einzug konnte ich mich nicht erinnern, auch nicht daran, wem die beiden Zimmer vorher gehört hatten. Über ihnen war eine kleine Mansarde unter dem steil abfallenden Dach des Vorderhauses. Soweit ich mich erinnern kann, war dieser Raum in vier wahre Miniaturzimmer aufgeteilt worden. Das erste, das auf die Barteljoristraat ging — und das einzige, das ein wirkliches Fenster hatte —, war das von Tante Bep. Dahinter lagen wie Eisenbahnabteile an einem schmalen Gang Tante Annas Zimmer, Betsies und das unseres Bruders Willem. Fünf Stufen höher im Hinterhaus war das kleine Zimmer von Nollie und mir und darunter Mamas und Papas Zimmer und unter ihrem das Eßzimmer mit der winzigen Küche daneben. Wenn Tante Jans auch in dem so überfüllten Haus bemerkenswert viel Raum zur Verfügung hatte, keiner von den anderen Bewohnern fand das ungerecht. Es war selbstverständlich, daß jeder für Tante Jans Platz machte.

Den ganzen Tag ratterte die Pferdebahn klingelnd an unserem Haus vorüber und hielt dann am Grote Markt, dem einen halben Block entfernten Platz im Stadtzentrum. Zumindest hielt sie dort für andere Leute. Wenn Tante Jans irgendwohin wollte, stellte sie sich auf den Gehsteig direkt vor die Tür des Uhrenladens, und wenn sich die Pferde mit klappernden Hufen näherten, hob sie einen behandschuhten Finger. Mir schien es leichter zu sein, die Sonne am Himmel anzuhalten als die Pferdebahn vor ihrer eigentlichen Haltestelle. Aber für Tante Jans hielt sie. Bremsen quietschten, die Pferde fielen fast übereinander, und der Kutscher tippte an seinen Zylinder, wenn sie einstieg.

Und an diesem befehlenden Auge mußte nun Nollie mit ihrem kleinen Pelzhut vorüber. Seit Tante Jans bei uns wohnte, hatte sie die meiste Kleidung für uns drei Mädchen gekauft, aber ihre Gaben hatten einen Preis. Für Tante Jans waren die Gewänder, die in ihrer Jugend Mode gewesen waren, Gottes letztes Wort hinsichtlich der Kleidung der Menschen. Alle Veränderungen seitdem kamen aus dem Modejournal des Teufels. In einem ihrer bekanntesten Pamphlete bezeichnete sie ihn sogar als den Erfinder des Keulenärmels und des Fahrradrocks.

»Klar!« sagte ich, während Betsie mit ihren geschickten Fingern den Schuhknöpfer an meinen Schuhen entlanggleiten ließ. »Du kannst den Pelzhut mit dem anderen Hut bedecken. Wenn du dann draußen bist, nimmst du den ab.«

»Corrie!« Nollie war ehrlich entsetzt. »Das wäre Betrug.« Und mit einem traurigen Blick auf den großen braunen Hut ergriff sie den kleinen Pelzhut und ging hinter Betsie die Treppe hinunter, um zu frühstücken.

Ich nahm meinen eigenen Hut — den verhaßten grauen vom vorigen Jahr — und schlich hinter ihnen her, mich mit einer Hand an dem Mittelpfosten festhaltend. Sollte Tante Jans den dummen Hut ruhig sehen. Mir war das gleich. Ich konnte nicht verstehen, daß man von dem, was man anzog, so viel Aufhebens machte.

Was ich verstand und was scheußlich und beunruhigend war: dies war mein erster Schultag. Das alte Haus über dem Uhrenladen, Mama und Papa und die Tanten zu verlassen, ja, alles zurückzulassen, was sicher und geliebt war! Ich umklammerte den Pfosten so fest, daß meine Hand knirschte, während ich die Wendeltreppe hinunterging. Die Elementarschule war nur anderthalb Block entfernt, das stimmte, und Nollie ging jetzt schon zwei Jahre dorthin, ohne etwas auszustehen. Aber Nollie war anders als ich. Sie war hübsch und brav und hatte immer ein Taschentuch bei sich.

Doch als ich dann um die letzte Biegung der Treppe kam, hatte ich eine Lösung gefunden, die so klar und einfach war, daß ich laut lachen mußte. Ich würde einfach nicht in die Schule gehen! Ich würde hier bleiben und Tante Anna beim Kochen helfen, und Mama würde mich lesen lehren, und ich würde nie das fremde, häßliche Gebäude betreten. Plötzlich getröstet und erleichtert, nahm ich die drei letzten Stufen in einem Satz.

»Pst!« Betsie und Nollie erwarteten mich vor der Eßzimmertür.

»Um Himmels willen, Corrie, tu nichts, was Tante Jans in die falsche Kehle kommen könnte«, sagte Betsie. »Ich bin sicher«, fügte sie zweifelnd hinzu, »daß Papa, Mama und Tante Anna Nollies Hut mögen werden.«

»Tante Bep wird ihn nicht mögen«, sagte ich.

»Sie mag nie etwas«, erwiderte Nollie, »darum zählt sie nicht.«

Tante Bep mit ihrem ewigen mißbilligenden Stirnrunzeln war die älteste der Tanten und die, die wir Kinder am wenigsten liebten. Dreißig Jahre lang war sie Gouvernante in reichen Familien gewesen, und sie verglich unser Benehmen beständig mit dem der jungen Damen und Herren, die sie erzogen hatte.

Betsie deutete auf die friesische Uhr im Treppenhaus, legte einen Finger an die Lippen und öffnete stumm die Eßzimmertür. Es war zwölf Minuten nach acht. Das Frühstück hatte bereits begonnen.

»Ihr kommt zwei Minuten zu spät«, rief Willem triumphierend.

»Die Wallerkinder kamen nie zu spät«, sagte Tante Bep.

»Aber sie sind ja da«, sagte Vater, »und das Zimmer wirkt da gleich heller.«

Wir drei hörten kaum hin: Tante Jans' Stuhl war leer.

»Bleibt Tante Jans heute im Bett?« fragte Betsie hoffnungsvoll, als wir unsere Hüte an die Haken hängten.

»Sie bereitet sich ein Beruhigungsmittel in der Küche«, sagte

Mama. Sie beugte sich vor, um uns Kaffee einzugießen, und senkte die Stimme. »Wir müssen heute alle besonders rücksichtsvoll zu der lieben Jans sein, denn dies ist der Tag, an dem vor ein paar Jahren ihres Mannes Schwester starb — oder war es seine Kusine?«

»Ich glaubte, es sei eine Tante«, sagte Tante Anna.

»Es war eine Kusine, und ihr Tod war eine Erlösung«, sagte Tante Bep.

»Jedenfalls«, beeilte sich Mama zu sagen, »ihr wißt, wie diese Gedenktage die liebe Jans immer mitnehmen. Darum müssen wir alle versuchen, besonders nett zu ihr zu sein.«

Betsie schnitt drei Scheiben von dem runden Brotlaib, während ich meine Blicke um den Tisch schweifen ließ und überlegte, welcher der Erwachsenen über meinen Entschluß, zu Hause zu bleiben, am begeistertsten sein würde. Vater, wußte ich, maß der Bildung eine fast religiöse Bedeutung bei. Er selber hatte die Schule früh verlassen müssen, um in dem Uhrenladen zu arbeiten, und obwohl er Geschichte, Theologie und Literatur in fünf Sprachen für sich allein weitergelernt hatte, bedauerte er immer, daß ihm die Schulbildung fehlte. Er würde wollen, daß ich hinging — und was Vater wollte, wollte Mama auch.

Und Tante Anna? Sie hatte mir oft gesagt, sie brauche mich, damit ich für sie die steilen Treppen hinauf- und hinunterliefe. Da Mama nicht stark war, tat Tante Anna die meiste schwere Hausarbeit für unsere aus neun Köpfen bestehende Familie. Sie war die jüngste der vier Schwestern und so großzügig wie Mama. In unserer Familie ging das Gerücht um, und alle glaubten fest daran, daß Tante Anna für diese Arbeit Lohn bekam — und tatsächlich: jeden Samstag bezahlte Vater ihr gewissenhaft einen Gulden. Aber am Mittwoch, wenn der Gemüsehändler kam, mußte er oft den Gulden zurückerbitten, und sie hatte ihn auch nie ausgegeben. Ja, sie würde meine Verbündete sein.

»Tante Anna«, begann ich, »ich habe darüber nachgedacht, daß du den ganzen Tag so schuften mußt, wenn ich in der Schule bin . . .«

Ein dramatischer, tiefer Seufzer ließ uns alle aufblicken. Tante Jans stand in der Küchentür, ein Glas mit einer dicken, braunen Flüssigkeit in der Hand. Sie schloß die Augen, hob das Glas an die Lippen und trank es aus. Dann stellte sie es mit einem Seufzer auf das Büfett und setzte sich.

»Und dennoch«, sagte sie, als ob wir über das Thema diskutiert hätten, »was wissen Ärzte schon! Dr. Blinker hat mir dieses Mittel verschrieben — aber was nützt schon die Medizin! Was nützt einem alles, wenn einem die Stunde schlägt!«

Ich ließ meine Blicke über die Versammelten schweifen; niemand lächelte. Tante Jans' dauernde Beschäftigung mit dem Tod hätte komisch sein können, aber sie war es nicht. So jung ich auch war, ich wußte, daß Angst nie komisch ist . . .

»Und trotzdem, Jans«, sagte Vater in sanft zurechtweisendem Ton, »die Medizin hat vielen das Leben verlängert.«

»Zusje hat sie nicht geholfen! Und sie hatte die besten Ärzte in Rotterdam. Genau an diesem Tage wurde sie abberufen — und sie war da nicht älter, als ich es jetzt bin, war aufgestanden und hatte sich fürs Frühstück angezogen, so wie ich heute.«

Sie begann Zusjes letzten Erdentag in allen Einzelheiten zu schildern, aber da fiel ihr Blick plötzlich auf den Haken, an dem Nollies neuer Hut hing.

»Ein Muff?« fragte sie argwöhnisch. »Zu dieser Jahreszeit?«

»Es ist kein Muff, Tante Jans«, erwiderte Nollie leise.

»Und darf man vielleicht wissen, was es ist?«

»Es ist ein Hut, Tante Jans«, antwortete Betsie für sie, »ein Geschenk von Frau van Dyver. Ist der nicht reizend . . .?«

»O nein. Nollies Hut hat einen breiten Rand, wie es der eines wohlerzogenen jungen Mädchens haben sollte. Ich weiß es, denn ich habe ihn selber gekauft und bezahlt.«

Tante Jans' Augen funkelten, und in Nollies waren Tränen, als Mama die Situation damit rettete, daß sie sagte: »Ich bin nicht ganz sicher, ob dieser Käse frisch ist.« Sie roch an dem großen Topf mit gelbem Käse, der in der Mitte des Tischs stand, und schob ihn Vater zu. »Was meinst du, Casper?«

Vater, der eines Betrugs nicht fähig war oder ihn auch nur zu erkennen vermochte, schnupperte lange mit ernster Miene. »Ich bin sicher, er ist ausgezeichnet, meine Liebe. Frisch wie an dem Tag, als er kam. Herrn Steerwijks Käse ist immer . . .« Er fing Mamas Blick auf und sah verwirrt von ihr zu Jans. »Ach . . . hm . . . ach, Jans . . . ach, wie findest du ihn?«

Tante Jans ergriff den Topf und spähte, ganz die unbestechliche Richterin, eifrig in ihn hinein. Wenn es etwas gab, das sie noch mehr als moderne Kleidung verabscheute, dann verdorbene Lebensmittel. Schließlich, fast widerstrebend, schien es mir, erklärte sie den Käse für gut, aber der Hut war vergessen. Sie hatte die traurige Geschichte einer Bekannten »genau meines Alters« zu erzählen begonnen, die einen Tag, nachdem sie verdorbenen Fisch gegessen hatte, gestorben war, als die Angestellten aus dem Laden erschienen und Vater die schwere Bibel vom Bücherbord nahm.

1898 gab es nur zwei Angestellte im Laden, den Uhrmacher und Vaters jungen Lehrling, der gleichzeitig Botenjunge war. Als Mama ihnen Kaffee eingegossen hatte, setzte Vater seine randlose Brille auf und begann zu lesen:

»Dein Wort ist meines Fußes Leuchte
Und ein Licht auf meinem Wege ...
Du bist mein Schirm und mein Schild:
ich hoffe auf dein Wort.«

Was für ein Schirm? fragte ich mich, während ich Vaters braunen Bart beobachtete, der sich mit den Worten hob und senkte. Ein Schirm gegen was?

Es war ein langer, langer Psalm; Nollie, die neben mir saß, begann auf ihrem Stuhl hin und her zu rutschen. Als Vater schließlich das dicke Buch zuklappte, sprangen sie, Willem und Betsie, auf, nahmen ihre Hüte vom Haken, und schon gleich darauf rasten sie die letzten fünf Stufen hinunter auf die Gasse hinaus.

Die beiden Angestellten erhoben sich langsamer und folgten ihnen die Treppe hinunter bis zum Hintereingang des Ladens. Erst da fiel den fünf Erwachsenen auf, daß ich noch am Tisch saß.

»Corrie«, rief Mama, »hast du vergessen, daß du jetzt ein großes Mädchen bist? Du gehst heute auch zur Schule! Mach schnell, sonst mußt du allein die Straße überqueren!«

»Ich gehe nicht.«

Es folgte ein kurzes, betroffenes Schweigen, das dann aber alle zugleich brachen.

»Als ich ein Kind war ...«, begann Tante Jans.

»Frau Wallers Kinder ...«, fiel Tante Bep ein.

Aber Vaters tiefe Stimme übertönte sie beide. »Natürlich geht sie nicht allein. Nollie war heute so aufgeregt und hat darüber vergessen, zu warten. Ich bringe Corrie hin.«

Und schon nahm er meinen Hut vom Haken, ergriff meine Hand und führte mich aus dem Zimmer. Meine Hand in Vaters! Das bedeutete einen Spaziergang zur Windmühle an der Sparne oder zu den Schwänen auf dem Kanal. Aber diesmal führte er mich dorthin, wohin ich nicht gehen wollte! Ich umklammerte das Geländer mit meiner freien Hand und ließ es nicht los. Geschickte Uhrmacherfinger schlossen sich über meinen und lösten sie sanft. Heulend und mich wehrend wurde ich aus der Welt, die ich kannte, in eine größere, fremde, harte entführt ...

Jetzt, da ich zur Schule ging, konnte ich Vater nur im Sommer begleiten, wenn er montags mit dem Zug nach Amsterdam fuhr, um seine Uhr nach der Zeit des Marineobservatoriums zu stellen. Ich rannte, gewaschen und angezogen und von Betsie für passabel befunden, in den Laden hinunter. Vater gab dem Lehrling noch letzte Anweisungen. »Frau Staal wird heute morgen kommen, um ihre Uhr abzuholen, und diese Uhr muß zu den Bakkers in Bloemendaal gebracht werden.«

Und dann gingen wir Hand in Hand zum Bahnhof, während ich meine Schritte verlängerte und er seine verkürzte, damit wir im Gleichschritt blieben. Die Fahrt nach Amsterdam dauerte nur eine halbe Stunde, aber sie war wunderbar. Den dicht aneinandergereihten Häusern des alten Haarlems folgten frei stehende mit kleinen Gärten ringsum. Die Zwischenräume zwischen den Häusern wurden immer größer. Und dann waren wir auf dem Lande, dem flachen, holländischen Land, das sich bis zum Horizont erstreckt, und wie mit dem Lineal gezogene Kanäle glitten am Fenster vorüber, und dann schließlich kam Amsterdam, das sogar noch größer als Haarlem war, mit seinem Gewirr von Straßen und Kanälen.

Vater kam immer zwei Stunden vor dem Zeitzeichen, um die Großhändler zu besuchen, die ihm Uhren und Uhrenteile lieferten. Viele von ihnen waren Juden, und die suchten wir beide am liebsten auf. Nach einem sich nur aufs Nötigste beschränkenden geschäftlichen Gespräch nahm Vater aus seinem Koffer eine kleine Bibel, und der Großhändler, dessen Bart sogar noch länger und dichter als Vaters Bart war, nahm ein Buch oder eine Schriftrolle aus einem Fach, setzte eine Gebetskappe auf, und die beiden Männer begannen zu argumentieren, zu vergleichen, sich zu unterbrechen, einander zu widersprechen — jeder des anderen Gesellschaft genießend.

Und gerade dann, wenn ich fand, daß man mich diesmal wirklich ganz vergessen hatte, blickte der Großhändler auf, starrte mich an, als sähe er mich zum erstenmal, und schlug sich mit dem Handrücken auf die Stirn. »Ein Gast! Ein Gast in meinem Hause, und ich habe ihm noch keine Erfrischung angeboten!«

Und er sprang auf, wühlte in Regalen und Schränken, und es dauerte nicht lange, und ich hielt auf meinem Schoß einen Teller mit den köstlichsten Süßigkeiten der Welt — Honigkuchen, Dattelkuchen und etwas, das aus Nüssen, Früchten und Zucker zubereitet war. Im Beje gab es selten Süßigkeiten, und so köstliche wie diese waren dort unbekannt.

Fünf Minuten vor zwölf waren wir wieder auf dem Bahnhof und standen an einer Stelle des Bahnsteigs, von der aus wir den Turm des Marineobservatoriums deutlich sehen konnten. Oben auf dem Turm, wo er für alle Schiffe im Hafen sichtbar war, befand sich eine große Stange mit zwei beweglichen Armen. Jeden Tag Punkt zwölf sanken die Arme herunter. Vater stand fast auf Zehenspitzen, freudig erregt über die Genauigkeit, hielt seine Taschenuhr und Block und Bleistift in der Hand. Jetzt! »Meine geht vier Sekunden vor.« Binnen einer Stunde würde die astronomische Uhr in Haarlem auf die Sekunde genau gehen.

Auf der Rückfahrt blickten wir nicht mehr aus dem Fenster. Statt dessen unterhielten wir uns, wobei die Themen im Laufe der Jahre wechselten. Über Betsies erfolgreichen Schulabschluß, obwohl sie mehrere Monate wegen Krankheit den Unterricht hatte versäumen müssen. Über Willem: ob er wohl, wenn er das Abitur bestanden hatte, das Stipendium erhalten würde, das ihm ein Studium ermöglichte? Und darüber, daß Betsie jetzt als Vaters Buchhalterin im Laden zu arbeiten begann.

Oft sprach ich auf der Heimfahrt von Dingen, die mich bedrückten, da alles, was ich zu Hause fragte, sofort von den Tanten beantwortet wurde. Einmal — ich muß da zehn oder elf Jahre alt gewesen sein — fragte ich Vater nach einem Gedicht, das wir im Winter zuvor in der Schule gelesen hatten. In einer Zeile war von einem jungen Mann die Rede, »dessen Gesicht nicht von geschlechtlicher Sünde gezeichnet war«.

Ich war viel zu schüchtern gewesen, um die Lehrerin zu fragen, was das bedeutete, und Mama war dunkelrot geworden, als ich ihr die Frage stellte. In jener Zeit, zu Anfang des 20. Jahrhunderts, wurde selbst zu Hause über Geschlechtliches nie gesprochen.

Und ich hatte immer wieder über diese Zeile nachgedacht. Geschlecht, dessen war ich ziemlich sicher, bedeutet, ob man ein Junge oder ein Mädchen war, und »Sünde« machte Tante Jans sehr zornig; aber was beides zusammen bedeutete, konnte ich mir nicht vorstellen, und so fragte ich plötzlich, neben Vater im Abteil sitzend: »Was ist geschlechtliche Sünde, Vater?«

Er blickte mich an, wie er es immer tat, wenn er eine Frage beantwortete, aber zu meiner Überraschung schwieg er. Schließlich stand er auf, nahm seinen Koffer aus dem Gepäcknetz und stellte ihn auf den Boden.

»Trag ihn bitte auf den Bahnsteig, Corrie!« sagte er.

Ich stand auf und versuchte, ihn zu heben. Er war bis an den Rand mit den Uhren und Ersatzteilen gefüllt, die Vater an jenem Morgen gekauft hatte.

»Er ist zu schwer«, sagte ich.

»Ja«, erwiderte er, »und das müßte ein schlechter Vater sein, der sein Töchterchen bäte, solch eine Last zu tragen. Genauso ist es mit dem Wissen, Corrie. Manches Wissen ist zu schwer für Kinder. Wenn du älter und stärker bist, kannst du es tragen. Jetzt mußt du es mich für dich tragen lassen.«

Und ich war zufrieden. Mehr als zufrieden — ich hatte meinen Seelenfrieden wiedergefunden. Es gab eine Antwort auf diese und alle meine schwierigen Fragen — aber Vater hatte sie in seine Obhut genommen.

Abends gab's im Beje immer Musik und Gäste. Sie brachten ihre Flöten oder Geigen mit, und da jedes Familienmitglied sang oder ein Instrument spielte, bildeten wir ein ziemlich großes Orchester um das Klavier in Tante Jans' Vorderzimmer herum.

Nur an den Abenden, an denen es in der Stadt ein Konzert gab, machten wir nicht selber Musik. Eintrittskarten konnten wir uns nicht leisten, aber an der Seite der Konzerthalle war eine Bühnentür, durch die man die Musik deutlich hören konnte. Dort in der Gasse vor der Tür verfolgten wir und Scharen anderer Haarlemer Musikliebhaber jeden Ton. Mama und Betsie waren nicht kräftig genug, um so viele Stunden stehen zu können, aber einige aus dem Beje waren immer dort, mochte es regnen, schneien oder frieren, und während man von drinnen Husten und andere Geräusche vernahm, die Zuhörer an der Tür waren immer mucksmäuschenstill.

Doch das Schönste von allem waren die Konzerte in der Kirche, weil ein Verwandter dort Küster war. In seinem kleinen Eingangsflur zog sich eine Bank an der Wand entlang. Dort saßen wir steif und kerzengerade, um nicht die kalten Steine mit dem Rücken zu berühren, das Herz warm von der Freude.

Auf der großen goldenen Orgel hatte Mozart gespielt, und einige ihrer Töne schienen geradezu vom Himmel zu kommen. Ich war sogar überzeugt, daß der Himmel genau wie St. Bavo war, wahrscheinlich auch genauso groß. Die Hölle, wußte ich, war heiß, darum mußte der Himmel wie dieses kalte, feuchte, heilige Bauwerk sein, wo der Rauch wie Weihrauch aus den Fußwärmern der zahlenden Besucher aufstieg. Im Himmel, glaubte ich, hatte jeder Fußwärmer. Selbst im Sommer blieben die marmornen Grabplatten auf dem Fußboden kalt, aber wenn der Organist die Tasten berührte, merkten wir das kaum — und wenn er Bach spielte schon gar nicht.

Ich folgte Mama und Nollie eine dunkle, gerade Treppe hinauf, auf der Spinnenweben an unserem Haar hängen blieben und Mäuse vor uns davonhuschten. Das Haus war nicht einmal einen Block vom Beje entfernt und wahrscheinlich ein Jahrhundert neuer, aber hier gab es keine Tante Anna, die bohnerte und schrubbte.

Wir wollten zu einer der vielen armen Familien in der Nachbarschaft gehen, um die Mama sich kümmerte. Keinem von uns Kindern kam je der Gedanke, daß wir selber arm waren; »die Armen« waren Menschen, denen man etwas zu essen brachte. Mama kochte immer eine nahrhafte Brühe und Haferbrei für verlassene alte Männer und blasse junge Mütter — das heißt an Tagen, wenn sie selber die Kraft hatte, am Herd zu stehen.

Am Abend zuvor war ein Baby gestorben, und mit einem Korb, der mit frischem Brot gefüllt war, das Mama selbst gebacken hatte, stattete sie, wie es sich gehörte, der Familie einen Beileidsbesuch ab. Mühsam schleppte sie sich die geländerlose Treppe hinauf, mußte immer wieder stehen bleiben, um Atem zu holen. Ganz oben ging es in einen Raum, der offenbar Küche, Eß- und Schlafzimmer zugleich war. Es waren dort schon viele Besucher, von denen die meisten, da es an Stühlen fehlte, standen. Mama ging sofort zu der jungen Mutter, aber ich blieb wie erstarrt auf der Schwelle stehen. Gleich rechts von der Tür lag das Baby reglos in der selbstgezimmerten Wiege.

Es war seltsam, daß eine Gesellschaft, die Kinder sexuell nicht aufklärte, sich nicht bemühte, sie vor dem Anblick Toter zu bewahren. Ich blickte auf die winzige Gestalt in der Wiege, und mein Herz schlug wild. Nollie, die immer tapferer war als ich, streckte ihre Hand aus und berührte die elfenbeinfarbene Wange. Mich verlangte es, das auch zu tun, aber ich scheute erschreckt zurück. Eine Weile kämpften Neugier und Angst in mir. Schließlich berührte ich die kleine Faust mit einem Finger.

Sie war kalt.

Mir war auch kalt, als wir zum Beje zurückgingen, als ich mich vor dem Abendessen wusch; ja, sogar in dem behaglichen, von einer Gaslampe erleuchteten Eßzimmer war mir kalt. Immer wieder sah ich diese kleinen eisigen Finger vor mir. Tante Jans sprach oft über den Tod, aber der war bis dahin immer nur ein Wort gewesen. Jetzt wußte ich, daß das wirklich geschehen konnte — wie dem Baby auch Mama, Vater, Betsie.

Immer noch vor Kälte zitternd, folgte ich Nollie in unser Zimmer hinauf und legte mich neben sie ins Bett. Schließlich hörten wir Vaters Schritte auf der Wendeltreppe. Es war immer der schönste Augenblick des Tages, wenn er kam, um uns Gute Nacht zu sagen. Wir schliefen nie ein, ehe er auf seine besondere Art uns zugedeckt und einen Augenblick seine Hand auf Nollies und meine Stirn gelegt hatte. Wir hielten dann ganz still, bewegten nicht einmal einen Zeh.

Aber als er an diesem Abend zur Tür hereinkam, brach ich in Tränen aus. »Ich brauche dich!« schluchzte ich. »Du darfst nicht sterben. Du darfst es nicht!«

Nollie richtete sich neben mir auf. »Wir waren bei Frau Hoog«, erklärte sie. »Corrie hat ihr Abendbrot nicht angerührt.«

Vater setzte sich auf die Kante des schmalen Bettes.

»Corrie«, begann er leise, »wann gebe ich dir die Fahrkarte, wenn du und ich nach Amsterdam fahren?«

Ich dachte nach und schnüffelte ein paarmal.

»Nun, kurz ehe wir in den Zug steigen.«

»Das stimmt. Und unser weiser Vater im Himmel weiß auch, wann wir etwas brauchen. Lehne dich nicht gegen seinen Willen auf, Corrie. Wenn die Zeit kommt, daß einer von uns sterben muß, wirst du in dein Herz blicken und genau zur richtigen Zeit die Kraft finden, die du brauchst.«

KAREL

Ich lernte Karel bei einer der »Veranstaltungen« kennen, für die Mama berühmt war. Später konnte ich mich nie erinnern, ob es ein Geburtstag, ein Hochzeitstag, ein neues Baby gewesen war — Mama machte aus allem ein Fest. Willem stellte ihn als einen Freund aus Leiden vor, und er schüttelte uns nacheinander die Hand. Ich ergriff diese lange, starke Hand, blickte in diese dunkelbraunen Augen und war auf der Stelle in ihn verliebt.

Als alle Kaffeetassen gefüllt waren, setzte ich mich, nur um ihn anzublicken. Er schien mich gar nicht zu bemerken, aber das war ganz natürlich. Ich war vierzehn Jahre alt, während er und Willem schon Studenten waren, denen Bärte sprossen und die bei ihrer Unterhaltung Zigarren pafften.

Es genügte, spürte ich, im gleichen Raum mit ihm zu sein, und was das Nichtbeachtetwerden betraf, daran war ich nur allzu sehr gewöhnt. Nollie war es, die Jungen auffiel, aber wie so vielen hübschen Mädchen schien ihr das völlig gleichgültig zu sein. Wenn ein Junge sie um eine Haarlocke bat — die damals übliche Methode, seine Liebe zu erklären —, zog sie ein paar Fäden aus dem alten grauen Teppich in unserem Schlafzimmer, band sie mit einem blauen Bändchen zusammen, und ich mußte den Boten spielen. Der Teppich war nachgerade recht fadenscheinig, und in der Schule wimmelte es von gebrochenen Herzen.

Ich dagegen verliebte mich nacheinander in einem hoffnungslosen, regelmäßigen Rhythmus in jeden Jungen meiner Klasse. Aber da ich nicht hübsch war und viel zu schüchtern, um meine Gefühle auszudrücken, wuchs eine ganze Generation von Jungen heran, die das Mädchen auf Platz zweiunddreißig überhaupt nicht beachtete.

Bei Karel jedoch war es anders, dachte ich, während ich beobachtete, wie er Zucker in seine Tasse tat. Karel würde ich ewig lieben.

Erst nach zwei Jahren sah ich Karel wieder. Es war im Winter 1908, als Nollie und ich nach Leiden fuhren, um Willem zu besuchen. Willems bescheiden eingerichtetes Zimmer war im vierten

Stock eines Privathauses. Er umarmte Nollie und mich ungestüm und lief dann ans Fenster.

»Hier«, sagte er und nahm zwei Sahnerollen von der Fensterbank, die er dorthin gelegt hatte, damit sie frisch blieben. »Die habe ich für euch gekauft. Es ist besser, ihr verzehrt sie schnell, ehe meine ausgehungerten Freunde kommen.«

Wir setzten uns auf die Kante von Willems Bett und verschlangen die kostbaren Sahnerollen. Wahrscheinlich hatte Willem, um sie kaufen zu können, aufs Mittagessen verzichtet. Eine Sekunde später wurde die Tür aufgerissen, und vier seiner Freunde stürmten herein — große junge Männer mit tiefer Stimme, in Jacken mit zweimal gewendeten Kragen und abgewetzten Ärmeln. Der eine von ihnen war Karel.

Ich schluckte den letzten Bissen meiner Sahnerolle hinunter, wischte mir die Hände hinten am Rock ab und stand auf. Willem stellte Nollie und mich allen vor, aber als er zu Karel kam, sagte der:

»Wir kennen uns schon« und verneigte sich leicht. »Erinnern Sie sich? Wir sind uns auf einem Fest in Ihrem Elternhaus begegnet.« Ich blickte von Karel zu Nollie — aber nein, er sah mich an. Mein Herz antwortete selig, doch ich hatte noch den Rest der klebrigen Sahnerolle im Munde, und darum kam kein Wort über meine Lippen. Bald darauf saßen die jungen Männer zu unseren Füßen auf dem Boden, und alle sprachen eifrig und zugleich.

Nollie, die neben mir auf dem Bett saß, nahm an dem Gespräch so selbstverständlich teil, als sei der Umgang mit Studenten für sie etwas ganz Alltägliches. Sie sah auch entsprechend erwachsen aus: mit achtzehn trug sie bereits einen langen Rock, während ich mir peinlich der dicken, schwarzen Schulmädchenstrümpfe bewußt war, die fast zwanzig Zentimeter zwischen dem Saum meines Kleides und meinen hohen Schuhen sichtbar waren.

Nollie konnte sich auch an dem Gespräch beteiligen; denn seit einem Jahr besuchte sie das Lehrerinnenseminar. Sie wollte eigentlich gar nicht Lehrerin werden, aber damals gab es an Universitäten keine Stipendien für Mädchen, Seminare dagegen kosteten nicht soviel, und nun plauderte sie ungezwungen über Dinge, die Studenten interessierten — die neue Relativitätstheorie von einem Mann namens Einstein und ob Admiral Peary wirklich den Nordpol erreichen würde.

»Und Sie, Corrie, werden Sie auch Lehrerin?«

Zu meinen Füßen auf dem Fußboden hockend, lächelte Karel mich an. Ich spürte, wie ich rot wurde.

»Ich meine, im nächsten Jahr«, fuhr er fort. »Dies ist jetzt doch wohl Ihr letztes Jahr auf der höheren Schule?«

»Ja. Das heißt — nein. Ich werde zu Hause bei Mama und Tante Anna bleiben.«

Das klang kühl. Warum sagte ich so wenig, wo ich doch so gern sehr viel gesagt hätte?

In jenem Frühling beendete ich die Schule und tat alle Arbeit im Haushalt. Das war geplant gewesen, aber jetzt gab es noch einen zusätzlichen Grund dafür. Tante Bep hatte nämlich Tuberkulose.

Diese Krankheit galt damals als unheilbar. Das einzige, was man dagegen tun konnte, war ein Aufenthalt in einem Sanatorium, und den konnten sich nur reiche Leute leisten, und so lag Tante Bep viele Monate in ihrem winzigen Zimmer und hustete zum Erbarmen.

Um das Risiko einer Ansteckung zu vermindern, durfte nur Tante Anna bei ihr sein. Sie pflegte ihre ältere Schwester Tag und Nacht, tat selber viele Nächte kein Auge zu, und darum mußte ich für die Familie kochen, waschen und saubermachen. Ich liebte die Arbeit und wäre, wenn Tante Bep nicht so hätte leiden müssen, vollkommen glücklich gewesen. Doch über allem lag ein Schatten: nicht nur der ihrer Krankheit, sondern auch, daß das Leben so viele Enttäuschungen für sie gehabt hatte, ja, daß es eigentlich verpfuscht war.

Oft konnte ich einen Blick in das Zimmer werfen, wenn ich ein Tablett hineinreichte oder Tante Anna es herausreichte. Da waren die wenigen rührenden Erinnerungen an dreißig Jahre in anderer Menschen Häuser. Parfümflaschen — schon viele Jahre leer —, weil wohlhabende Familien der Gouvernante zu Weihnachten immer Parfüm schenkten. Ein paar verblichene Daguerreotypen von Kindern, die jetzt bestimmt selber Kinder und Enkel hatten. Dann schloß sich die Tür wieder. Aber ich verweilte noch ein wenig in dem engen Flur unterm Dach, mich danach sehnend, etwas zu sagen, ihre Schmerzen zu lindern, sie wirklich zu lieben.

Ich sprach einmal mit Mama darüber. Auch sie war immer häufiger bettlägerig. Bis jetzt war sie, wenn die von den Gallensteinen verursachten Schmerzen zu heftig wurden, jedesmal operiert worden, aber ein kleiner Schlaganfall nach dem letzten Eingriff machte eine weitere Operation unmöglich, und oft, wenn ich ein Tablett für Tante Bep zurechtmachte, trug ich auch eins zu Mama hinauf.

Als ich ihr diesmal ihr Mittagessen brachte, war sie gerade dabei, Briefe zu schreiben. Wenn Mama nicht die Nachbarschaft mit Mützen und Babykleidern, die sie selber strickte, versorgte, schrieb sie fröhliche Briefe an Menschen in Haarlem, die ans Bett gefesselt waren. Daß sie selber oft in ihrem Leben ans Bett gefesselt gewesen war, daran schien sie gar nicht zu denken. »Das ist ein armer Mann, Corrie«, rief sie, als ich hereinkam. »Seit drei Jahren ist er in ein kleines Zimmer eingesperrt. Denk doch nur, er kann nicht einmal den Himmel sehen!«

Ich blickte durch Mamas einziges Fenster auf die ein Meter entfernte Steinmauer. »Mama«, sagte ich, während ich das Tablett auf das Bett stellte und mich daneben setzte, »können wir nicht etwas für Tante Bep tun? Ich meine, ist es nicht traurig, daß sie ihre letzten Tage hier verbringen muß, wo sie so ungern ist, statt dort, wo sie glücklich war? Bei den Wallers oder sonst irgendwo?«

Mama legte ihren Federhalter hin und blickte mich an.

»Corrie«, sagte sie schließlich, »Bep ist hier genauso unglücklich oder glücklich gewesen wie irgendwo anders.«

Ich starrte sie verständnislos an.

»Weißt du, wann sie begonnen hat, die Wallers in den höchsten Tönen zu loben?« fuhr Mama fort. »An dem Tag, an dem sie sie verließ. Solange sie dort war, hatte sie nur zu klagen. Die Wallers waren nicht mit den van Hooks zu vergleichen, bei denen sie vorher gewesen war. Aber bei den van Hooks hatte sie es wirklich schlecht gehabt. Das Glück ist etwas, das nicht von unserer Umgebung abhängt, Corrie. Es ist in uns oder nirgends.«

Tante Beps Tod berührte ihre Schwestern auf typische Weise. Mama und Tante Anna kochten und nähten von da an noch viel mehr für die Bedürftigen in der Nachbarschaft, als ob ihnen klar sei, wie kurz die Spanne Zeit war, in der man anderen dienen konnte. Tante Jans dagegen dachte nur an ihren eigenen Tod. »Meine Schwester!« rief sie immer wieder. »Ich hätte es ebensogut sein können!«

Etwa ein Jahr nach Tante Beps Tod übernahm ein anderer Arzt Dr. Blinkers Hausbesuche. Er hieß Dr. Jan van Veen. Er brachte auch einen Blutdruckmesser mit. Wir hatten noch keine Ahnung, was der bedeutete, aber alle im Hause ließen sich bereitwillig den Blutdruck messen.

Tante Jans, die medizinische Apparate aller Art liebte, war von dem neuen Arzt sehr angetan und konsultierte ihn von da an, so oft es ihre Finanzen erlaubten. Und es war auch Dr. van Veen, der ein paar Jahre später als erster entdeckte, daß Tante Jans Zucker hatte.

Damals war das ebenso ein Todesurteil wie die Tuberkulose. Tagelang waren alle im Hause vor Entsetzen wie gelähmt. Nach all den Jahren, in denen schon der Gedanke daran sie erschreckt hatte, war das zu einer furchtbaren Tatsache geworden. Tante Jans legte sich sofort ins Bett, als sie es erfuhr.

Aber Untätigkeit paßte schlecht zu ihrer kraftvollen Persönlichkeit, und eines Morgens erschien sie zu aller Überraschung pünktlich um zehn nach acht zum Frühstück und verkündete, Ärzte irrten sich oft. »All diese Untersuchungen«, sagte Tante Jans, die sonst so unbedingt an sie glaubte, »was beweisen sie wirklich?«

Und von da an wurde sie tätiger denn je, schrieb, hielt Vorträge, gründete Klubs und schmiedete Pläne. Holland hatte wie das übrige Europa 1914 für den Krieg mobilgemacht, und die Straßen Haarlems waren plötzlich voll junger Männer in Uniform. Von ihren Fenstern, durch die man die ganze Barteljorisstraat sah, beobachtete Tante Jans, wie sie gelangweilt vorübergingen, gleichgültig in die Schaufenster blickten; die meisten von ihnen waren jung, arm und einsam. Und da kam ihr die Idee, ein Soldatenheim aufzumachen.

Es war für damals eine neue Idee, und Tante Jans verfolgte sie mit der ganzen Leidenschaft ihrer Natur. Die Pferdebahn in der Barteljorisstraat war kürzlich durch eine große neue elektrische Straßenbahn ersetzt worden. Aber auch sie hielt quietschend, spuckte Funken aus Schienen und Drähten, wenn Tante Jans vorm Beje stand und mit dem behandschuhten Finger winkte. Sie stieg ein, ihren langen, schwarzen Rock mit einer Hand raffend und in der anderen eine Liste der reichen Damen, die die Gönnerinnen des neuen Unternehmens werden sollten. Nur die von uns, die sie wirklich gut kannten, bemerkten hinter all der Aktivität die furchtbare Angst, die sie antrieb.

Inzwischen warf ihre Krankheit auch finanzielle Probleme auf. Jede Woche mußte ein neuer Test gemacht werden, um den Zuckergehalt ihres Blutes zu bestimmen, und das war eine komplizierte und teure Sache, zu der entweder Dr. van Veen oder seine Schwester ins Haus kommen mußte.

Schließlich brachte mir Tine van Veen bei, den wöchentlichen Test selber zu machen. Er bestand aus verschiedenen Stufen, und die wichtigste war, das endgültige Gemisch auf eine bestimmte Temperatur zu erhitzen. Es war schwer, den alten Kohleherd in unserer dunklen Küche dazu zu bringen, etwas sehr präzise zu tun, aber schließlich kam ich dahinter, wie man es machen mußte, und von da mischte ich jeden Freitag die Chemikalien und führte den Test selber durch. Wenn die erhitzte Mischung klar blieb, war alles in Ordnung; nur wenn sie sich schwarz färbte, mußte ich Dr. van Veen rufen.

In jenem Frühling kam Willem zu seinem letzten Urlaub vor der Ordination nach Hause. Er hatte vor zwei Jahren sein Examen an der Universität bestanden und mußte jetzt nur noch ein paar Monate auf dem Predigerseminar sein. An einem warmen Abend während seines Besuchs saßen wir alle um den Eßtisch herum. Vater hatte dreißig Uhren vor sich ausgebreitet und vermerkte in einem kleinen Notizbuch in seiner klaren, schönen Schrift: »Zwei Sekunden verloren«, »Zwei Sekunden gewonnen«, während Willem aus einer Geschichte der holländischen Reformation vorlas. Plötzlich klingelte es an der Haustür. Am Eßzimmerfenster war ein Spiegel angebracht, so daß wir, ehe wir hinuntergingen, um sie zu öffnen, sehen konnten, wer dort war.

»Corrie«, sagte Betsie tadelnd, »dein Rock!«

Ich vergaß immer wieder, daß ich jetzt lange Röcke trug, und Betsie verbrachte viele Abende damit, die Risse zu flicken, die meine zu ungestümen Bewegungen verursachten. Ich nahm alle fünf Stufen in einem Satz, denn vor der Tür stand mit einem Strauß Osterblumen in den Händen Tine van Veen. Ob mich der milde Frühlingsabend auf den Gedanken brachte oder Willems dramatisch geschulte Predigerstimme, ich wußte plötzlich, daß die Begegnung dieser beiden Menschen etwas ganz Besonderes bedeuten mußte.

»Für Ihre Mutter, Corrie«, sagte Tine, mir die Blumen reichend, als ich die Tür aufmachte. »Ich hoffe, sie ist . . .«

»Nein, nein. Bringen Sie ihr die Blumen selber, Sie sehen mit ihnen so schön aus.« Und ohne ihr auch nur den Mantel abzunehmen, schob ich das erschrockene Mädchen die Treppe vor mir hinauf und dann durch die Eßzimmertür, wobei ich ihr fast auf die Hacken trat, weil ich Willems Reaktion sehen wollte. Ich wußte genau, wie sie sein würde. Ich lebte damals ganz im Bann romantischer Romane; ich lieh sie mir aus der Bibliothek, englische, holländische und deutsche. Oft las ich die, die ich besonders liebte, in allen drei Sprachen, und ich hatte diese Szene, wo der Held der Heldin begegnet, mir tausendmal vorgespielt.

Willem erhob sich langsam, wobei er Tine unverwandt anblickte. Vater stand ebenfalls auf.

»Fräulein van Veen«, sagte er in seiner altmodischen Art, »gestatten Sie mir, daß ich Ihnen unseren Sohn Willem vorstelle. Willem, dies ist die junge Dame, von deren Talent und Freundlichkeit du uns oft hast sprechen hören.«

Ich bezweifle, daß die beiden hörten, was Vater sagte. Sie starrten einander an, als wäre niemand sonst im Zimmer oder in der Welt.

Zwei Monate nach seiner Ordination heirateten Willem und Tine. In den ganzen Wochen der Vorbereitungen bewegte mich nur ein Gedanke: Karel wird dabei sein.

Am Hochzeitsmorgen war das Wetter kühl, aber schön. Meine Augen entdeckten Karel sofort in der Menge vor der Kirche. Er war in Frack und Zylinder wie die meisten männlichen Gäste, aber unbestreitbar der hübscheste von ihnen.

In mir war, seit ich ihn das letzte Mal gesehen hatte, eine Verwandlung vorgegangen. Der Unterschied zwischen meinen einundzwanzig und seinen sechsundzwanzig Jahren war doch nicht so groß, wie er einmal gewesen war.

Aber mehr als das: ich fand mich — nein, nicht schön. Selbst an einem so romantischen Tag konnte ich mir das nicht einreden. Ich wußte, mein Kinn war zu breit, meine Beine waren zu lang und meine Hände zu groß. Aber ich glaubte ernstlich — und all die Bücher waren der gleichen Meinung —, daß der Mann, der mich liebte, mich schön finden würde.

Betsie hatte mich an diesem Morgen frisiert, hatte eine Stunde lang sich mit der Brennschere abgemüht, bis meine Frisur vollkommen war — und bis jetzt war sie, o Wunder, so geblieben. Sie hatte mir auch ein seidenes Kleid genäht, wie sie es für alle Frauen in der Familie getan hatte, hatte bei Lampenlicht an den Abenden gearbeitet, weil der Laden sechs Tage in der Woche offen war und sie an Sonntagen nicht nähen wollte.

Als ich jetzt um mich blickte, sah ich, daß unsere selbstgeschneiderten Gewänder genauso modisch waren wie alle anderen. Niemand würde, dachte ich, als das sanfte Gedränge zur Tür hin begann, ahnen, daß Vater das Zigarrenrauchen aufgegeben hatte und Tante Jans ihr Zimmer nicht mehr heizte, damit die Seide gekauft werden konnte, die jetzt so elegant raschelte, wenn wir uns bewegten.

»Corrie?«

Vor mir stand Karel, den Zylinder in der Hand, und seine Augen blickten mich fragend an, als wäre er sich nicht ganz sicher.

»Ja, ich bin's«, antwortete ich lachend. »Ich bin's, Karel, und Sie sind's, und dies ist der Augenblick, von dem ich schon lange geträumt habe.«

»Aber Sie sind so . . . so erwachsen. Verzeihen Sie, Corrie. Natürlich sind Sie's. Nur habe ich immer an Sie als an das kleine Mädchen mit den riesigen blauen Augen gedacht.« Er blickte mich noch eine Weile an und fügte dann leise hinzu: »Und jetzt ist das kleine Mädchen eine Dame — eine reizende Dame!«

Plötzlich galt die Orgelmusik, die aus der offenen Tür hallte, uns beiden. Der Arm, den er mir bot, war der Mond, und meine behandschuhte Hand, die auf ihm ruhte, war das einzige, das mich davor bewahrte, mich über die spitzen Dächer von Haarlem zu erheben.

Es war ein windiger, regnerischer Freitagmorgen im Januar, als meine Augen mir sagten, was mein Gehirn anfangs zu begreifen sich weigerte. Die Flüssigkeit in dem Glasbecher auf dem Küchenherd war schmutzig schwarz.

Ich lehnte mich an den alten Spülstein aus Holz und schloß die Augen. »Bitte, Gott, laß mich einen Fehler gemacht haben.« In Gedanken ging ich die verschiedenen Stadien noch einmal durch, blickte auf die Flaschen mit Chemikalien und die Meßlöffel. Nein. Es war alles genauso, wie ich es immer gemacht hatte. Es lag dann an diesem elenden Raum — es war immer dunkel in dieser Puppenküche. Mit einem Topflappen nahm ich den Becher vom Herd und eilte ans Fenster im Eßzimmer.

Schwarz. Schwarz wie die Nacht.

Den Becher immer noch in der Hand haltend, lief ich die fünf Stufen hinunter, durch die Hintertür des Ladens. Vater, die Lupe vorm Auge, beugte sich über die Schulter des neuen Lehrlings, der aus den vielen Dingen, die vor ihm ausgebreitet lagen, ein winziges auswählte.

Ich blickte durch die Scheibe in der Tür in den Laden, aber Betsie, die hinter ihrer kleinen Kasse saß, unterhielt sich gerade mit einer Kundin. Nein, nicht einer Kundin, verbesserte ich mich, einer unangenehmen Frau — ich kannte sie. Sie kam her, um sich Rat über Uhren zu holen, und kaufte sie dann in dem neuen Geschäft Kan, auf der anderen Straßenseite. Weder Vater noch Betsie schien es zu bekümmern, daß das immer öfter geschah. Als die Frau ging, eilte ich mit dem verräterischen Becher in den Laden.

»Betsie!« rief ich. »Ach, Betsie! Es ist schwarz. Wie sollen wir ihr das beibringen? Was sollen wir nur tun?«

Betsie kam schnell hinter der Theke hervor und legte ihre Arme um mich. Hinter mir kam Vater in den Laden. Seine Augen schweiften von dem Becher zu Betsie und dann zu mir.

»Und du hast es wirklich ganz richtig gemacht, Corrie? In allen Einzelheiten?«

»Leider ja, Vater.«

»Ich bin dessen sicher, mein Kind. Aber wir müssen erst hören, was der Doktor sagt.«

»Ich werde es ihm gleich bringen.« Und so goß ich die scheußliche Flüssigkeit in ein Fläschchen.

Dr. van Veen hatte eine neue Sprechstundenhilfe, und ich verbrachte eine qualvolle halbe Stunde im Wartezimmer. Endlich ging sein Patient, und Dr. van Veen begab sich mit der Flasche in sein kleines Laboratorium.

»Es besteht kein Zweifel, Corrie«, sagte er, als er wieder herauskam. »Ihre Tante hat höchstens noch drei Wochen zu leben.«

Wir hielten in dem Uhrenladen einen Familienrat ab, als ich zurückkam: Mama, Tante Anna, Vater, Betsie und ich — Nollie kam erst am Abend aus dem Seminar zurück. Wir waren uns alle darin einig, daß Tante Jans es sofort wissen mußte.

»Wir werden es ihr gemeinsam sagen«, entschied Vater. »Ich werde sagen, was gesagt werden muß. Und vielleicht . . .« Sein Gesicht hellte sich auf. »Vielleicht wird ihr all das, was sie geleistet hat, Mut machen. Sie legt so großen Wert auf Leistung, und wer weiß, vielleicht hat sie recht.«

Und so zog die kleine Prozession zu Tante Jans Zimmer hinauf.

»Herein«, rief sie, als Vater anklopfte, und fügte hinzu, wie sie es immer tat: »Und mach die Tür zu, ehe ich mir den Tod hole.«

Sie saß an ihrem runden Mahagonitisch und arbeitete an einem neuen Spendenaufruf für ihr Soldatenheim. Als sie die vielen Menschen hereinkommen sah, legte sie den Federhalter hin. Sie blickte von einem Gesicht zum anderen, bis sie mich entdeckte, und stöhnte leise, weil sie verstand. Es war Freitagvormittag, und ich hatte ihr noch nicht die Ergebnisse des Tests berichtet.

»Meine liebe Schwägerin«, begann Vater sanft, »es gibt eine fröhliche Reise, die jedes Gotteskind früher oder später antritt. Und, Jans, manche müssen zu ihrem Vater mit leeren Händen gehen, aber du wirst mit vollen zu ihm eilen!«

»All deine Klubs . . .«, sagte Tante Anna vorsichtig.

»Alles, was du geschrieben hast . . .«, fügte Mama hinzu.

»Das Geld, das du aufgetrieben hast . . .«, sagte Betsie.

»Deine Reden . . .«, begann ich.

Aber unsere gut gemeinten Worte waren nutzlos. Das stolze Gesicht vor uns verzerrte sich. Tante Jans legte die Hände über die Augen und begann zu weinen.

»Leer, leer!« schluchzte sie schließlich. »Wie können wir Gott etwas bringen? Was hat er schon von unseren kleinen Kniffen und jämmerlichen Gaben?«

Und während wir ihr noch ungläubig zuhörten, senkte sie die Hände und flüsterte, wobei ihr immer noch die Tränen über das Gesicht liefen:

»Lieber Jesus, ich danke dir, daß wir mit leeren Händen kommen müssen. Ich danke dir für alles, alles, was du am Kreuz getan hast, und daß wir im Leben oder Tod nur das eine brauchen: dessen gewiß zu sein.« Mama schlang ihre Arme um sie, und sie preßten sich aneinander, aber ich stand wie angewurzelt da, wissend, daß mir ein Geheimnis offenbart worden war.

Es war Vaters Fahrkarte, die ich in diesem Augenblick bekam.

Mit einem Schwenken ihres Taschentuchs und einem kräftigen Sichschneuzen gab uns Tante Jans zu verstehen, daß jetzt keine Zeit mehr für Sentimentalitäten sei.

»Wenn man mich allein ließe«, sagte sie, »könnte ich vielleicht noch eine Arbeit vollenden.«

Sie blickte Vater an, und zum erstenmal sah ich ihre strengen Augen zwinkern. »Nicht, daß die Arbeit wichtig wäre, Casper, nicht, daß sie überhaupt etwas zu bedeuten hat, aber«, entließ sie uns kühl, »ich werde nicht gehen und einen unaufgeräumten Schreibtisch zurücklassen, den jemand anders aufräumen muß.«

Vier Monate nach Tante Jans' Begräbnis kam die schon lange erwartete Einladung zu Willems erster Predigt. Nachdem er weniger als ein Jahr Vikar in Uithuizen gewesen war, hatte er seine eigene Kirche in Brabant bekommen, dem schönen, ländlichen, südlichen

Holland. Und in der holländischen reformierten Kirche war die erste Predigt in der ersten Kirche der feierlichste, freudigste, bewegendste Anlaß, den sich selbst Menschen, die sich nicht leicht von etwas rühren ließen, vorstellen konnten. Verwandte und Freunde würden von weither kommen und einige Tage bleiben.

Karel, der inzwischen selber Vikar geworden war, schrieb, er werde auch kommen und freue sich schon darauf, uns alle wiederzusehen. Ich maß dem Wort »alle« eine besondere Bedeutung bei und bügelte Kleider und packte Koffer im Überschwang der Vorfreude.

Mama ging es wieder einmal nicht gut. Sie kauerte in der Ecke unseres Abteils, und ihre Hand, die Vaters hielt, wurde jedesmal, wenn der Zug ruckte oder schwankte, an den Knöcheln weiß. Aber während wir anderen auf die langen Pappelreihen in ihrem leuchtenden Junigrün hinausblickten, hatte Mama nur Augen für den Himmel. Was für uns eine Fahrt durch das Land war, war für sie ein Fest aus Wolken und Licht und unendlichen blauen Fernen.

Das Dorf Made und die Gemeinde von Willems Kirche waren in den letzten Jahren kleiner geworden, aber die Kirche selber, die aus besseren Zeiten stammte, war groß, und ebenso war es Willems und Tines Haus auf der anderen Straßenseite. Nach Bejemaßstäben war es sogar riesig, denn in den ersten Nächten schien mir die Decke so unendlich hoch, daß ich nicht schlafen konnte. Jeden Tag kamen weitere Onkel, Vettern und Freunde, aber wie viele es auch waren, die Zimmer wirkten auf mich immer halbleer.

Drei Tage nach unserer Ankunft öffnete ich die Haustür, und da stand Karel, und seine Schultern waren noch vom Kohlenstaub des Zuges bedeckt. Er warf seine braune Segeltuchtasche an mir vorüber in die Diele, ergriff meine Hand und zog mich in die Junisonne hinaus. »Was für ein schöner Tag, Corrie«, rief er, »laß uns einen Spaziergang machen!« Von da an schien es selbstverständlich, daß Karel und ich jeden Tag spazieren gingen. Jedesmal wanderten wir ein Stück weiter auf den Feldwegen, die vom Dorf in alle Richtungen führten, Wege, die so ganz anders waren als die Straßen von Haarlem. In solchen Augenblicken war es kaum zu glauben, daß das übrige Europa in den blutigsten Krieg der Geschichte verstrickt war. Selbst jenseits des Ozeans schien sich der Wahnsinn auszubreiten; die Zeitungen meldeten, Amerika werde in den Krieg eintreten.

Hier im neutralen Holland folgte ein sonniger Tag auf den anderen. Nur wenige Menschen — wie Willem — sagten, der Krieg sei auch für Holland ein Tragödie. In seiner ersten Predigt sprach er über dieses Thema. Europa und die Welt veränderten sich, sagte er. Ganz gleich, wer gewinne, das Leben werde nie mehr wie vorher sein. Ich ließ meine Augen über die aus kräftigen Dörflern und Bauern bestehende Gemeinde schweifen und sah, daß ihnen solche Gedanken gleichgültig waren.

Nach der Predigt fuhren Freunde und entfernte Verwandte wieder nach Hause, aber Karel blieb noch. Unsere Spaziergänge wurden immer länger. Oft sprachen wir über Karels Zukunft, und plötzlich war nicht mehr die Rede von dem, was Karel tun, sondern was *wir* tun würden. Wir sahen uns schon in einem großen, alten Haus wie diesem, das wir nach unserem Geschmack einrichteten, und entdeckten zu unserer Freude, daß wir, was Möbel und Blumen anging, den gleichen Geschmack und sogar die gleichen Lieblingsfarben hatten. Nur was Kinder betraf, waren wir verschiedener Meinung: Karel wollte vier, während ich eigensinnig auf sechs bestand. Und bei alldem wurde das Wort Heirat nie ausgesprochen.

Als Karel eines Tages im Dorf war, kam Willem mit zwei Tassen Kaffee in den Händen aus der Küche, und Tine folgte ihm mit ihrer eigenen.

»Corrie«, sagte Willem, reichte mir die eine Tasse und fuhr, als fiele es ihm schwer, fort: »Hat Karel dir angedeutet, daß er . . .«

»Ernste Absichten hat«, vollendete Tine den Satz für ihn. Wie immer konnte ich es nicht verhindern, daß mir die Röte in die Wangen schoß.

»Ich . . . nein . . . Wir . . . Warum?«

Willem war auch rot geworden. »Weil das etwas ist, Corrie, das nie sein kann. Du kennst Karels Familie nicht. Sie haben immer nur eins gewollt, schon als er ein kleines Kind war, sie haben dafür geopfert, geplant, ihr ganzes Leben drum herum aufgebaut: Karel soll . . . soll sich ›gut verheiraten‹, wie sie das, glaube ich, nennen.«

Das große, kahle Wohnzimmer wirkte plötzlich noch kahler.

»Aber Karel hat doch da selber ein Wort mitzusprechen. Er ist schließlich kein Kind mehr.«

Willem blickte mich mit seinen tiefliegenden Augen ernst an. »Er wird es tun, Corrie. Ich sage nicht, daß er es will. Für ihn ist das eine Tatsache wie jede andere. Wenn wir auf der Universität über Mädchen sprachen, die wir mochten, sagte er zum Schluß immer: ›Natürlich würde ich sie nie heiraten. Das wäre meiner Mutter Tod.‹ «

Der heiße Kaffee brannte mir im Munde, aber ich schluckte ihn hinunter und entfloh in den Garten. Ich haßte dieses düstere, alte Haus, und manchmal haßte ich auch Willem fast, weil er immer nur die düstere Seite von allem sah. Hier im Garten war es anders. Es gab dort keinen Busch, ja kaum eine Blume, die Karel und ich nicht zusammen betrachtet hatten, an denen noch immer etwas von unserem Gefühl füreinander haftete. Willem wußte vielleicht mehr über Theologie und Krieg und Politik als ich, aber wenn es um Liebe ging . . . Dinge wie Geld, gesellschaftliches Prestige, das, was die Familie erhoffte — in jedem Roman lösten sie sich immer wie Regenwolken auf . . .

Eine Woche später verließ Karel Made, und seine letzten Worte ließen mein Herz höher schlagen. Erst Monate später wurde mir bewußt, wie seltsam er sie ausgesprochen hatte, in einem drängenden, fast verzweifelten Ton. Wir standen vor dem Haus und warteten auf Pferd und Wagen, die in Made immer noch als das einzige Verkehrsmittel galten, wenn man einen Zug erreichen mußte. Wir hatten uns nach dem Frühstück verabschiedet, und wenn ich zum Teil enttäuscht war, weil er mir immer noch keinen Heiratsantrag gemacht hatte, war ich andererseits froh darüber, mit ihm zusammen sein zu können. Plötzlich ergriff er meine Hände.

»Corrie, schreib mir«, sagte er, aber nicht heiter, sondern flehend. »Schreib mir über das Beje. Ich möchte alles wissen, jede Einzelheit jenes häßlichen, schönen, baufälligen alten Hauses. Schreib mir über deinen Vater, Corrie. Schreib, wieso er vergißt, Rechnungen zu schicken. Ach, Corrie, es ist das glücklichste Heim in Holland!«

Und das war es wirklich, als Vater, Mama, Betsie, Nollie, Tante Anna und ich zurückkehrten. Es war immer eine Quelle des Glücks gewesen, aber jetzt wurde auch das kleinste Ereignis zu etwas Wunderbarem, weil ich es mit Karel teilen konnte. Jedes Essen, das ich kochte, war ein Geschenk für ihn, jeder blankgeputzte Topf ein Gedicht, jedes Fegen eine Liebestat. Er schrieb nicht so oft an mich wie ich an ihn, aber ich schob das auf seine Arbeit. Der Pfarrer, schrieb er, dessen Vikar er war, habe ihn mit den Gemeindebesuchen betraut: es sei eine wohlhabende Gemeinde, und Leute, die viel spendeten, erwarteten häufige und ausgedehnte Besuche vom Pfarrer.

Je mehr Zeit verging, desto seltener kam ein Brief von ihm. Ich machte das damit wett, daß ich ihm nur noch öfter schrieb, und so vergingen Sommer und Herbst. An einem strahlenden, kalten Novembertag, als ganz Holland sich ebenso des Lebens freute wie ich, klingelte es an der Haustür. Ich wusch gerade in der Küche das Geschirr vom Mittagessen ab, aber ich lief durch das Eßzimmer und die Stufen hinunter, ehe ein anderer mir zuvorkommen konnte.

Ich riß die Haustür auf, und da stand Karel.

Neben ihm sah ich eine junge Frau.

Sie lächelte mich an. Ich bemerkte den Hut mit der wippenden Feder, dem Hermelinkragen, die weiß behandschuhte Hand, die auf seinem Arm ruhte. Dann schien sich das Bild zu verwischen, denn Karel sagte: »Corrie, ich möchte dir meine Braut vorstellen.«

Ich habe bestimmt etwas geantwortet. Ich habe die beiden in Tante Jans' Vorderzimmer geführt, das uns jetzt als Salon diente. Ich erinnere mich noch, wie die Meinen mir zu Hilfe kamen, sprachen, Hände schüttelten, Mäntel abnahmen, Stühle holten, damit ich nichts zu tun oder zu sagen brauchte. Mama übertraf sogar ihren eigenen Rekord im Kaffeekochen. Tante Anna reichte Kekse herum. Betsie sprach mit der jungen Frau über Wintermoden, und Vater zog sich mit Karel in eine Ecke zurück und begann mit ihm ein politisches Gespräch. Was er zu der Nachricht sage, daß Präsident Wilson amerikanische Truppen nach Frankreich schicke ...

Irgendwie verging die halbe Stunde. Irgendwie gelang es mir, ihre und dann Karels Hand zu drücken und den beiden alles Gute zu wünschen. Betsie führte sie zur Haustür hinunter. Ehe sie sich schloß, rannte ich die Treppe zu meinem eigenen Zimmer unterm Dach hinauf, um mich dort ausweinen zu können.

Später hörte ich Vaters Schritte auf der Treppe. Einen Augenblick war ich wieder das kleine Mädchen, das darauf wartete, daß er ihm die Bettdecke glattstrich. Aber dies war ein Schmerz, den so etwas nicht stillen konnte, und plötzlich hatte ich Angst vor dem, was Vater sagen würde, hatte Angst, er könne sagen: »Du wirst bald einen anderen finden« und daß danach diese Unwahrheit ewig zwischen uns stehen würde, denn in meinem tiefsten Inneren wußte ich bereits, daß weder bald noch je ein anderer kommen würde.

Mit Vater kam der süße Zigarrenduft ins Zimmer. Und natürlich sagte er nicht die falschen, törichten Worte.

»Corrie«, begann er statt dessen, »weißt du, was so sehr weh tut? Liebe. Liebe ist die stärkste Macht in der Welt, und wenn ihr der Weg versperrt wird, bedeutet das Schmerz. Wenn das geschieht, können wir zweierlei tun. Wir können die Liebe töten, damit sie nicht mehr weh tut. Aber dann stirbt natürlich auch ein Teil von uns. Oder aber, Corrie, wir können Gott bitten, der Liebe einen anderen Weg zu öffnen. Gott liebt Karel — sogar noch mehr, als du ihn liebst —, und wenn du Gott bittest, wird er dir seine Liebe für diesen Mann schenken, eine Liebe, die nichts hemmen, nichts zerstören kann. Wann immer wir nicht auf die alte menschliche Weise lieben können, kann Gott uns die vollkommene schenken.«

Ich wußte nicht, als ich Vater die Treppe wieder hinuntergehen hörte, daß er mir mehr als den Schlüssel für diesen schweren Augenblick gegeben hatte. Ich wußte nicht, daß er mir das Geheimnis in die Hände gelegt hatte, das viel dunklere Räume als diesen öffnen würde — Orte, wo nichts war, was man auf menschliche Weise lieben konnte.

Ich war in dem, was Liebe betraf, noch im Kindergarten. Ich mußte darum mein Gefühl für Karel aufgeben, ohne auf die Freude und das Wunder zu verzichten, die mit ihm gewachsen waren, und so sprach ich flüsternd, als ich dort auf meinem Bett lag, das gewaltige Gebet:

»Herr, ich gebe dir, was ich für Karel empfinde, und alle meine Gedanken über unsere Zukunft — ach, du weißt! Du weißt alles. Gib mir dafür, wie du Karel siehst. Hilf mir, ihn so zu lieben. So stark.«

Und noch während ich die Worte sprach, schlief ich ein.

DER UHRENLADEN

Ich stand auf einem Stuhl, putzte das große Fenster im Eßzimmer und winkte hin und wieder in der Gasse Vorübergehenden zu, während Mama in der Küche Kartoffeln fürs Mittagessen schälte. Es war 1918; der furchtbare Krieg war endlich vorüber: selbst die Art, wie die Menschen gingen, verriet eine neue Hoffnung.

Es war nicht Mamas Gewohnheit, dachte ich, das Wasser so lange laufen zu lassen; sie vergeudete nie etwas.

»Corrie!«

Ihre Stimme war leise, fast ein Flüstern.

»Ja, Mama?«

»Corrie«, sagte sie noch einmal.

Und dann hörte ich das Wasser aus dem Spülbecken auf den Fußboden fließen. Ich sprang von dem Stuhl herunter und lief in die Küche. Mama stand dort, die Hand am Hahn, und blickte mich seltsam an, während das Wasser aus dem Spülbecken über ihre Füße lief.

»Was ist, Mama?« rief ich und griff nach dem Hahn. Ich löste ihre Finger, drehte den Hahn zu und zog sie von der Pfütze auf dem Boden fort.

»Corrie«, sagte sie zum drittenmal.

»Mama, du bist krank. Wir müssen dich zu Bett bringen.«

»Corrie.«

Ich schob einen Arm unter ihre Schulter und führte sie durch das Eßzimmer und dann die Treppe hinauf. Auf mein Rufen kam Tante Anna heruntergelaufen und packte Mamas anderen Arm. Zusammen schleppten wir sie in ihr Bett, und dann holte ich Vater und Betsie.

Eine Stunde lang beobachteten wir vier die Wirkung der Gehirnblutung. Zuerst waren nur ihre Hände gelähmt, dann dehnte sich die Lähmung auf Arme und Beine aus. Dr. van Veen, den der Lehrling geholt hatte, konnte nicht mehr tun als wir.

Das Bewußtsein verlor Mama erst zuletzt. Ihre Augen blieben offen und wach, blickten jeden von uns liebevoll an, bis sie sich ganz langsam schlossen und wir überzeugt waren, daß sie für immer von uns gegangen war. Dr. van Veen indessen sagte, dies sei nur ein, wenn auch sehr tiefes, Koma, aus dem sie entweder nicht wieder erwachen oder ins Leben zurückkehren werde.

Zwei Monate lang lag Mama bewußtlos im Bett, und wir fünf — Nollie abends — wachten abwechselnd bei ihr. Dann, eines Morgens, schlug sie so unerwartet, wie der Schlaganfall gekommen war, die Augen auf und blickte um sich. Schließlich vermochte sie Arme und Beine wieder so weit zu bewegen, daß sie mit jemandes Beistand umhergehen konnte, wenn auch ihre Hände nie wieder eine Häkelnadel oder Stricknadeln würden halten können.

Wir brachten sie aus dem kleinen Schlafzimmer gegenüber der Steinmauer in Tante Jans' Vorderzimmer hinunter, wo sie das Leben und Treiben auf der Barteljorisstraat beobachten konnte. Geistig war sie bald wieder so klar und aktiv wie je, aber sie brachte nur noch drei Worte heraus: »Ja, nein« und — vielleicht weil das das letzte war, das sie vor der Gehirnblutung ausgesprochen hatte — »Corrie«. Und darum nannte Mama alle Corrie.

Um uns verständigen zu können, erfanden sie und ich ein kleines Spiel.

»Corrie«, sagte sie.

»Was ist, Mama? Du denkst an jemand.«

»Ja.«

»Jemanden in der Familie?«

»Nein.«

»Jemanden, den du auf der Straße gesehen hast?«

»Ja.«

»Ein alter Freund?«

»Nein.«

»Eine Freundin?«

»Ja.«

Eine Frau, die Mama schon lange kannte. »Mama, ich wette, heute hat jemand Geburtstag.« Und ich zählte eine Reihe Namen auf, bis ich ihr entzücktes »Ja« hörte. Dann schrieb ich einen kleinen Brief, daß Mama die Betreffende gesehen habe und ihr alles Gute zum Geburtstag wünsche. Zum Schluß schob ich immer den Bleistift in ihre steifen Finger, damit sie den Brief unterschreiben konnte. Ein eckiges Gekrakel war alles, was von ihrer schönen, schwungvollen Handschrift übrig geblieben war, aber man kannte und liebte es bald in ganz Haarlem.

Es war wirklich erstaunlich, welche Lebenskraft ihr gelähmter Körper noch auszuströmen vermochte, und in den drei Jahren, die sie gelähmt war, machte ich eine neue Entdeckung. Mamas Liebe war immer von jener Art gewesen, die sich im Kochen, Stricken und Nähen ausdrückte. Aber wenn sie jetzt das alles auch nicht mehr konnte, ihre Liebe schien genauso stark zu sein wie zuvor. Sie saß in ihrem Sessel und liebte uns. Sie liebte die Menschen, die sie auf der Straße sah — und darüber hinaus; ihre Liebe galt der Stadt, Holland, der Welt, und so lernte ich, daß Liebe größer ist als die Mauern, die sie umschließen.

Immer öfter erwähnte Nollie beim Abendbrot einen jungen Kollegen, der an der gleichen Schule unterrichtete wie sie, Flip van Woerden. Als Herr van Woerden bei Vater erschien, um um ihre Hand anzuhalten, hatte Vater seine kleine Rede ein dutzendmal geprobt und ihr den letzten Schliff gegeben.

Am Abend vor der Hochzeit, als Betsie und ich Mama zu Bett brachten, brach sie plötzlich in Tränen aus. Mit unseren Fragen entdeckten wir, daß sie nicht über die Heirat unglücklich war; ja, sie mochte Flip sehr gern. Es ging darum, daß das feierliche Gespräch zwischen Mutter und Tochter, das seit Jahren für diesen Abend vorgesehen war, die sexuelle Aufklärung, die unsere verschwiegene Gesellschaft zuließ, nun nicht mehr möglich war.

Schließlich sah man an jenem Abend Tante Anna mit weitgeöffneten Augen und stark geröteten Wangen in Nollies Zimmer gehen. Vor drei Jahren war Nollie aus unserem gemeinsamen Zimmer unterm Dach in Tante Beps Stübchen hinuntergezogen, und dort fand nun das vorgeschriebene vertrauliche Gespräch zwischen ihr und Tante Anna statt. Es wußte wohl niemand in ganz Holland weniger über die Ehe als Tante Anna, aber es war ein jahrhundertealtes Ritual.

Am nächsten Tage strahlte Nollie in ihrem langen weißen Kleid, aber ich konnte die Augen nicht von Mama abwenden. Obwohl wie immer schwarz gekleidet, wirkte sie plötzlich jung und mädchenhaft, und ihre Augen funkelten vor Freude über dieses größte Fest, das die ten Booms je gefeiert hatten. Betsie und ich brachten sie zeitig in die Kirche, und ich war überzeugt, die meisten Angehörigen der Familie van Woerden und deren Freunde hätten nie geglaubt, daß die anmutige, lächelnde Dame in der ersten Reihe weder gehen noch sprechen konnte.

Erst als Nollie und Flip zusammen den Mittelgang hinunterkamen, mußte ich daran denken, wie ich selber davon geträumt hatte, so mit Karel zum Altar zu schreiten. Ich blickte zu Betsie hin, die auf Mamas anderer Seite saß und wunderhübsch aussah. Betsie hatte immer gewußt, daß sie aus Gesundheitsgründen keine Kinder bekommen durfte, und hatte aus diesem Grunde schon vor langer Zeit beschlossen, nie zu heiraten. Jetzt war ich siebenundzwanzig, Betsie Mitte dreißig, und so würde es bleiben: Betsie und ich, die beiden unverheirateten Töchter, die zu Hause im Beje lebten. Aber das war kein trauriger Gedanke, sondern ein beglückender, und dies war der Augenblick, da ich dessen gewiß war, daß Gott mein ihm vor vier Jahren, wenn auch nur unter Zagen, gemachtes Geschenk angenommen hatte. Denn als ich an Karel dachte — so liebevoll wie immer, seit ich vierzehn war —, spürte ich nicht den geringsten Schmerz. »Segne Karel, Herr Jesus«, murmelte ich, »und segne sie, und laß sie beieinander bleiben und bei dir.« Und das war ein Gebet, das wußte ich genau, dessen Corrie ten Boom ohne Hilfe nicht fähig gewesen wäre.

Aber das große Wunder des Tages kam später. Zum Abschluß des Gottesdienstes hatten wir Mamas Lieblingschoral gewählt: »Schönster Herr Jesus«. Und als ich jetzt da stand und sang, hörte ich hinter mir auch Mama singen; Wort auf Wort, Vers auf Vers sang sie mit. Mama, die nicht vier Worte sprechen konnte, sang den schönen Choral ohne Stocken. Ihre Stimme, die so hoch und klar gewesen war, war jetzt heiser und spröde, aber für mich war es eine Engelsstimme. Ich wagte nicht, mich umzudrehen, aus Angst, den Zauber zu brechen. Als sich schließlich alle setzten, glänzten Mamas, Betsies und meine Augen von Tränen.

Anfangs hofften wir, es sei der Beginn von Mamas Genesung, aber die Worte, die sie gesungen hatte, vermochte sie nicht auszusprechen, noch sang sie jemals wieder. Es war ein einmaliges Erlebnis gewesen, ein Geschenk an uns von Gott, sein ganz besonderes Hochzeitsgeschenk. Vier Wochen später verließ uns Mama für immer, im Schlaf, mit einem Lächeln auf den Lippen.

Ende November jenes Jahres brachte eine Grippeepidemie eine große Veränderung. Betsie begann zu schnüffeln und zu niesen, und Vater fand, daß sie nicht mehr an der Kasse sitzen dürfe, zu der durch die Ladentür die rauhe Winterluft drang.

Aber Weihnachten stand vor der Tür, die Zeit, da im Laden besonders viel zu tun war, und da Betsie im Bett liegen mußte, lief ich, so oft ich konnte, in den Laden hinunter, um Kunden zu bedienen und Geschenke einzupacken, damit Vater ungestört an seiner Werkbank sitzen konnte.

Tante Anna erklärte, sie könne kochen und Betsie pflegen, und darum setzte ich mich an Betsies Tisch, schrieb auf, was ich verkauft hatte, schrieb Rechnungen für Reparaturen aus, notierte, wieviel wir für Ersatzteile ausgegeben hatten, und blätterte immer ungläubiger in alten Rechnungsbüchern.

Ach, es war hier überhaupt kein System. Man konnte unmöglich sagen, ob eine Rechnung bezahlt worden war oder nicht, ob der Preis, den wir forderten, hoch oder niedrig war, ja, es war nicht einmal festzustellen, ob wir Geld verdienten oder verloren.

An einem Winternachmittag eilte ich die Straße hinunter zum Papiergeschäft und kaufte einen ganzen Satz neuer Rechnungsbücher und begann Methode in das Durcheinander zu bringen. Viele Abende saß ich nach Ladenschluß bei flackerndem Gaslicht über alten Bestandsverzeichnissen und den Lieferscheinen der Großhändler.

Oder ich fragte Vater: »Wieviel hast du Herrn Hoek für die Reparatur im vorigen Monat berechnet?«

Vater blickte mich entgeistert an. »Wieso ...? Ach ... Meine Liebe ... Ich kann wirklich nicht ...«

»Es war eine Vacheron, Vater, eine alte. Du mußtest dir die Ersatzteile aus der Schweiz kommen lassen, und hier ist die Rechnung dafür ...«

Sein Gesicht hellte sich auf. »Natürlich, ich erinnere mich! Eine schöne Uhr, Corrie. Eine Freude, sie zu reparieren. Sehr alt, aber er hat leider Staub eindringen lassen. Eine kostbare Uhr muß saubergehalten werden, mein Kind.«

»Aber was hast du dafür genommen, Vater?«

Ich erfand eine eigene Buchführung, und meine Zahlenkolonnen begannen mehr und mehr den wirklichen Ausgaben und Einnahmen zu entsprechen, und die Arbeit gefiel mir immer besser. Ich hatte mich in diesem kleinen Laden mit den vielen tickenden Uhren und den Regalen voll kleiner glänzender Gesichter stets glücklich gefühlt, aber jetzt entdeckte ich auch, daß ich die geschäftliche Seite des Ganzen liebte: Kataloge und Warenlisten, die ganze geschäftige, tatkräftige Handelswelt.

Jedesmal, wenn ich daran dachte, daß sich Betsies Grippe in der Brust festgesetzt hatte und wie bei ihr immer eine Lungenentzündung daraus zu werden drohte, schämte ich mich, daß ich alles andere als traurig über die jetzige Situation war. Und wenn ich sie nachts in ihrem Zimmer unter mir rasselnd husten hörte, betete ich mit ganzem Herzen, daß sie bald wieder ganz genesen möge.

Und dann eines Abends, zwei Tage vor Weihnachten, als ich den Laden für die Nacht abgeschlossen hatte und gerade die Haustür abschließen wollte, kam Betsie, die Arme voller Blumen, aus der Gasse hereingestürmt. Als sie mich sah, wirkte sie schuldbewußt wie ein Kind.

»Für Weihnachten, Corrie«, entschuldigte sie sich. »Wir müssen zu Weihnachten Blumen haben!«

»Betsie ten Boom«, sagte ich streng. »Wie lange treibst du das schon? Kein Wunder, daß sich deine Grippe nicht bessert.«

»Ehrlich, ich bin meistens im Bett geblieben . . .«, aber da schüttelte sie ein Hustenanfall, und erst als er vorüber war, fuhr sie fort. »Ich bin nur für wirklich wichtige Dinge aufgestanden.«

Ich brachte sie zu Bett, und dann wanderte ich durch das Haus, sah alles mit neuen Augen und spähte nach Betsies »wichtigen Dingen« aus. Wie wenig hatte ich auf alles, was im Haus vorging, geachtet! Betsie hatte überall etwas verändert. Ich ging in ihr Zimmer zurück und konfrontierte sie mit den Beweisen. »War es wichtig, Betsie, das Geschirr im Eckschrank anders zu stellen?«

Sie blickte zu mir auf und wurde rot. »Ja, es war wichtig«, sagte sie herausfordernd. »Du stellst alles so hinein, wie es gerade kommt.«

»Und die Tür zu Tante Jans' Zimmer? Jemand hat sie mit Farbentferner und Sandpapier bearbeitet — und das ist anstrengend.«

»Aber darunter ist schönes Holz, wie ich wußte. Jahrelang habe ich mir gewünscht, die alte Farbe abzukratzen, um es zu sehen. Ach, Corrie —« ihre Stimme klang plötzlich zerknirscht, »ich weiß, es ist abscheulich und egoistisch von mir, wo du jetzt Tag für Tag im Laden sein mußt. Und ich werde fortan alles für meine Genesung tun, damit das aufhört —, aber, ach, es war so herrlich, den ganzen Tag hier zu sein und so zu tun, als sei es meine Aufgabe, alles zu verschönern, zu planen, was ich noch tun würde . . .«

Und so war es heraus. Wir hatten die Rollen getauscht. Und es war erstaunlich, wie gut alles klappte, als wir das getan hatten. Solange ich mich um das Haus gekümmert hatte, war es sauber gewesen; seit Betsie das Zepter übernommen hatte, glänzte es. Sie sah die Schönheit im Holz, in einem Muster, in einer Farbe und half uns, sie auch zu sehen. Das knappe Haushaltsgeld, das bei mir kaum für die Einkäufe beim Metzger reichte und beim Bäcker ganz draufging, reichte bei Betsie zusätzlich für alle Arten köstlicher Dinge, die man noch nie auf unserem Tisch gesehen hatte.

»Wartet nur ab, was für einen Nachtisch es heute mittag geben wird«, sagte sie zu uns am Frühstückstisch, und den ganzen Vormittag im Laden ließ uns die Frage nicht los.

Der Suppentopf und die Kaffeekanne, für die ich nie Zeit gefunden zu haben schien, standen wieder hinten auf dem Herd, seit Betsie die Führung des Haushalts übernahm, und bald strömten Briefträger und Polizisten, einsame alte Männer und frierende Botenjungen zur Haustür herein, um ihre Hände an den heißen Bechern aufzuwärmen, so wie sie es getan hatten, als Mama noch lebte.

Unterdessen fand ich im Laden eine Freude an der Arbeit, wie ich sie mir nie hätte träumen lassen. Ich wußte bald, daß ich mehr tun wollte als Kunden bedienen und die Bücher führen. Ich wollte selber Uhren reparieren lernen.

Vater machte sich mit allem Eifer daran, es mich zu lehren. Ich wußte schließlich über die verschiedenen Teile, die Zusammensetzung der Öle und Lösungen Bescheid, verstand mit den notwendigen Werkzeugen umzugehen, die winzigen Rädchen durch die Lupe zu betrachten, aber Vaters Geduld, sein geradezu mystisches Verhältnis zu den Harmonien der Uhrwerke, das war etwas, das sich nicht lehren ließ.

Armbanduhren waren Mode geworden, und ich trat in eine Schule ein, die auf diese Art von Arbeit spezialisiert war. Drei Jahre nach Mamas Tod wurde ich die erste amtlich zugelassene Uhrmacherin in Holland.

In dieser Form verlief unser Leben über zwanzig Jahre. Wenn Vater die Bibel nach dem Frühstück auf das Bord gestellt hatte, gingen er und ich in den Laden hinunter, während Betsie im Suppentopf rührte und aus Kartoffeln und einem Pfund Hammelfleisch etwas Köstliches zauberte. Jetzt, da ich auf die Einnahmen und Ausgaben aufpaßte, ging das Geschäft besser, und schon bald konnten wir uns eine Verkäuferin leisten, die im Laden herrschte, während Vater und ich in der Werkstatt arbeiteten.

In dieses kleine Hinterzimmer kamen beständig alle möglichen Menschen. Manchmal war es ein Kunde, meistens nur ein Besucher — vom Arbeiter mit Holzpantinen an den Füßen bis zum Schiffsbesitzer; alle wollten sich bei Vater Rat holen. Trotz der Kunden im Laden und der Angestellten in der Werkstatt senkte er ganz ohne Scheu den Kopf und betete um die Antwort.

Er betete auch, daß die Arbeit gelang. Es gab nur selten Reparaturprobleme, deren Lösung ihm zu schaffen machte. Aber gelegentlich tauchte eins auf, das selbst ihm die Sprache verschlug. Und dann hörte ich ihn sagen: »Herr, du bewegst die Räder der Galaxien, du weißt, was die Planeten dazu bringt, sich zu drehen, und du weißt, was diese Uhr in Gang setzt . . .«

Die Beispiele, die er in seinen Gebeten anführte, waren immer verschieden, denn Vater, der die Wissenschaft liebte, verschlang ein Dutzend wissenschaftlicher Zeitschriften. Im Laufe der Jahre ging er mit seinen stehengebliebenen Uhren zu »dem Einen, der die Atome wirbeln« oder »die großen Strömungen im Meer unablässig kreisen läßt«.

Die Antworten auf diese Gebete schienen oft mitten in der Nacht zu kommen. So manchen Morgen kletterte ich auf meinen Hocker und entdeckte, daß die Uhr, die wir ganz auseinandergenommen hatten liegen lassen, wieder zusammengesetzt war und munter tickte.

Eins im Laden lernte ich nie so gut wie Betsie: nämlich sich für jeden, der hereinkam, zu interessieren. Oft, wenn ein Kunde den Laden betrat, enteilte ich durch die Hintertür zu Betsie in die Küche hinauf.

»Betsie, wer ist die Frau mit der Alpinaansteckuhr am blauen Samtband? Ziemlich dick und etwa fünfzig?«

»Das ist Frau van den Keukel. Ihr Bruder ist mit Malaria aus Indonesien zurückgekommen, und sie hat ihn gepflegt. Corrie . . .« Und als ich die Treppe schon wieder hinunterlief: »Frag sie, wie es Frau Rinkers Baby geht!«

Und Frau van den Keukel, die den Laden ein paar Minuten später verließ, sagte gewiß zu ihrem Mann: »Diese Corrie ten Boom ist genau wie ihre Schwester!«

Noch vor Tante Annas Tod Ende der zwanziger Jahre begannen sich die leeren Betten im Beje mit Pflegekindern zu füllen, die über zehn Jahre die alten Mauern mit ihrem Lachen widerhallen ließen und dafür sorgten, daß Betsie dauernd Röcke und Hosen verlängern mußte.

Unterdessen hatten auch Willem und Nollie Kinder — Willem und Tine vier, Nollie und Flip sechs. Willem hatte sein Pfarramt lange aufgegeben, da seine Gewohnheit, die harte Wahrheit zu sagen, die Gemeinde nicht gerade erfreut hatte, und hatte sein Altenheim in Hilversum, dreißig Meilen von Haarlem entfernt, eröffnet.

Nollies Kinder sahen wir öfter, da ihre Schule — deren neuer Leiter Flip war — sich in Haarlem befand. Es verging kaum ein Tag, an dem nicht der eine oder andere der sechs im Beje erschien, um Opa an der Werkbank zu besuchen oder heimlich einen Blick in Tante Betsies Rührschüssel zu werfen oder die Wendeltreppe mit den Pflegekindern hinauf und herunter zu rasen.

Im Beje übrigens entdeckten wir des kleinen Peters musikalische Begabung. Es geschah an unserem Radio. Wir hatten dieses moderne Wunder zum erstenmal im Haus von Freunden gehört. »Ein ganzes Orchester«, sagten wir immer wieder, »wie läßt sich das nur in einem so kleinen Kasten einfangen?« Wir begannen Geld zu sparen, um uns selber ein Radio zu kaufen.

Lange bevor die Summe zusammengekommen war, wurde Vater von einer Leberentzündung befallen, die ihn fast das Leben kostete. Während des langen Aufenthalts im Krankenhaus wurde sein Bart schlohweiß. An dem Tag, da er nach Hause zurückkehrte — eine Woche nach seinem siebzigsten Geburtstag —, stattete uns ein kleines Komitee einen Besuch ab. Es vertrat Ladenbesitzer, Straßenfeger, einen Fabrikbesitzer, einen Kanalschiffer — lauter Menschen, denen während Vaters Krankheit klar geworden war, was er für sie bedeutete. Sie hatten Geld zusammengelegt und ihm ein Radio gekauft.

Es war ein großes Tischgerät mit einem schön verzierten muschelförmigen Lautsprecher, und es hat uns viele Jahre Freude gemacht. Jeden Sonntag sah Betsie in den Zeitungen nach, englischen, französischen, deutschen ebenso wie in unserer, da in dem Radio Sender aus ganz Europa zu hören waren, und überlegte, welche Konzerte und Vorträge im Wochenprogramm wir hören würden.

Eines Sonntagnachmittags, als Nollie und ihre Familie uns besuchten, sagte der kleine Peter plötzlich mitten in einem Brahmskonzert:

»Komisch, daß das Klavier im Radio so schlecht ist.«

»Pst«, sagte Nollie, aber Vater fragte:

»Was meinst du, Peter?«

»Einer der Töne ist falsch.«

Wir blickten einander an. Wie konnte ein Achtjähriger so etwas wissen? Aber Vater führte den Jungen zu Tante Jans' altem Klavier. »Welcher Ton, Peter?«

Peter schlug die verschiedenen Töne der Tonleiter an, bis er an das B-Dur gelangte.

»Der«, sagte er.

Und dann hörten es alle im Zimmer auch. Das auf dem Konzertflügel war B-moll.

Ich saß den ganzen Nachmittag neben Peter auf der Klavierbank, gab ihm einfache musikalische Rätsel auf; und es zeigte sich, daß er ein phänomenales musikalisches Gedächtnis und ein unglaublich feines Gehör hatte. Peter wurde mein Schüler, bis er — in etwa sechs Monaten — alles gelernt hatte, was ich ihn lehren konnte, und von erfahreneren Lehrern weiter unterrichtet wurde.

Das Radio brachte noch eine andere Veränderung in unser Leben, eine, der sich Vater anfangs widersetzte. Alle Stunde konnten wir vom BBC den Big Ben schlagen hören. Und mit seiner Stopuhr in der Hand, die nach der astronomischen Uhr im Laden gestellt war, gab Vater zu, daß die englische Glocke stets ganz pünktlich schlug.

Dennoch mißtraute er weiter dieser englischen Zeit. Er kannte verschiedene Engländer — und die kamen immer zu spät. Als er so weit genesen war, daß er mit dem Zug nach Amsterdam fahren konnte, tat er es wieder allwöchentlich, um dort seine Uhr nach der Zeit des Marineobservatoriums zu stellen.

Aber als im Laufe der Monate Big Ben und das Observatorium weiter vollkommen übereinstimmten, fuhr er nicht mehr so regelmäßig hin und gab es schließlich ganz auf. Die astronomische Uhr wurde außerdem durch den beständigen Lärm der vielen durch die enge Straße fahrenden Autos so ungenau, daß sie nicht mehr das Präzisionsinstrument war, das sie gewesen. Und dann kam der entsetzliche Tag, da Vater die astronomische Uhr nach dem Radio stellte!

Trotz dieser und anderer Veränderungen blieb das Leben für uns drei — Vater, Betsie und mich — im wesentlichen das gleiche. Unsere Pflegekinder wurden erwachsen, gingen in Stellung oder heirateten, aber sie besuchten uns auch dann noch oft. Die Hundertjahrfeier kam und ging; am nächsten Tag saßen Vater und ich wieder wie immer an unseren Werkbänken.

Man konnte sogar voraussagen, wem wir auf unseren täglichen Spaziergängen begegneten. Obwohl seit seiner Krankheit jetzt Jahre vergangen waren, ging Vater noch immer unsicher, und ich begleitete ihn darum auf seinem täglichen Gang durch die Stadt. Wir gingen stets nach dem Mittagessen aus und kehrten zurück, ehe der Laden um zwei Uhr wieder geöffnet wurde. Unser Weg war immer der gleiche, und da andere Haarlemer ebenso an ihren Gewohnheiten festhielten, wußten wir genau, wen wir treffen würden.

Viele von denen, die wir grüßten, waren alte Freunde oder Kunden, andere kannten wir nur von dieser täglichen Begegnung — die Frau, die in der Koningstraat ihre Treppe fegte, der Mann, der die *World Shipping News* an der Straßenbahnhaltestelle am Grote Markt las, und unser Liebling, der, den wir die Bulldogge nannten. Nicht nur, weil wir ihn nie ohne zwei große Bulldoggen an der Leine sahen, sondern weil er mit seinem runzligen, dicken Gesicht und seinen kurzen, krummen Beinen genau einem seiner Hunde glich. Seine sichtbare Zuneigung zu den Tieren rührte uns. Wenn sie vorüberkamen, unterhielt er sich unentwegt leise mit ihnen. Vater und die »Bulldogge« grüßten einander stets feierlich.

Und während Haarlem und das übrige Holland ihrem friedlichen Leben nachgingen, rüstete unser östlicher Nachbar zum Krieg. Wir wußten, was geschah — man konnte die Augen nicht davor schließen —, abends hörten wir oft, wenn wir am Radio drehten, eine Stimme aus Deutschland. Sie sprach nicht leise oder laut. Sie brüllte. Seltsamerweise reagierte die immer gleichmütige Betsie am stärksten. Sie sprang von ihrem Stuhl auf, lief zum Radio und stellte es ab.

Und dennoch vergaßen wir immer wieder die drohende Gefahr. Selbst wenn Willem zu Besuch kam und uns an das alles gemahnte oder wenn Briefe an jüdische Lieferanten in Deutschland mit der Bemerkung »Adresse unbekannt« zurückkamen, gelang es uns immer noch, uns einzureden, das sei vor allem ein deutsches Problem. »Wie lange werden sie das noch ertragen?« sagten wir. »Lange werden sie den Mann nicht mehr dulden.« Nur einmal kam der kleine Laden in der Barteljorisstraat mit den Veränderungen in Deutschland in direkte Berührung, und zwar durch einen jungen deutschen Uhrmacher. Es arbeiteten oft Deutsche eine Weile bei Vater, denn sein Ruf, ein ungewöhnlich guter Fachmann zu sein, ging sogar über Holland hinaus. Als darum dieser große, gut aussehende junge Mann erschien und Papiere von einer bekannten Firma in Berlin vorwies, bei der er gelernt hatte, stellte Vater ihn ohne Zögern ein. Otto erzählte uns stolz, er gehöre der Hitlerjugend an. Es war uns wirklich ein Rätsel, warum er nach Holland gekommen war, denn die Holländer und ihre Erzeugnisse taugten in seinen Augen nichts. »Die Welt wird noch erleben, was Deutsche können«, sagte er oft.

An seinem ersten Arbeitstag kam er zum Frühstück und der Bibellesung mit den anderen Angestellten herauf. Doch von da an blieb er allein unten im Laden. Als wir ihn fragten, warum, antwortete er: weil er, obwohl er kein Holländisch könne, gesehen habe, daß Vater aus dem Alten Testament vorlese, das, wie er uns »aufklärte«, das jüdische »Buch der Lügen« sei.

Ich war entsetzt. Vater war nur traurig.

»Man hat ihn etwas Falsches gelehrt«, sagte er zu mir. »Aber wenn er erkennt, daß wir dieses Buch lieben und ehrliche Menschen sind, wird er seinen Irrtum einsehen.«

Mehrere Wochen später öffnete Betsie die Tür zum Flur und machte Vater und mir ein Zeichen. In Tante Jans' hohem Mahagonisessel saß die Besitzerin der Pension, in der Otto wohnte. Als sie am Morgen das Bett neu bezogen habe, sagte sie, habe sie etwas unter seinem Kissen gefunden, und sie zog aus ihrer Markttasche ein Messer mit einer gebogenen dreißig Zentimeter langen Klinge.

Wieder versuchte Vater, Otto zu entschuldigen: »Der junge Mann fürchtet sich wahrscheinlich so allein in einem fremden Land. Er hat es gewiß zu seinem Schutz gekauft.«

Es stimmte, Otto war einsam. Er sprach nicht Holländisch, bemühte sich auch nicht, es zu lernen, und außer Vater, Betsie und mir sprachen wenige Menschen in diesem Viertel der Stadt Deutsch. Wir forderten ihn von neuem auf, abends zu uns heraufzukommen, aber ob ihm unsere Auswahl aus den Radioprogrammen nicht paßte, oder weil der Abend so endete, wie der Morgen begann, nämlich mit Gebet und Bibellesung, er kam jedenfalls nur selten.

Schließlich entließ Vater Otto, der erste Angestellte, den er in mehr als sechzig Berufsjahren vor die Tür setzte, und nicht das Messer oder der Antisemitismus gaben den Ausschlag dabei, sondern die Art, wie Otto den alten Uhrmacher Christoffels behandelte.

Von Anfang an hatte es mich abgestoßen, wie rauh er mit dem

alten Mann umging. Es war nicht das, was er tat, wenigstens nicht in unserer Gegenwart, sondern das, was er nicht tat. Er ließ den Alten nicht vorgehen, half ihm nicht in den Mantel, hob nicht ein ihm heruntergefallenes Werkzeug auf. Es war schwer, ihm etwas Bestimmtes nachzuweisen. Eines Sonntags, als Vater, Betsie und ich in Hilversum zu Mittag aßen, sagte ich, für mich erkläre sich sein Verhalten mit Gedankenlosigkeit.

Willem schüttelte den Kopf. »Er tut es ganz bewußt«, sagte er, »und zwar weil Christoffels alt ist. Die Alten nützen dem Staat nichts, und sie lassen sich auch schwerer umerziehen. In Deutschland wird systematisch die Verachtung des Alters gepredigt.«

Wir starrten ihn an, versuchten, diese Ansicht zu begreifen. »Da irrst du dich bestimmt, Willem«, sagte Vater. »Otto ist äußerst höflich zu mir — ungewöhnlich höflich, und ich bin viel älter als Christoffels.«

»Bei dir ist das anders. Du bist der Chef. Das ist die andere Seite des Systems: Respekt vor der Autorität. Die Alten und die Schwachen werden eliminiert.«

In beklommenem Schweigen fuhren wir nach Hause, und von da an beobachteten wir Otto genauer. Aber wie konnten wir wissen, wie hätten wir im Holland von 1939 ahnen können, daß wir nicht im Laden, sondern nur draußen in den Straßen und Gassen sehen konnten, wie Otto Christoffels verfolgte und quälte? Ein »zufälliger« Zusammenstoß, ein scheinbar unbeabsichtigtes Beinstellen, ein Schubs, ein Tritt auf den Fuß, das alles machte den Weg des alten Uhrmachers zur Arbeit und nach Hause zu einer Qual.

Der aufrechte und elende kleine Mann war zu stolz, um uns etwas von alledem zu berichten. Erst an dem eisigen Februarmorgen, an dem Christoffels mit blutender Wange und einem zerrissenen Mantel ins Eßzimmer wankte, kam die Wahrheit heraus. Aber selbst da sagte Christoffels nichts. Doch als ich die Straße hinunterlief, um seinen Hut zu holen, begegnete ich Otto, umgeben von einer empörten kleinen Menschengruppe, die gesehen hatte, was geschehen war. Als Christoffels in die Gasse einbog, hatte der junge Mann ihn gegen das Haus gedrängt und sein Gesicht gegen die harte Mauer gestoßen.

Vater versuchte, Otto zur Vernunft zu bringen, als er ihn entließ, ihm zu zeigen, warum solch ein Verhalten falsch war. Aber Otto ʼortete nicht. Stumm packte er die wenigen Werkzeuge ein, die er ıitgebracht hatte, und stumm verließ er den Laden.

INVASION

Die schmalen Zeiger der Uhr an der Wand im Treppenhaus standen auf fünf vor halb zehn, als wir an diesem Abend das Eßzimmer verließen. Das war schon an sich in unserem sonst so geordneten Leben nicht üblich. Vater war jetzt achtzig Jahre alt, und jeden Abend pünktlich um Viertel vor neun — eine Stunde früher als einst — schlug er die Bibel auf, las ein Kapitel vor, bat Gott, uns gnädig durch die Nacht zu führen, und um Viertel nach neun stieg er die Treppe zu seinem Schlafzimmer hinauf. Heute abend aber sollte der Ministerpräsident um halb zehn Uhr zur Nation sprechen. Eine Frage bewegte ganz Holland: Würde es Krieg geben?

Wir gingen in Tante Jans' Zimmer hinauf, und Vater stellte den großen Rundfunkapparat an. Wir hörten jetzt abends kaum noch Musik. England, Frankreich und Deutschland führten Krieg; ihre Sender brachten meistens Berichte oder verschlüsselte Botschaften, und viele Frequenzen waren gestört. Sogar die holländischen Stationen sendeten meistens Kriegsmeldungen, und die konnten wir ebensogut in dem kleinen tragbaren Radio hören, das wir jetzt im Eßzimmer hatten und das uns Pickwick zum letzten Weihnachtsfest geschenkt hatte.

Dies aber sollte eine Sendung von besonderer Bedeutung sein. Irgendwie hatten wir alle das Gefühl, sie verdiene es, in dem großen alten Apparat mit seinem vorzüglichen Lautsprecher gehört zu werden. Wir saßen jetzt, darauf wartend, daß es halb zehn würde, gespannt und aufrecht auf den hochlehnigen Stühlen, mieden wie in einer Art Vorahnung die bequemen Polstersessel.

Dann sprach die Stimme des Ministerpräsidenten sonor und beruhigend zu uns. Es würde keinen Krieg geben. Man hatte ihm das auf beiden Seiten an höchster Stelle zugesichert. Hollands Neutralität würde respektiert werden. Es würde wieder wie im Ersten Weltkrieg sein. Es war nichts zu befürchten. Die holländischen Bürger wurden dringend gebeten, Ruhe zu bewahren und ...

Die Stimme verstummte. Betsie und ich blickten erstaunt auf. Vater hatte den Apparat abgestellt, und seine blauen Augen funkelten, wie wir sie noch nie hatten funkeln sehen.

»Es ist verkehrt, dem Volk Hoffnung zu machen, wenn es keine Hoffnung mehr gibt«, sagte er. »Es ist verkehrt, den Glauben auf Wünsche zu gründen. Es wird Krieg geben. Die Deutschen werden angreifen und uns besiegen.«

Er drückte seinen Zigarrenstummel in dem Aschenbecher neben dem Radio aus und mit ihm, schien es, auch den Zorn, denn seine Stimme wurde wieder sanft. »Ach, Kinder, wie leid tun mir alle Holländer jetzt, die nichts von der Macht Gottes wissen! Denn wir werden geschlagen werden, aber er nicht.« Er gab uns beiden einen Gutenachtkuß, und gleich darauf hörten wir ihn hinaufgehen.

Betsie und ich saßen wie angewurzelt auf unseren Stühlen. Wenn Vater, der in jeder Situation das Gute zu finden wußte und nicht an das Böse glauben mochte, Krieg und Niederlage voraussah, dann mußte es so kommen.

Ich fuhr in meinem Bett hoch. Was war das? Da, da war es wieder. Einem Aufblitzen folgte eine Sekunde später eine Explosion, die das Bett erschütterte. Ich kroch über die Decken zum Fenster und lehnte mich hinaus. Das Stück Himmel über den Schornsteinen glühte orangerot.

Ich griff nach meinem Bademantel und streifte ihn über, während ich schon die Treppe hinunterrannte. Ich preßte mein Ohr an die Tür von Vaters Zimmer. Zwischen dem Explodieren von Bomben hörte ich sein regelmäßiges Atmen.

Ich lief noch ein paar Stufen weiter hinunter in Tante Jans' Zimmer. Betsie war schon lange in Tante Jans' winziges Schlafzimmer umgezogen, wo sie der Küche und der Haustür näher war. Sie hatte sich im Bett aufgesetzt. Ich tastete mich im Dunkeln zu ihr, und wir umarmten uns. Wir sagten gleichzeitig das eine Wort:

»Krieg!«

Es war fünf Stunden nach der Rede des Ministerpräsidenten. Wie lange wir dort aneinandergeschmiegt saßen und lauschten, weiß ich nicht. Man schien vor allem den Flughafen zu bombardieren. Schließlich schlichen wir auf Zehenspitzen in Tante Jans' Vorderzimmer. Der glühende Himmel gab ihm einen seltsamen Glanz. Die Stühle, der Mahagonibücherschrank, das alte Klavier, über allem zuckte ein unheimlicher Lichtschein.

Betsie und ich knieten uns neben die Klavierbank. Stundenlang, wie es uns schien, beteten wir für unser Land, für die heute nacht ums Leben Gekommenen und Verwundeten, für die Königin. Und dann begann Betsie sogar — ich traute meinen Ohren nicht — für die Deutschen droben in den Flugzeugen zu beten, die ein Spielball in der Faust des bösen Riesen waren, der in Deutschland sein Unwesen trieb. Ich betrachtete meine neben mir im Licht des brennenden Hollands knieende Schwester. »Ach Gott«, flüsterte ich, »erhöre Betsie, nicht mich, denn ich kann für diese Menschen nicht beten.«

Und da hatte ich den Traum. Es kann kein wirklicher Traum gewesen sein, denn ich schlief nicht. Aber ich sah etwas deutlich vor mir: Es war der nicht weit entfernte Grote Markt. Ich sah ihn so klar, als stände ich dort; sah das Rathaus und St. Bavo und den Fischmarkt mit seiner Treppenstufenfassade.

Und dann kam plötzlich ein komischer Bauernwagen — altmodisch und gar nicht in eine Stadt passend —, von vier riesigen schwarzen Pferden gezogen, über den Platz gerumpelt. Zu meiner Überraschung sah ich, daß ich selber in dem Wagen saß. Und Vater auch! Und Betsie! Und noch viele andere, Fremde und Freunde. Ich erkannte Pickwick und Toos, Willem und den kleinen Peter. Alle zusammen wurden wir langsam von den Pferden über den Platz gezogen. Wir konnten nicht aus dem Wagen heraus. Das war das Furchtbare. Er brachte uns fort, weit, weit fort, spürte ich — aber wir wollten nicht weg . . .

»Betsie«, rief ich, sprang auf und preßte meine Hände an die Augen. »Betsie, ich habe einen so furchtbaren Traum gehabt.«

Ich spürte, wie sie ihren Arm um meine Schulter legte. »Wir gehen in die Küche hinunter, aus der kein Lichtschein herausfällt, und kochen uns Kaffee.«

Als Betsie Wasser aufsetzte, hatte das Bombardement nachgelassen, und nur in der Ferne hörte man noch Detonationen, in der Nähe dagegen hörte man das Heulen von Sirenen und das Rattern von Feuerwehrwagen. Während ich am Herd stehend den Kaffee trank, berichtete ich Betsie, was ich gesehen hatte.

»Bilde ich mir Dinge ein, weil ich Angst habe? Nein, nein, das war wirklich. Ach, Betsie, war es eine Art Vision?«

Betsie zeichnete mit dem Finger ein Muster auf das Spülbecken aus Holz, das so viele Generationen ten Booms benutzt hatten und das dadurch blank und glatt geworden war.

»Ich weiß nicht«, sagte sie leise. »Aber wenn Gott uns gezeigt hat, daß wir schlimmen Zeiten entgegengehen, genügt es mir, daß er es weiß. Er zeigt uns manchmal Dinge, um uns zu sagen, daß auch dies in seinen Händen liegt.«

Fünf Tage leistete Holland den Eindringlingen Widerstand. Wir schlossen den Laden nicht, nicht weil jemand an Uhren interessiert war, sondern weil Menschen Vater sprechen wollten. Manche wollten, daß er für Männer und Söhne betete, die an den Landesgrenzen stationiert waren. Andere, schien es mir, kamen nur, um ihn dort hinter seiner Werkbank sitzen zu sehen, wo er nun schon seit sechzig Jahren saß, und im Ticken der Uhren eine Welt der Ordnung und Vernunft zu hören.

Ich setzte mich gar nicht mehr hinter meine Werkbank, sondern half Betsie beim Kochen und Hinuntertragen des Kaffees. Wir brachten auch das tragbare Radio hinunter und stellten es auf den Schaukasten. Die Rundfunksendungen waren Haarlems Augen und Ohren und sogar sein Pulsschlag, denn nach jener ersten Nacht fielen die Bomben nie wieder so in der Nähe, obwohl wir oft Flugzeuge über unseren Köpfen hörten.

Am ersten Morgen kam über Rundfunk die Anweisung, daß die Fenster im Erdgeschoß zugeklebt werden mußten. Alle Ladenbesitzer in der Barteljorisstraat waren auf dem Bürgersteig, und sie pflegten plötzlich ungewöhnlich intensiv ihre nachbarschaftlichen Beziehungen, denn Ratschläge, Klebestreifenrollen und Berichte über die Schrecken der Nacht gingen von Tür zu Tür. Der Besitzer des Konfitürengeschäfts auf der anderen Straßenseite, ein ausgesprochener Antisemit, half Weil, dem jüdischen Kürschner, dort, wo eine Glasscheibe zerbrochen war, Bretter anzubringen. Der Optiker nebenan, ein schweigsamer, ganz zurückgezogen lebender Mensch, kam herüber und klebte den oberen Rand unseres Schaufensters, den Betsie und ich nicht erreichen konnten, zu.

Ein paar Abende später brachte das Radio die schon lange befürchtete Nachricht: die Königin hatte das Land verlassen. In der Nacht der Invasion hatte ich nicht geweint, aber jetzt weinte ich, denn unser Land war verloren. Am Morgen meldete der Rundfunk, Panzer rückten über die Grenze vor.

Und plötzlich war ganz Haarlem auf den Straßen. Selbst Vater, der sonst immer erst nach dem Mittagessen ausging, brach mit dieser Gewohnheit und verließ schon um zehn Uhr das Haus. Es war, als wollten wir zusammen dem, was kam, ins Auge sehen, die ganze Stadt vereint, als ob jeder Holländer Kraft aus jedem andern Holländer zöge.

Und so gingen wir drei im Gedränge über die Sparne-Brücke bis zu dem großen wilden Kirschbaum, dessen Blütenpracht in jedem Frühling einen weißen Schleier bildete und der deshalb Haarlems Braut genannt wurde. Ein paar verwelkte Blüten hingen noch an den frisch belaubten Zweigen, aber die meisten der Brautblüten waren abgefallen und bildeten einen welken Teppich unter unseren Füßen.

Ein Stück die Straße hinunter öffnete sich ein Fenster. »Wir haben kapituliert!«

Alle auf der Straße blieben stehen. Jeder berichtete seinem Nachbarn, was wir alle selber gehört hatten. Ein Junge von etwa fünfzehn Jahren sagte zu uns, und Tränen flossen ihm über die Wangen: »Ich hätte gekämpft! Ich hätte niemals aufgegeben!«

Vater bückte sich, um eine kleine Blüte vom Steinpflaster aufzuheben, und steckte sie vorsichtig ins Knopfloch. »Das ist gut, mein Sohn«, sagte er zu dem Jungen, »denn Hollands Kampf hat erst begonnen.«

In den ersten Monaten der Besatzung war das Leben einigermaßen erträglich. Am schwersten war es, sich daran zu gewöhnen, überall deutsche Uniformen, deutsche Lastwagen und Panzer zu sehen und in den Läden deutsch sprechen zu hören. Soldaten kamen häufig in unseren Laden, denn sie bekamen einen guten Sold, und als erstes kauften sie Uhren. Sie schlugen uns gegenüber einen überlegenen Ton an, als wären wir geistig ein wenig zurückgeblieben, aber wenn ich sie unter sich leidenschaftlich über ihre Einkäufe diskutieren hörte, wirkten sie wie junge Männer auf Urlaub. Die meisten von ihnen wählten Damenuhren für Mütter und Freundinnen zu Hause.

Im ersten Kriegsjahr wurde im Laden so viel verdient wie noch nie. Da keine neuen Lieferungen kamen, kauften die Leute alles, was wir auf Lager hatten, selbst die Ladenhüter, Ware, die schon so lange da war, daß sie zur Einrichtung zu gehören schien. Wir verkauften sogar die große grüne Marmoruhr mit den beiden Cupidos aus Messing.

Auch die Sperrstunde war anfangs erträglich für uns, denn ursprünglich wurde sie auf zehn Uhr festgesetzt, und da waren wir sowieso alle längst im Hause. Weniger angenehm waren die Identitätskarten, die an jeden Bürger ausgegeben wurden. Sie enthielten ein Foto, und auf Verlangen mußten auch Fingerabdrücke hinein. Ein Soldat oder ein Polizist — die Haarlemer Polizei unterstand jetzt unmittelbar dem deutschen Kommandanten — konnte einen Bürger jederzeit anhalten und sich seine Karte zeigen lassen; man mußte sie in einem Beutel um den Hals tragen.

Auch Lebensmittelkarten wurden ausgeteilt, aber wenigstens im ersten Jahr bekam man wirklich etwas darauf. Jede Woche stand in der Zeitung, was man auf die laufenden Abschnitte erhielt.

An etwas anderes konnte man sich ebenfalls nur schwer gewöhnen: daß die Zeitungen keine Nachrichten mehr brachten. Lange, glühende Berichte über die Erfolge der deutschen Armeen an den verschiedenen Fronten standen darin, Lobhudeleien über deutsche Führer, Anprangerungen von Verrätern und Saboteuren, Appelle an die Einheit der nordischen Völker, aber sonst nichts.

Und so hingen wir wieder vom Radio ab. Im Anfang der Besatzungszeit wurde den Haarlemern befohlen, alle Apparate abzugeben. Da wir fanden, daß es komisch aussehen würde, wenn wir gar keinen abgaben, beschlossen wir, den tragbaren abzugeben und den größeren und besseren in einem der vielen Hohlräume unter der alten Wendeltreppe zu verstecken.

Beides hatte Peter vorgeschlagen. Er war jetzt sechzehn Jahre alt und wie andere junge Holländer erbittert über die Ohnmacht des Landes. Er installierte den Tischapparat unter einer Biegung der Treppe, genau über Vaters Zimmer, und brachte die alten Bretter geschickt wieder an, während ich den kleineren in das Warenhaus trug, wo die Apparate abgegeben werden mußten. Der Soldat blickte mich über die Theke hinweg an.

»Ist das das einzige Radiogerät, das Sie besitzen?«

»Ja.«

Er sah in einer vor ihm liegenden Liste nach. »Ten Boom, Casper, ten Boom, Elisabeth, im gleichen Hause wohnend. Besitzt einer von ihnen einen Apparat?«

Ich wußte seit meiner Kindheit, daß die Erde sich öffnete und der Himmel Feuer auf Lügner regnete, aber ich hielt seinem Blick stand.

»Nein.«

Erst als ich das Warenhaus verließ, begann ich zu zittern. Nicht weil ich zum erstenmal in meinem Leben bewußt gelogen hatte, sondern weil es so furchtbar leicht gewesen war.

Wir hatten unser Gerät gerettet. Jeden Abend entfernten wir —

Betsie oder ich — die Treppenstufe, hockten uns über den Apparat und stellten ihn ganz leise, um die Nachrichten aus England zu hören, während die andere von uns beiden in Tante Jans' Zimmer auf das Klavier hämmerte, so laut sie konnte.

Anfangs waren die Rundfunksendungen und die Nachrichten in unserer zensierten Presse fast die gleichen. Die deutsche Offensive war überall siegreich. Monat um Monat konnten die freien holländischen Sender uns nur bitten, zu warten, den Mut nicht zu verlieren, an die Gegenoffensive zu glauben, zu der es ganz bestimmt eines Tages kommen werde.

Die Deutschen hatten den durch Bomben beschädigten Flughafen wieder instand gesetzt und benutzten ihn jetzt als Basis für Flugangriffe gegen England. Nacht für Nacht hörten wir das Brummen der nach Westen fliegenden Maschinen. Gelegentlich zahlten englische Flugzeuge es den Deutschen heim, und dann schoß die deutsche Flak sie vielleicht unmittelbar über Haarlem ab.

Eines Nachts wälzte ich mich eine Stunde lang schlaflos im Bett, während über mir erbitterte Luftkämpfe tobten und das Stück Himmel, das ich sehen konnte, in Brand setzten. Endlich hörte ich Betsie in der Küche umhergehen und eilte zu ihr.

Sie kochte Tee und trug ihn ins Eßzimmer, wo wir die Fenster mit dickem schwarzem Papier abgedunkelt hatten, und stellte die besten Tassen auf den Tisch. Irgendwann in der Nacht hörte man eine Explosion; das Geschirr im Schrank klirrte. Eine Stunde lang tranken wir Tee und unterhielten uns, bis das Brummen der Flugzeuge verstummte und der Himmel schwieg. Ich sagte Betsie an der Tür zu Tante Jans' Zimmer gute Nacht und tastete mich die dunkle Treppe hinauf. Die Feuerglut war vom Himmel verschwunden. Ich befühlte mein Bett: da war das Kopfkissen. Dann schloß sich im Dunkeln meine Hand über etwas Hartem und Scharfem. Ich spürte, wie Blut an einem meiner Finger entlanglief. Es war ein dreißig Zentimeter langes gezacktes Stück Metall.

»Betsie!«

Ich raste mit dem Granatsplitter in der Hand die Treppe hinunter. Wir gingen wieder ins Eßzimmer und betrachteten ihn bei Licht, während Betsie meine Hand verband. »Auf deinem Kissen«, sagte sie immer wieder.

»Betsie, wenn ich dich nicht in der Küche gehört hätte . . .«

Aber Betsie verschloß mir mit einem Finger den Mund. »Sag das nicht, Corrie. Es gibt keine ›wenn‹ in Gottes Welt und keine Orte, die sicherer sind als andere. Sein Wille ist unsere einzige Sicherheit — Corrie, wir wollen beten, daß wir das nie vergessen!«

Der wirkliche Schrecken der Besatzung kam nur langsam über uns. Im ersten Jahr der deutschen Herrschaft wurden Juden in Holland kaum belästigt. Ein Stein, der durch das Schaufenster eines einem Juden gehörenden Ladens geworfen wurde — ein an die Mauer einer Synagoge gekritzeltes häßliches Wort — es war, als ob sie uns auf die Probe stellen, die Stimmung des Landes testen wollten. Wie viele Holländer würden sich auf ihre Seite stellen?

Viele, wie wir zu unserer Schande gestehen müssen. Der Nationalsozialistische Bond, die Quislingorganisation Hollands, wurde, je länger die Besatzung währte, größer und kühner. Manche traten dem N.S.B. nur um materieller Vorteile willen bei: mehr Lebensmittel, mehr Kleiderkarten, die besten Stellungen und Wohnungen. Aber andere wurden aus Überzeugung Mitglied. Der Nazismus war eine Krankheit, für die die Holländer nur allzu empfänglich waren, und die, die zum Antisemitismus neigten, erkrankten als erste daran.

Auf unserem täglichen Spaziergang sahen Vater und ich, wie sich die Symptome ausbreiteten. Ein Schild in einem Schaufenster: *Juden werden nicht bedient.* Am Eingang zu einem öffentlichen Park: *Keine Juden!*

Das gleiche am Portal der Bibliothek, auf Schildern vor Restaurants, Theatern, sogar der Konzerthalle, deren Hintereingang wir so viel besser kannten als ihre Plätze.

Eine Synagoge brannte nieder, und die Feuerwehr kam. Aber nur um zu verhindern, daß das Feuer auf die Häuser zu beiden Seiten übergriff.

Als Vater und ich eines Nachmittags unseren üblichen Weg machten, waren die Bürgersteige mit an Jacken und Mänteln angenähten gelben Sternen besät. Männer, Frauen und Kinder trugen den sechszackigen Stern mit dem Wort: Jude. Wir waren überrascht, wie viele von den Menschen, denen wir täglich begegneten, Juden waren. Der Mann zum Beispiel, der auf dem Grote Markt *The World Shipping News* las, trug einen Stern auf seinem sorgfältig gebügelten Anzug. Ebenso die Bulldogge, dessen rundes Gesicht faltiger war denn je und dessen Stimme, wenn er mit seinen Hunden sprach, matt und müde klang. Das Schlimmste war, daß viele verschwanden. Eine Uhr, die repariert war, hing Monat um Monat an ihrem Haken hinten im Laden. Ein Haus in Nollies Block war plötzlich von seinen Bewohnern verlassen und der Rosengarten von Gras überwachsen. Eines Tages blieb Herrn Kans Laden oben in der Straße geschlossen. Vater klopfte an die Tür, als wir am Mittag vorüberkamen, um sich zu erkundigen, ob jemand krank sei. Aber sie wurde nicht geöffnet. Der Laden blieb geschlossen. In der Wohnung darüber regte sich wochenlang nichts. Dann zog eines Tages eine N.S.B.-Familie ein.

Wir erfuhren nie, ob diese Menschen von der Gestapo heimlich abgeholt worden waren oder sich irgendwo versteckt hatten, ehe das passieren konnte. Bald kam es immer häufiger zu öffentlichen Verhaftungen, bei denen nicht mehr der geringste Versuch gemacht wurde, zu verbergen, was geschah. Als Vater und ich eines Tages von unserem Spaziergang zurückkehrten, fanden wir den Grote Markt von Polizei und Militär abgesperrt. Ein Lastwagen stand vor dem Fischmarkt, und Männer, Frauen und Kinder, die alle den gelben Stern trugen, stiegen hinten ein. Wir begriffen nicht, warum man gerade diesen besonderen Platz zu dieser besonderen Zeit ausgewählt hatte.

»Vater! Die armen Menschen!« rief ich.

Der Polizeikordon öffnete sich, und der Lastwagen fuhr hindurch. Wir warteten, bis er um die Ecke bog.

»Die armen Menschen!« wiederholte Vater, aber zu meiner Überraschung sah ich, daß er zu den Soldaten hinblickte, die sich jetzt in Reih und Glied stellten, um abzumarschieren. »Mir tun die armen Deutschen leid, Corrie. Sie haben Gottes Augapfel berührt.«

Wir sprachen oft, Vater, Betsie und ich, darüber, was wir tun könnten, wenn sich eine Möglichkeit böte, einigen unserer jüdischen Freunde zu helfen. Wir wußten, daß Willem zu Anfang der Besatzung für die deutschen Juden, die in seinem Hause lebten, Verstecke gefunden hatte. Vor kurzem hatte er auch einige der jüngeren holländischen Juden aus dem Pflegeheim fortgebracht. »Nicht meine Alten«, sagte er. »Meinen Alten werden sie bestimmt nichts antun.«

Willem hatte Adressen. Er kannte Höfe in ländlichen Gebieten, in denen kaum Besatzungstruppen waren. Ihn mußte man fragen.

An einem regnerischen Novembervormittag 1941, anderthalb Jahre nach dem Einfall der Deutschen, sah ich, als ich hinausging, um die Läden zu öffnen, vier deutsche Soldaten im Stahlhelm und mit geschultertem Gewehr die Barteljorisstraat herunterkommen. Ich wich in die Ladentür zurück und beobachtete sie. Sie musterten im Vorübergehen die Hausnummern der Läden. Vor Weils Pelzgeschäft genau gegenüber blieb die Gruppe stehen. Einer der Soldaten nahm sein Gewehr von der Schulter und schlug mit dem Kolben an die Tür. Er wollte gerade zu einem zweiten Schlag ausholen, als sie sich öffnete, und alle vier gingen hinein.

Ich eilte durch den Laden und die Treppe hinauf ins Eßzimmer, wo Betsie gerade für drei deckte. »Betsie! Schnell! Bei Weils geschieht etwas Furchtbares!«

In dem Augenblick, da wir unten aus der Tür traten, sahen wir, wie Herr Weil rückwärts aus dem Laden getrieben wurde, wobei man ihm die Mündung eines Gewehres an den Bauch hielt. Als der Soldat ihn ein kurzes Stück den Gehsteig hinuntergejagt hatte, kehrte er in das Geschäft zurück und schlug die Tür zu. Es war also keine Verhaftung.

Wir konnten hören, wie drinnen Glas zerbrach. Soldaten begannen, Pelze hinauszutragen. Trotz der frühen Morgenstunde hatte sich eine Menschenmenge vor dem Laden versammelt. Herr Weil hatte sich nicht von der Stelle weggerührt, wo der Soldat ihn hatte stehen lassen.

Über seinem Kopf öffnete sich ein Fenster, und Kleidungsstücke regneten auf ihn hinunter — Pyjamas, Hemden, Unterwäsche. Langsam bückte sich der alte Kürschner und begann mechanisch, die Sachen aufzuheben. Betsie und ich liefen zu ihm hinüber, um ihm dabei zu helfen.

»Ihre Frau!« flüsterte Betsie erregt. »Wo ist Ihre Frau?«

Er blinzelte sie nur an.

»Sie müssen zu uns hereinkommen«, sagte ich, während ich Strümpfe und Taschentücher vom Gehsteig auflas. »Schnell. Kommen Sie!« Und wir zogen den verwirrten alten Mann zum Beje hinüber. Vater war im Eßzimmer, als wir dort anlangten, und begrüßte Herrn Weil ohne das kleinste Zeichen von Überraschung. Dieses ganz ungezwungene Verhalten schien den Kürschner etwas zu entkrampfen. Seine Frau, sagte er, besuche gerade eine Schwester in Amsterdam.

»Wir müssen ein Telefon suchen und sie warnen, nicht nach Hause zu kommen«, sagte Betsie.

Wie die meisten privaten Telefone, war auch das unsere zu Anfang der Besatzungszeit gesperrt worden. Es gab in der Stadt mehrere öffentliche Fernsprechzellen, aber die Gespräche wurden natürlich abgehört. War es richtig, eine Familie in Amsterdam mit dieser Sache zu belasten? Und wenn Frau Weil nicht nach Hause kommen konnte, wohin sollte sie dann? Wo konnten die Weils einen Unterschlupf finden? Gewiß nicht bei der Schwester, wo man sie schnell aufspüren würde. Vater, Betsie und ich wechselten einen Blick, und fast im gleichen Atemzug sagten wir: »Willem.«

Aber auch an ihn konnte man sich in dieser Sache nicht telefonisch wenden. Jemand mußte zu ihm fahren, und es war ganz natürlich, daß ich es tat.

Die holländischen Züge waren während der Besatzungszeit schmutzig und überfüllt. Die Fahrt, die noch nicht eine Stunde hätte dauern dürfen, dauerte fast drei. Als ich endlich kurz nach zwölf das große Pflegeheim erreichte, war Willem unterwegs, aber Tine und ihr zweiundzwanzigjähriger Sohn Kik waren dort. Ich berichtete ihnen, was in der Barteljorisstraat passiert war, und gab ihnen dann die Amsterdamer Adresse.

»Sag Herrn Weil, er soll sich bereithalten, sobald es dunkel ist«, sagte Kik.

Aber es war schon fast neun Uhr abends — die neue Sperrstunde —, als Kik an der Haustür klopfte. Er klemmte sich Herrn Weils Kleiderbündel unter den Arm und führte ihn ins Dunkel hinaus.

Erst nach mehr als zwei Wochen sah ich Kik wieder und fragte ihn, was aus Herrn Weil geworden sei. Er lächelte mich an, das breite, bedächtige Lächeln, das ich an ihm schon geliebt hatte, als er noch ein Kind war.

»Wenn du mit dem Untergrund zusammenarbeiten willst, Tante Corrie, mußt du lernen, keine Fragen zu stellen.«

Das war alles, was wir je wieder über die Weils hörten. Aber Kiks Worte gingen mir immer wieder durch den Kopf. »Der Untergrund . . . wenn du mit dem Untergrund arbeitest.« Arbeitete Kik mit dieser geheimen, illegalen Gruppe? Und Willem vielleicht auch?

Wir wußten natürlich, daß es in Holland einen Untergrund gab — ahnten es zumindest. Über die meisten Sabotagefälle wurde in unseren zensierten Zeitungen nicht berichtet, aber um so zahlreicher wurden die Gerüchte. Eine Fabrik war gesprengt, ein Zug mit politischen Gefangenen angehalten worden, und sieben oder siebzehn oder siebzig hatten entkommen können. Und jeder, der solch ein Gerücht verbreitete, fügte ihm etwas noch Sensationelleres hinzu. Aber alles, was sie berichteten, war, glaubten wir, in den Augen Gottes falsch. Stehlen, Lügen, Morden. Wollte Gott das in Zeiten wie diesen? Wie sollte ein Christ handeln, wenn das Böse regierte?

Es war etwa einen Monat nach der Plünderung des Pelzgeschäftes, als Vater und ich auf unserem üblichen Spaziergang etwas so Ungewöhnliches sahen, daß wir beide jäh stehenblieben. Auf dem Gehsteig kam wie schon viele hundert Male zuvor die Bulldogge auf uns zu. Der leuchtende gelbe Stern fiel jetzt kaum noch auf. Aber was war es dann? Und plötzlich wußte ich, was nicht stimmte — die Hunde. Die Hunde waren nicht bei ihm!

Er ging vorüber, als sähe er uns nicht. Wie auf Vereinbarung machten Vater und ich kehrt und gingen ihm nach. Er bog um viele Ecken, während es uns immer peinlicher wurde, ihm ohne wirklichen Grund nachzugehen. Obwohl Vater und er sich seit Jahren gegrüßt hatten, hatten wir nie miteinander gesprochen und wußten nicht einmal, wie er hieß.

Schließlich blieb er vor einem kleinen Gebrauchtwarenladen stehen, zog einen Schlüssel heraus und ging hinein. Wir blickten durch das Fenster in das Durcheinander drinnen. Und sofort war uns klar, daß dies nicht ein gewöhnlicher Trödlerladen war. Jemand, der schöne Dinge liebte, hatte alles, was es hier gab, ausgewählt. »Wir müssen mit Betsie herkommen«, sagte ich. Eine kleine Glocke über der Tür schlug an, als wir eintraten. Es war merkwürdig, die Bulldogge ohne Hut und hinten in einem Laden die Kasse aufschließen zu sehen.

»Erlauben Sie, daß ich uns vorstelle«, begann Vater. »Ich bin Casper ten Boom, und dies ist meine Tochter Cornelia.«

Die Bulldogge schüttelte uns die Hand, und wieder bemerkte ich die tiefen Falten in den Hängebacken. »Harry de Vries«, sagte er.

»Herr de Vries, wir haben oft Ihre . . . Ihre . . . Zuneigung zu Ihren Bulldoggen bewundert. Wir hoffen, es geht ihnen gut.«

Der kleine, dicke Mann starrte uns abwechselnd an. Langsam füllten sich seine Augen mit Tränen. »Ob es ihnen gut geht? Ich glaube, es geht ihnen gut. Ich hoffe, es geht ihnen gut. Sie sind tot.«

»Tot!« sagten wir wie aus einem Munde.

»Ich habe das Gift mit meinen eigenen Händen in ihren Napf getan und habe sie gestreichelt, bis sie einschliefen. Meine Kinder. Meine Kleinen. Wenn Sie sie hätten fressen sehen können! Ich wartete, wissen Sie, bis wir genug Fleischmarken hatten. Sie haben immer Fleisch bekommen.«

Wir blickten ihn verstört an. »War es ...«, wagte ich schließlich zu fragen, »wegen der Rationierung?«

Mit einer Geste bat uns der kleine Mann, in einem winzigen Raum hinter dem Laden Platz zu nehmen. »Fräulein ten Boom, ich bin Jude. Wer weiß, wann sie mich abholen werden. Auch meine Frau, obwohl sie keine Jüdin ist, ist ihrer Ehe wegen in Gefahr. Nicht unseretwegen machen wir uns Sorgen. Wir sind Christen, Cato und ich. Wenn wir sterben, werden wir Jesus sehen, und nur darauf kommt es an. Aber ich habe zu Cato gesagt: ›Was wird aus den Hunden? Wenn man uns holt, wer wird sie dann füttern? Wer wird daran denken, ihnen Wasser zu geben und sie auszuführen? Sie werden warten, und wir werden nicht kommen, und sie werden es nicht verstehen.‹ Nein! So brauche ich mir ihretwegen keine Sorgen mehr zu machen.«

»Mein lieber Freund!« Vater nahm die Hand der Bulldogge in seine beiden. »Würden Sie jetzt, da diese treuen Gefährten nicht mehr mit Ihnen ausgehen, meiner Tochter und mir die große Ehre erweisen, uns zu begleiten?«

Aber das wollte die Bulldogge nicht. »Es würde Sie in Gefahr bringen«, sagte er immer wieder. Er nahm aber die Einladung an, uns zu besuchen. »Wenn es dunkel ist, wenn es dunkel ist.«

Und so stand in der nächsten Woche eines Abends Herr de Vries mit seiner reizenden, schüchternen Frau Cato vor der Haustür des Beje, und von da an kam sie und Harry fast jeden Abend in Tante Jans' Vorderzimmer. Die größte Freude der Bulldogge im Beje waren außer der Unterhaltung mit Vater die Werke über jüdische Theologie, die jetzt in Tante Jans' großem Mahagonischrank standen. Denn wenn er auch vor etwa vierzig Jahren Christ geworden war, er war trotzdem ein treuer Jude geblieben. »Ein ganzer Jude«, sagte er uns lächelnd, »ein Nachfolger des einen vollkommenen Juden.«

Die Bücher gehörten dem Rabbi von Haarlem. Er hatte sie Vater vor einem Jahr gebracht. »Nur für den Fall, daß sie bei mir nicht immer sicher wären.« Er hatte ein wenig entschuldigend auf die Prozession kleiner Jungen hinter ihm gedeutet, die alle unter der Last mehrerer schwerer Werke schwankten. »Mein kleines Hobby. Büchersammeln. Und doch, mein Freund, Bücher altern nicht wie Sie und ich. Sie werden noch, wenn wir längst tot sind, zu Generationen sprechen. Ja, die Bücher müssen überleben.«

Der Rabbi war einer der ersten, die aus Haarlem verschwanden.

Wie oft bedeutet ein kleines, einem kaum bewußtes Ereignis einen Wendepunkt! Als immer häufiger Juden auf der Straße verhaftet wurden, hatte ich begonnen, unseren jüdischen Kunden selber die reparierten Uhren zu bringen oder kaputte Uhren bei ihnen abzuholen, damit sie sich nicht ins Stadtzentrum wagen mußten. Und so war ich eines Abends zu Beginn des Frühlings 1942 im Haus eines Arztes und seiner Frau. Es war eine sehr alte holländische Familie: die Porträts an den Wänden waren wie Illustrationen der holländischen Geschichte.

Die Heemstras und ich sprachen über Dinge, über die damals immer gesprochen wurde, wenn Menschen zusammenkamen, über die Rationierung und die Nachrichten aus England, als plötzlich eine Kinderstimme auf der Treppe ertönte: »Pappi! Du hast uns noch nicht gute Nacht gesagt.«

Dr. Heemstra sprang sofort auf, entschuldigte sich bei seiner Frau und mir und eilte die Treppe hinauf. Und gleich darauf hörten wir, wie oben Verstecken gespielt wurde, und das Lachen zweier Kinder.

Das war alles. Nichts hatte sich verändert. Frau Heemstra berichtete weiter, wie man die Teerationen mit Rosenblättern strecken könne. Und dennoch hatte sich alles verändert, denn in diesem Augenblick durchbrach die Wirklichkeit die Erstarrung, die mich seit dem Einfall der Deutschen immer mehr gelähmt hatte. Jeden Augenblick konnte es an diese Tür klopfen, konnte diesen Kindern und Eltern befohlen werden, hinten in einen Lastwagen zu steigen.

Dr. Heemstra kam ins Wohnzimmer zurück, und die Unterhaltung ging weiter. Aber in meinem Herzen betete ich:

»Herr Jesus, ich biete mich für dein Volk dar. In jeder Weise. An jedem Ort. Zu jeder Zeit.«

Und da geschah etwas Außergewöhnliches. Noch während ich betete, hatte ich wieder diesen Wachtraum. Ich sah wieder die vier schwarzen Pferde und den Grote Markt. Wie in der Nacht der Invasion musterte ich die Gesichter jener, die sich gegen ihren Willen von ihnen ziehen ließen, Vater, Betsie, Willem, ich — wir verließen Haarlem, verließen alles, was uns lieb und teuer war, um — wohin zu gehen?

DER GEHEIME RAUM

Es war Sonntag, der 10. Mai 1942, genau zwei Jahre nach dem Fall Hollands. Der sonnige Frühlingshimmel, die Blumen in den Kästen an den Laternenpfählen standen in krassem Widerspruch zur Stimmung in der Stadt. Deutsche Soldaten schlenderten ziellos durch die Straßen; manche sahen aus, als hätten sie sich noch nicht von einer langen Samstagnacht erholt, andere spähten nach Mädchen aus, und nur wenige waren auf der Suche nach einer Kirche.

Von Monat zu Monat wurde die Besatzung härter, und immer zahlreichere Beschränkungen wurden der Bevölkerung auferlegt. Der neueste Kummer für die Holländer war eine Verordnung, die unter Androhung schwerer Strafen verbot, den »Wilhelmus«, unsere Nationalhymne, zu singen.

Vater, Betsie und ich waren auf dem Weg zu der holländischen reformierten Kirche in Velsen, einer Kleinstadt unweit von Haarlem, wo Peter unter vierzig älteren und erfahreneren Musikern für den Posten des Organisten ausgewählt worden war. Die Orgel in Velsen war eine der schönsten im Lande, und obwohl der Zug jedesmal mehr zu bummeln schien, fuhren wir häufig hin.

Peter auf der großen Orgelempore spielte schon, als wir uns in die überfüllte Kirche hineindrängten. Das war eine positive Wirkung der Besatzung: mehr Menschen denn je gingen in die Kirche.

Chorälen und Gebeten folgte die Predigt, eine gute heute, dachte ich. Ich wünschte, Peter würde sie aufmerksamer anhören. Er fand, Predigten waren nur für verehrungswürdige Relikte wie seine Mutter und mich interessant. Ich war in jenem Frühling fünfzig geworden, und das war für Peter das Alter, in dem das Leben endgültig vorüber war. Ich bat ihn, daran zu denken, daß man in jedem Alter sterben könne — zumal in dieser Zeit —, aber er antwortete charmant, er sei ein zu guter Musiker, um jung zu sterben.

Die Schlußgebete wurden gesprochen. Und dann stand wie elektrisiert die ganze Gemeinde auf. Ohne Präludium und mit allen Registern spielte Peter den »Wilhelmus«!

Vater, der jetzt Zweiundachtzigjährige, war der erste, der sich erhoben hatte, schon taten es ihm alle anderen gleich. Irgendwo hinter uns sang eine Stimme den Text. Eine zweite und eine dritte fielen ein. Dann sangen wir alle zusammen, sangen die verbotene Nationalhymne. Wir sangen uns fast die Lunge aus dem Leibe und bekannten damit unsere Verbundenheit und Hoffnung und die Liebe zu Königin und Vaterland. An diesem Jahrestag der Niederlage schien es einen Augenblick fast, als wären wir die Sieger.

Nach dem Gottesdienst warteten wir vor der kleinen Seitentür der Kirche auf Peter. Es dauerte lange, bis er zu uns gelangte. So viele Leute wollten ihn umarmen, ihm die Hand schütteln oder ihn auf den Rücken klopfen. Er war zufrieden mit sich selbst.

Aber jetzt, da der Augenblick vorüber war, zürnte ich ihm wie üblich. Der Gestapo würde das bestimmt zu Ohren kommen. Vielleicht wußte sie es schon; denn ihre Augen und Ohren waren überall. Ich dachte an Nollie, die zu Hause das Sonntagsmahl für uns alle bereitete, dachte an Peters Brüder und Schwestern. Und Flip — was sollte werden, wenn er dieses Zwischenfalls wegen seine Stellung als Schulleiter verlöre? Und wofür hatte Peter so viel aufs Spiel gesetzt? Um einer Geste, einer sinnlosen Herausforderung willen.

Zu Hause in der Bos en Hoven Straat aber war Peter ein Held, als ein Mitglied seiner Familie nach dem anderen uns bat, zu schildern, was geschehen war. Die einzigen im Hause, die das gleiche empfanden wie ich, waren die beiden Jüdinnen, die bei Nollie wohnten. Die eine war eine ältere österreichische Dame, die Willem hier versteckt hatte. Kathrin, wie die Familie sie umgetauft hatte, spielte das Hausmädchen der van Woerdens — obwohl Nollie mir anvertraute, daß sie nicht einmal ihr Bett selber machte; wahrscheinlich konnte sie das gar nicht, da sie aus einer reichen Adelsfamilie kam. Die andere war eine blonde, blauäugige junge holländische Jüdin mit makellosen falschen Personalpapieren, die ihr der holländische nationale Untergrund ausgestellt hatte. Die Papiere waren so gut, und Anneliese glich so wenig dem Bild, das sich die Nazis von einer Jüdin machten, daß sie unbehelligt ausgehen, einkaufen, in der Schule aushelfen und behaupten konnte, sie sei eine Freundin der Familie und ihr Mann sei bei der Bombardierung Rotterdams ums Leben gekommen. Kathrin und Anneliese konnten ebensowenig wie ich verstehen, daß Peter bewußt etwas tat, das die Aufmerksamkeit der Gestapo auf ihn lenken mußte.

Ich verbrachte den Nachmittag sehr beklommen, lauschte auf das Brummen jedes Motors, denn nur die Polizei, die Deutschen und die Mitglieder des N.S.B. verfügten über Automobile. Aber als es Zeit wurde ins Beje zurückzukehren, war noch nichts passiert.

Ich machte mir noch zwei Tage Sorgen, dann sagte ich mir, entweder sei Peter nicht angezeigt worden oder aber die Gestapo sei mit wichtigeren Dingen beschäftigt. Am Mittwochmorgen, gerade als Vater und ich in die Werkstatt gingen, kam Peters kleine Schwester Cockie in den Laden gestürmt.

»Opa! Tante Corrie! Sie haben Peter geholt!«

»Wer? Wohin?«

Aber sie wußte es nicht, und erst nach drei Tagen erfuhr die Familie, daß er ins Amsterdamer Gefängnis gebracht worden war.

Es war fünf vor acht Uhr abends. Nur ein paar Minuten vor der neuen Sperrstunde. Peter war jetzt vierzehn Tage im Gefängnis. Vater, Betsie und ich saßen um den Eßtisch herum. Vater steckte Uhren wieder in ihre Taschen, Betsie häkelte, unsere große, schwarze, nicht ganz echte Siamkatze hatte sich behaglich in ihrem Schoß zusammengerollt. Als es an der Haustür klopfte, warf ich einen Blick in den Spiegel am Fenster. In der hellen Frühlingsdämmerung draußen stand eine Frau. Sie hatte einen kleinen Koffer bei sich und trug — seltsam für diese Jahreszeit — einen Pelzmantel, war außerdem dicht verschleiert.

Ich lief hinunter und öffnete die Tür. »Darf ich hereinkommen?« fragte sie mit vor Angst zitternder Stimme.

»Natürlich.« Ich trat zur Seite. Die Frau blickte über ihre Schulter, ehe sie den kleinen Flur betrat.

»Mein Name ist Kleermaker. Ich bin Jüdin.«

»Guten Abend, Frau Kleermaker.« Ich wollte ihr den Koffer abnehmen, aber sie ließ ihn nicht los. »Wollen Sie nicht mit hinaufkommen?«

Vater und Betsie erhoben sich, als wir ins Eßzimmer kamen.

»Frau Kleermaker, mein Vater und meine Schwester.«

»Ich war gerade dabei, Tee zu machen«, rief Betsie. »Sie kommen genau zur rechten Zeit.«

Vater zog einen Stuhl heran, und Frau Kleermaker setzte sich, immer noch den Koffer fest umklammernd. Der »Tee« bestand aus alten Blättern, die schon so oft zerdrückt und benutzt worden waren, daß sie das Wasser zwar noch ein wenig färbten, ihm aber keinen Geschmack mehr gaben. Frau Kleermaker nahm den Tee jedoch dankbar an und begann dann zu erzählen, daß ihr Mann vor einigen Monaten verhaftet worden sei und ihr Sohn sich versteckt halte. Gestern habe der SD — der Sicherheits-Dienst —, der unter der Gestapo arbeitete — befohlen, das Textilgeschäft der Familie zu schließen. Sie traue sich jetzt nicht mehr, in die Wohnung darüber zurückzukehren. Sie habe gehört, wir hätten einem Mann in dieser Straße geholfen . . .

»In diesem Haus«, sagte Vater, »ist Gottes Volk immer willkommen.«

»Wir haben vier leere Betten oben«, sagte Betsie. »Sie brauchen sich nur auszusuchen, in welchem Sie schlafen wollen.« Dann fügte sie zu meinem Erstaunen hinzu: »Aber erst helfen Sie mir bitte, das Teegeschirr zu spülen.« Ich traute meinen Ohren nicht. Betsie ließ sich in ihrer Küche nie von jemandem helfen. »Ich bin nun mal eine pedantische alte Jungfer«, sagte sie.

Aber Frau Kleermaker war bereits mit rührendem Eifer aufgesprungen und stapelte Teller und Tassen auf dem Tablett . . .

Zwei Abende später wiederholte sich die gleiche Szene. Es war wieder kurz vor acht und ein herrlicher Maiabend. Wieder klopfte es verstohlen an die Haustür. Diesmal stand ein älteres Paar draußen . . .

»Kommen Sie herein!«

Es war die gleiche Geschichte: auch diese beiden hielten, was sie noch besaßen, so fest, als könne man es ihnen rauben, blickten einen furchtsam an und wagten kaum, einzutreten. Nachbarn von ihnen waren verhaftet worden, und sie zitterten davor, daß sie morgen an die Reihe kommen würden.

An jenem Abend nach der Bibellesung besprachen wir sechs unsere schwierige Lage. »Hier ist es zu gefährlich«, sagte ich zu unseren drei Gästen. »Das Polizeigebäude ist ganz in der Nähe. Und doch weiß ich nichts anderes.«

Es war wieder einmal Zeit, Willem zu besuchen. Und so machte ich am nächsten Tag wieder die mühselige Reise nach Hilversum. »Willem«, sagte ich, »wir haben im Beje drei Juden. Kannst du sie auf dem Lande unterbringen?«

Willem legte die Finger auf die Augen, und ich bemerkte plötzlich, wie viele weiße Fäden in seinem Bart waren. »Das wird immer schwerer«, sagte er. »Wird mit jedem Monat schwerer. Sogar auf den Bauernhöfen spürt man jetzt die Lebensmittelrationierung. Gewiß, ich habe noch ein paar Adressen, aber sie werden niemanden ohne Lebensmittelkarte aufnehmen.«

»Ohne Lebensmittelkarte! Aber Juden bekommen doch keine!«

»Ich weiß.« Willem drehte sich um und blickte aus dem Fenster. Zum erstenmal fragte ich mich, wie er und Tine es fertigbrachten, die sich in ihrer Obhut befindenden alten Männer und Frauen zu ernähren. »Ich weiß«, sagte er noch einmal. »Und Lebensmittelkarten lassen sich nicht fälschen. Sie wechseln zu oft, und die Fälschung ist zu leicht zu erkennen. Mit Personalausweisen ist das anders. Ich kenne mehrere Drucker, die sie herstellen. Natürlich braucht man auch einen Fotografen.«

Einen Fotografen? Drucker? Wovon redete Willem? »Willem, wenn Menschen Lebensmittelkarten brauchen und es keine gefälschten gibt, was sollen sie dann tun?«

Willem wandte sich langsam vom Fenster ab. Er schien mich und mein besonderes Problem vergessen zu haben. »Lebensmittelkarten?« Er machte eine vage Geste. »Man muß sie stehlen.«

Ich starrte diesen Pfarrer an. »Könntest du das, Willem, stehlen ... ich meine, könntest du an drei gestohlene Karten herankommen?«

»Nein, Corrie. Ich werde beobachtet. Verstehst du das nicht? Jeder meiner Schritte wird beobachtet.«

Er legte einen Arm um meine Schulter und fuhr freundlicher fort: »Selbst wenn ich noch eine Weile weitermachen kann, es wird für dich viel besser sein, dir deine eigenen Quellen zu erschließen. Je weniger Verbindung mit mir — je weniger Verbindung mit irgend jemand sonst —, desto besser.«

Auf der Heimfahrt in dem überfüllten Zug dachte ich immer wieder über Willems Worte nach. »Deine eigenen Quellen.« Das klang so ... geschäftsmäßig. Wie sollte ich an eine Quelle gestohlener Lebensmittelkarten herankommen? Wen kannte ich schon ...?

Und in diesem Augenblick fiel mir ein Name ein.

Fred Koornstra.

Fred war der Mann, der früher den elektrischen Zähler im Beje abgelesen hatte. Die Koornstras hatten eine geistig zurückgebliebene Tochter, die inzwischen erwachsen war und dem Gottesdienst beiwohnte, den ich jeden Sonntagabend für Schwachsinnige hielt, und Fred hatte jetzt eine Stellung: er arbeitete im Ernährungsamt. War es nicht die Abteilung, in der die Lebensmittelkarten ausgegeben wurden?

An jenem Abend fuhr ich nach dem Essen zu den Koornstras. Die Schläuche meines treuen alten Fahrrads hatten endgültig ihr Leben ausgehaucht, und ich war jetzt eine von den vielen Hunderten, die auf Metallfelgen durch die Stadt holperten. Jeder Stoß erinnerte mich unangenehm an meine fünfzig Jahre.

Fred, ein Mann mit Glatze und militärischer Haltung, öffnete und starrte mich bestürzt an, als ich sagte, ich wollte mit ihm über den Sonntagsgottesdienst sprechen. Er bat mich herein, schloß die Tür und sagte: »Nun, Corrie, weswegen sind Sie wirklich zu mir gekommen?«

(»Lieber Gott«, betete ich stumm, »wenn ich mich Fred nicht anvertrauen darf, dann mach' diesem Gespräch jetzt gleich ein Ende, ehe es zu spät ist.«)

»Erstens muß ich Ihnen sagen, daß wir unerwarteten Besuch im Beje haben. Erst war es eine alleinstehende Frau und dann ein Ehepaar, und als ich heute nachmittag zurückkam, war noch eins gekommen.« Ich hielt einen Augenblick inne. Dann fuhr ich fort: »Es sind Juden.«

Freds Gesichtsausdruck änderte sich nicht.

»Wir können diese Menschen an sichere Orte bringen, aber Sie müssen auch etwas dazu beisteuern: Lebensmittelkarten.«

Fred lächelte. »Ach so. Jetzt weiß ich, warum Sie hergekommen sind.«

»Fred, besteht eine Möglichkeit für Sie, Extrakarten auszugeben? Mehr, als Sie melden?«

»Nein, Corrie. Das ist ganz ausgeschlossen. Über diese Karten muß auf die verschiedensten Arten Buch geführt werden. Sie werden geprüft und nochmal geprüft.«

Die Hoffnung, die in mir aufzusteigen begonnen hatte, sank in sich zusammen. Aber Fred runzelte die Brauen.

»Es sei denn . . .« begann er.

»Es sei denn?«

»Es sei denn, sie werden geraubt. Im Ernährungsamt in Utrecht ist im vorigen Monat ein Einbruch verübt worden — aber man hat die Männer geschnappt.«

Er schwieg eine Weile. »Wenn es mittags geschähe«, sagte er

dann leise, »zu der Zeit, zu der nur ein Kollege und ich dort sind ... Und wenn man uns gefesselt und geknebelt vorfindet ...« Er schnippte mit den Fingern. »Und ich kenne genau den richtigen Mann, der das tun könnte. Erinnern Sie sich an den ...?«

»Sagen Sie mir den Namen nicht«, antwortete ich, Willems Warnung gedenkend. »Sagen Sie mir nicht, wer es ist und wie es geschieht. Beschaffen Sie mir nur die Karten, wenn Sie es können.«

Fred musterte mich einen Augenblick. »Wie viele brauchen Sie?«

Ich öffnete den Mund, um zu sagen: »Fünf«. Aber die Zahl, die erstaunlicherweise herauskam, lautete: »Hundert.«

Als Fred mir nur eine Woche später die Tür öffnete, war ich entsetzt über sein Aussehen. Beide Augen waren blaugrün und seine Unterlippe gesprungen und geschwollen.

»Mein Freund hat die Rolle sehr echt gespielt«, war alles, was er sagte.

Aber er hatte die Karten. Auf dem Tisch lagen in einem braunen Umschlag hundert Lebensmittelkarten. Fred hatte bereits den »fortlaufenden Coupon« von jeder Karte abgerissen, und dieser wurde am letzten jeden Monats gegen die Lebensmittelkarte für den nächsten Monat dem Ernährungsamt vorgelegt. Mit diesen »Coupons« konnte Fred »legal« uns weiter hundert Karten geben.

Wir waren uns darin einig, daß es für mich gefährlich wäre, allmonatlich in sein Haus zu kommen. Wie wäre es darum, wenn er statt dessen in seiner alten Zählerableseruniform ins Beje käme?

Der Zähler im Beje befand sich im hinteren Flur am Fuß der Treppe.

Als ich an jenem Nachmittag nach Hause kam, löste ich das Brett von der untersten Stufe, wie Peter es auf einer Stufe weiter oben getan hatte, um das Radio zu verstecken, und fand darunter einen Hohlraum. Peter würde stolz auf mich sein, dachte ich während dieser Arbeit, und plötzlich fehlte mir der mutige und selbstsichere Junge sehr. Aber selbst er würde zugeben müssen, sagte ich mir, als ich endlich einen Schritt zurücktrat, um das fertige Versteck zu bewundern, daß eine Uhrmacherhand und ein Uhrmacherauge etwas wert waren. Die Angel war tief im Holz verborgen, und man sah der alten Stufe nichts an. Ich war lächerlicherweise sehr stolz darauf.

Am 1. Juli testeten wir das System zum erstenmal. Fred sollte durch den Laden hereinkommen, wie er es immer getan hatte, und die Karten unter seinem Hemd verbergen. Er würde um halb sechs erscheinen, wenn im Hinterflur keine Besucher waren. Zu meinem Entsetzen öffnete sich um fünf vor halb sechs die Ladentür, und ein Polizist trat ein. Es war ein hochgewachsener Mann mit kurzgeschnittenem orangerotem Haar, den ich dem Namen nach — Rolf van Vliet —, aber sonst wenig kannte. Er war wie viele andere Polizisten zu dem Geschäftsjubiläum gekommen. Bestimmt war er keiner von Betsies »Stammgästen« beim Wintermorgenkaffee gewesen.

Rolf hatte eine Uhr gebracht, die gereinigt werden mußte, und schien in gesprächiger Stimmung. Meine Kehle war trocken, aber Vater plauderte heiter, als er Rolfs Uhr öffnete und untersuchte. Was würden wir tun? Es gab keine Möglichkeit, Fred Koornstra zu warnen. Punkt halb sechs öffnete sich die Ladentür von neuem, und er kam in seiner blauen Arbeitskleidung herein. Mir schien, seine Brust war mindestens dreißig Zentimeter zu dick. Mit bewundernswerter Ruhe nickte Fred Vater, dem Polizisten und mir zu. »Guten Abend.« Höflich, aber leicht gelangweilt.

Er ging durch die Tür hinten im Laden und schloß sie hinter sich. Ich spitzte die Ohren, um zu hören, wie er den geheimen Deckel hob. Da! Rolf hatte es bestimmt auch gehört. Die Tür hinter uns ging wieder auf. Fred war seiner Sache so sicher, daß er sich nicht durch die Haustür hinausgeschlichen hatte, sondern das Haus durch den Laden verließ.

»Guten Abend«, sagte er wieder.

»N'Abend.«

Er erreichte die Tür zur Straße, und schon war er fort. Wir waren noch einmal davongekommen, aber wir würden auf irgendeine Weise uns ein Warnsystem ausdenken müssen. Denn seit Frau Kleermakers unvermutetem Besuch war viel im Beje geschehen. Mit Lebensmittelkarten versehen, hatte Frau Kleermaker, das ältere Ehepaar und das nach ihm gekommene, einen sicheren Unterschlupf gefunden. Aber immer noch kamen gejagte Menschen, und sie brauchten oft mehr als Lebensmittelkarten und Adressen. Wenn eine Jüdin schwanger wurde, wohin sollte sie dann gehen, um ihr Baby zu bekommen? Wenn ein Jude in seinem Versteck starb, wie konnte er dann beerdigt werden?

»Erschließ dir deine eigenen Quellen«, hatte Willem gesagt.

Von dem Augenblick an, da mir Fred Koornstras Name eingefallen, war mir etwas geradezu unheimlich klar geworden. Wir waren mit halb Haarlem befreundet. Wir kannten Schwestern im Entbindungsheim, wir kannten Standesbeamte, wir kannten in jeder Branche und jedem städtischen Büro jemanden.

Wir kannten natürlich nicht die politischen Ansichten all dieser Leute. Aber — und da spürte ich, wie mein Herz seltsam hüpfte — Gott kannte sie. Meine Aufgabe war es nur, seiner Führung jedesmal einen Schritt zu folgen und im Gebet jede Entscheidung in sein Ermessen zu stellen. Ich wußte, ich war nicht klug oder schlau oder besonders scharfsinnig; wenn das Beje ein Treffpunkt Bedürftiger wurde, dann durch eine Taktik, die meiner weit überlegen war.

Ein paar Abende nach Freds ersten »Zählerableserbesuchen« klingelte es lange nach der Sperrstunde an der Haustür. Ich eilte hinunter in der Erwartung, vor ihr wieder einen traurigen, hilflosen Flüchtling vorzufinden. Betsie und ich hatten an jenem Abend schon für vier neue Gäste Betten gerichtet: eine Jüdin und ihre drei kleinen Kinder. Aber zu meiner Überraschung stand dicht an der Mauer der dunklen Gasse Kik. »Hol dein Fahrrad«, befahl er mit seiner üblichen jugendlichen Schroffheit, »und zieh einen Pullover an. Ich möchte dich mit ein paar Menschen bekannt machen.«

»Jetzt? Nach der Sperrstunde?« Aber ich wußte, es war sinnlos, Fragen zu stellen. Kiks Fahrrad hatte auch keine Schläuche mehr. Die Felgen waren mit Stoff umwickelt.

Er machte das mit meinen auch, damit sie nicht so klapperten, und bald radelten wir durch die verdunkelten Straßen Haarlems in einem Tempo, vor dem mir selbst bei Tage gegraut hätte.

»Leg eine Hand auf meine Schulter«, flüsterte Kik. »Ich weiß den Weg.« Wir fuhren durch dunkle Seitenstraßen, über Brücken, um unsichtbare Ecken herum. Schließlich überquerten wir einen breiten Kanal, und ich wußte, wir hatten den eleganten Vorort Aerdenhout erreicht.

Wir bogen hinter Bäumen in eine Auffahrt ein. Zu meinem Erstaunen ergriff Kik mein Fahrrad und trug seins und meins die Vordertreppe hinauf. Ein Mädchen mit gestärkter weißer Schürze und Häubchen öffnete die Tür. In der Halle stand ein Fahrrad neben dem anderen.

Dann sah ich ihn. Ein Auge lächelte mich an, das andere die Tür, und sein dicker Bauch eilte ihm voraus. Pickwick! Er führte Kik und mich in den Salon, wo in kleinen Gruppen die vornehmsten Männer und Frauen, die ich je gesehen hatte, Kaffee schlürften und sich unterhielten. Aber meine ganze Aufmerksamkeit galt in diesem ersten Augenblick dem köstlichen Duft dort. War es möglich, daß sie echten Kaffee tranken?

Pickwick füllte mir eine Tasse aus der auf dem Sideboard stehenden Kaffeemaschine. Es war Kaffee. Nach zwei Jahren wieder einmal herrlicher schwarzer, starker holländischer Kaffee! Er füllte sich selber auch eine Tasse und tat seine üblichen fünf Zuckerstücke hinein, als ob die Rationierung nie erfunden worden wäre. Ein anderes Mädchen in Schürze und Häubchen reichte ein Tablett herum, auf dem Kekse hoch geschichtet waren.

Trinkend und schluckend ging ich hinter Pickwick durch den Raum und schüttelte den Menschen die Hand, denen er mich vorstellte. Es war eine seltsame Vorstellung, denn es wurde kein Name genannt, nur gelegentlich eine Adresse und »Fragen Sie nach Frau Smit«. Als ich meiner vierten Smit begegnet war, erklärte Kik grinsend: »Das ist der einzige Nachname im Untergrund.«

Dies war also wirklich und wahrhaftig der Untergrund! Aber — woher kamen diese Menschen? Ich hatte noch nie einen von ihnen gesehen. Eine Sekunde später wurde mir klar, wobei es mir kalt den Rücken hinunterlief, daß dies die nationale Gruppe war.

Ihre Hauptarbeit bestand darin, wie ich aus Andeutungen in der Unterhaltung entnahm, die Verbindung mit England und den Freien holländischen Streitkräften, die woanders auf dem Kontinent kämpften, aufrechtzuerhalten. Sie sorgten auch dafür, daß die Untergrundroute offenblieb, auf der abgeschossene alliierte Flugzeugbesatzungen die Nordseeküste erreichten.

Aber sie interessierten sich sofort für meine Bemühungen, den Haarlemer Juden zu helfen. Ich errötete bis an die Haarwurzeln, als Pickwick mich Leiterin einer Operation hier in der Stadt nannte. Ein Hohlraum unter einer Treppenstufe und ein paar Zufallsfreundschaften waren keine Operation. Die anderen hier waren bestimmt tüchtiger, disziplinierter und erfahrener.

Dennoch begrüßten sie mich mit ernster Höflichkeit, murmelten, was sie zu bieten hatten, während wir uns die Hand gaben: gefälschte Ausweise. Die Benutzung eines Wagens mit einem Regierungsnummernschild. Eine gefälschte Unterschrift.

Am anderen Ende des Raums stellte Pickwick mich einem sehr gebrechlich wirkenden kleinen Mann mit dünnem Spitzbart vor. »Unser Gastgeber hat mir berichtet«, begann der kleine Mann förmlich, »daß Ihnen ein geheimer Raum fehlt. Das ist eine Gefahr für alle, für jene, denen Sie helfen, ebenso wie für Sie selbst und die mit Ihnen zusammenarbeiten. Wenn Sie gestatten, werde ich Sie in der nächsten Woche aufsuchen . . .«

Erst Jahre später erfuhr ich, daß er einer der berühmtesten Architekten Europas war. Ich kannte ihn nur als Herrn Smit

Kurz bevor Kik und ich uns auf den Heimweg machten, faßte mich Pickwick unter. »Meine Liebe, ich habe eine gute Nachricht. Soviel ich gehört habe, wird Peter bald entlassen . . .«

Und drei Tage später war es so weit. Er war schmaler und blasser geworden, aber die beiden Monate in einer Betonzelle hatten ihn nicht ein bißchen entmutigt. Nollie, Tine und Betsie verbrauchten die ganze Zuckerration eines Monats, um zur Feier seiner Rückkehr Kekse zu backen. Und eines Morgens bald danach war der erste Kunde im Laden ein kleiner, dünnbärtiger Mann namens Smit. Vater nahm seine Lupe vom Auge. Wenn es etwas gab, das er noch mehr liebte, als eine neue Bekanntschaft zu machen, dann dies, eine Verbindung mit einer alten zu entdecken.

»Smit«, sagte er eifrig. »Ich kannte mehrere Smits in Amsterdam. Sind Sie zufällig verwandt mit der Familie, die . . .?«

»Vater«, unterbrach ich ihn, »dies ist der Herr, von dem ich dir erzählt habe. Er ist gekommen, um, nun . . . um das Haus zu inspizieren.«

»Dann müssen Sie der Smit sein, der seine Büros in der Grote Hout Straat hat. Wie bin ich nur nicht gleich . . .?«

»Vater«, sagte ich in flehendem Ton. »Er ist kein Bauprüfer, und er heißt gar nicht Smit.«

»Nicht Smit?«

Gemeinsam versuchten Herr Smit und ich, es Vater zu erklären, aber er konnte es einfach nicht verstehen, daß jemand einen Namen trug, der gar nicht seiner war. Als ich Herrn Smit in den Hinterflur führte, hörten wir Vater vor sich hinmurmeln: »Ich habe einst einen Smit in der Koning Straat gekannt . . .«

Herr Smit untersuchte und billigte das Versteck für die Lebensmittelkarten unter der Treppenstufe. Er fand auch das Warnsystem annehmbar, das wir uns ausgedacht hatten. Es war ein dreieckiges Holzreklameschild »Alpina-Uhren«, das ich ins Eßzimmerfenster gestellt hatte. Solange es dort stand, konnte man ohne Gefahr das Haus betreten.

Aber als ich ihm ein Kämmerchen hinter dem Eckschrank im Eßzimmer zeigte, schüttelte er den Kopf. Jemand, der einst das Haus umgebaut hatte, hatte in dieser Ecke einen Raum gelassen, in den man hineinkriechen konnte, und wir hatten seit dem Beginn der Besatzung Schmuck, Silbermünzen und andere wertvolle Dinge dort versteckt. Nicht nur der Rabbi hatte uns seine Bibliothek gebracht, sondern auch andere jüdische Familien hatten dem Beje ihre Schätze zur Aufbewahrung anvertraut. Der Raum war so groß, daß wir geglaubt hatten, ein Mensch könne, wenn nötig, sich darin verstecken, aber Herr Smit tat diese Vermutung ab, ohne noch einmal hinzugucken.

»Da würden sie zu allererst suchen. Sie brauchen es aber nicht zu ändern. Es ist ja nur Silber. Wir sind daran interessiert, Menschen, nicht Sachen zu retten.«

Er begann die Wendeltreppe hinaufzugehen und wurde dabei wieder heiterer. Entzückt blieb er vor den komischen Treppenabsätzen stehen, klopfte an die krummen Wände und lachte laut, als er entdeckte, daß die Fußböden der beiden alten Häuser bis oben hin nicht das gleiche Niveau hatten.

»Was für eine Unmöglichkeit!« sagte er mit ehrfürchtiger Stimme. »Was für eine unwahrscheinliche, unglaubliche, unvoraussagbare Unmöglichkeit! Fräulein ten Boom, wenn alle Häuser wie dieses gebaut wären, würden Sie einen weniger bekümmerten Mann vor sich sehen.«

Schließlich betrat er oben am Ende der Treppe mein Zimmer und rief glücklich: »Das ist das Richtige.«

»Ihr Versteck muß so hoch wie möglich liegen«, fuhr er eifrig fort. »Das gibt Ihnen die beste Möglichkeit, es zu erreichen, während unten alles durchsucht wird.« Er lehnte sich aus dem Fenster, reckte seinen dünnen Hals, und der kleine Faunbart deutete hierhin und dorthin.

»Aber . . . dies ist mein Schlafzimmer . . .«

Herr Smit achtete gar nicht darauf. Er maß bereits, rückte den schweren, wackeligen alten Kleiderschrank überraschend behende von der Wand ab und mein Bett in die Mitte des Zimmers. »So wird die falsche Wand verlaufen.« Freudig erregt holte er einen Bleistift heraus und zog von der Rückwand eine neunzig Zentimeter lange Linie über den Fußboden. Dann stand er auf und betrachtete sie mißmutig.

»Größer wage ich den Raum nicht zu machen«, sagte er. »Er reicht aber für ein Feldbett aus. O ja. Bequem!«

Ich versuchte zu protestieren, aber Herr Smit hatte meine Existenz völlig vergessen. In den nächsten Tagen gingen er und seine Arbeiter im Hause beständig ein und aus. Sie klopften nie an. Bei jedem Besuch trug jeder Mann etwas hinein. Werkzeuge in einer zusammengefalteten Zeitung. Ein paar Ziegelsteine in einer Aktentasche. »Holz!« rief er, als ich zu fragen wagte, ob eine Holzwand nicht leichter zu errichten wäre. »Holz klingt hohl. Sie werden es gleich hören. Nein, nein, Ziegelsteine sind das einzig Mögliche für falsche Wände.«

Nachdem die Wand errichtet war, kamen der Gipser, der Tischler und schließlich der Anstreicher. Sechs Tage nach »Baubeginn« rief Herr Smit Vater, Betsie und mich zur Besichtigung.

Wir standen in der Tür und staunten Bauklötze. Der Geruch frischer Farbe war überall, aber in diesem Raum war bestimmt nichts neu gestrichen. Alle vier Wände waren so schmutzig und fleckig wie alle alten Räume in Haarlem, dort, wo man noch mit Kohlen heizt. Der alte Sims zog sich ohne Unterbrechung um die Decke. Hier und dort blätterte die Farbe ab. Offenbar hatte in hundertfünfzig Jahren niemand daran gerührt. Alte Wasserflecke bedeckten die Hinterwand, eine Wand, von der sogar ich, die ich ein halbes Jahrhundert in diesem Zimmer gelebt hatte, kaum glauben konnte, daß es nicht die ursprüngliche war, sondern daß man sie fünfundsiebzig Zentimeter von der wirklichen entfernt gezogen hatte.

Eingebaute Bücherregale zogen sich an dieser falschen Wand entlang. Alte, schiefe Bretter, deren blasiges Holz mit den gleichen Wasserflecken bedeckt war wie die Wand dahinter. In der linken Ecke hinten, unter dem untersten Brett, befand sich ein fünfzig Zentimeter hohes und breites Paneel, das man hochziehen konnte. Herr Smit bückte sich und zog es hoch.

Auf Händen und Knien krochen Betsie und ich in den schmalen Raum dahinter. Aber als wir erst einmal darin waren, konnten wir aufstehen, uns hinsetzen oder uns sogar abwechselnd auf der einzigen Matratze ausstrecken. Ein verborgener Ventilator führte raffiniert in die wirkliche Wand, so daß Luft von außen eindringen konnte.

»Sorgen Sie dafür, daß dort immer ein Krug voll Wasser steht«, sagte Herr Smit, der hinter uns hineinkroch. »Erneuern Sie das Wasser einmal die Woche. Schiffszwieback und Vitamine halten ewig. Jedesmal, wenn jemand im Haus ist, der hier nicht hingehört, muß alles, was er besitzt, außer den Kleidern, die er auf dem Leibe trägt, hier aufbewahrt werden.«

Wir knieten uns nieder und krochen hintereinander in mein Schlafzimmer zurück.

»Und nun ziehen Sie wieder in dieses Zimmer ein«, sagte er zu mir. »Alles muß genauso sein wie zuvor.«

Mit seiner Faust schlug er an die Wand über den Bücherregalen.

»Die Gestapo könnte ein Jahr lang suchen«, sagte er, »sie wird das nie finden.«

EUSIE

Peter war zu Hause, aber er war nicht in Sicherheit, war es so wenig wie jeder gesunde junge Mann. In Deutschland suchten die Munitionsfabriken verzweifelt Arbeiter. Ohne Vorwarnung sperrten Soldaten plötzlich einen Häuserblock ab, durchkämmten jedes Haus und trieben alle Männer zwischen sechzehn und dreißig in Lastwagen, die sie abtransportierten. Diese blitzartige Methode des Durchkämmens und Verschleppens hieß Razzia, und jede Familie, in der es junge Männer gab, lebte in Angst davor.

Flip und Nollie hatten ihre Küche anders eingerichtet, um ihnen ein Notversteck zu bieten, sobald die Razzien begannen. Unter dem Fußboden befand sich ein kleiner Kartoffelkeller. Sie vergrößerten die Falltür, durch die man in ihn gelangte, breiteten einen großen Teppich darüber und stellten den Küchentisch darauf.

Seit Herr Smit im Beje ein so gutes Versteck gebaut hatte, war mir klar, daß dieses Loch unter dem Fußboden in der Küche völlig unzureichend war. Erstens lag es zu tief im Hause, und zweitens würden sie, wie Herr Smit sagte, es wahrscheinlich sofort finden. Aber da es nicht für eine gründliche Durchsuchung durch ausgebildete Leute vorgesehen war, sondern für eine hastige durch Soldaten, würde es vielleicht ausreichen, um eine halbe Stunde lang nicht entdeckt zu werden. Und dafür genügte es wahrscheinlich . . .

An Flips Geburtstag fand die Razzia in dieser stillen Wohnstraße mit ihren Reihenhäusern statt. Vater, Betsie und ich waren früh mit einem Viertelpfund echten englischen Tees, den Pickwick uns geschenkt hatte, gekommen.

Nollie, Anneliese und die beiden älteren Mädchen waren noch nicht zurück, als wir kamen. Eins der Warenhäuser hatte angekündigt, daß eine Sendung Männerschuhe eingetroffen sei, und Nollie hatte beschlossen, ein Paar für Flip zu besorgen, »auch wenn ich den ganzen Tag danach anstehen muß«.

Wir plauderten in der Küche mit Cockie und Kathrin, als plötzlich Peter und sein älterer Bruder Bob mit kreideweißem Gesicht hereingerannt kamen. »Soldaten! Schnell! Sie sind im übernächsten Haus und werden bald hier sein.«

Sie schoben den Tisch zur Seite, rissen den Teppich fort und öffneten die Falltür. Bob ließ sich als erster hinunter und legte sich flach auf den Boden, und Peter legte sich auf ihn. Wir schlossen die Tür, breiteten den Teppich wieder darüber und stellten den Tisch darauf. Mit zitternden Händen legten Betsie, Cockie und ich ein langes Tischtuch darauf und begannen, ihn für fünf zum Tee zu decken.

Es gab einen lauten Bums im Flur, als die Haustür aufgerissen wurde, und einen nicht ganz so lauten, als Cockie eine Teetasse fallen ließ. Zwei Deutsche in Uniform kamen, das Gewehr im Anschlag, in die Küche. »Rühren Sie sich nicht vom Fleck.«

Wir hörten schwere Stiefel die Treppe hinaufpoltern. Die Soldaten blickten sich angewidert in diesem Raum um, in dem nur Frauen und ein alter Mann waren. Wenn sie Kathrin genauer betrachtet hätten, hätte sie sich gewiß selber verraten. Ihr Gesicht war eine Maske aus Angst. Aber sie dachten an anderes.

»Wo sind Ihre Männer?« fragte der kleinere Soldat Cockie in gebrochenem Holländisch.

»Dies sind meine Tanten«, erwiderte sie, »und dies ist mein Großvater. Mein Vater ist in seiner Schule. Meine Mutter kauft ein und . . .«

»Ich habe Sie nicht nach der ganzen Sippe gefragt«, brüllte der Mann auf Deutsch und dann auf Holländisch: »Wo sind Ihre Brüder?«

Cockie starrte ihn eine Sekunde an. Dann senkte sie die Augen. Das Herz stand mir still. Ich wußte, wie Nollie ihre Kinder erzogen hatte — aber jetzt war eine Lüge bestimmt erlaubt. »Haben Sie Brüder?« fragte der Offizier.

»Ja«, erwiderte Cockie leise. »Drei.«

»Wie alt sind sie?«

»Einundzwanzig, neunzehn und achtzehn.«

Wir hörten, wie oben Türen geöffnet und geschlossen wurden, und das kratzende Geräusch von Möbelstücken, die man von den Wänden abrückte.

»Wo sind sie jetzt?«

Cockie bückte sich und begann die Scherben der Tasse aufzulesen. Der Mann riß sie hoch. »Wo sind Ihre Brüder?«

»Der älteste ist im Predigerseminar. Er kommt meistens nachts nicht nach Hause, weil . . .«

»Und wo sind die beiden anderen?«

Seelenruhig sagte Cockie: »Nun, unter dem Tisch.«

Der Soldat vertrieb uns alle mit seinem Gewehr vom Tisch und ergriff eine Ecke des Tischtuchs. Auf einen Wink von ihm hin hockte sich der größere Mann, das Gewehr wieder im Anschlag, hin. Dann riß er das Tischtuch fort.

In diesem Augenblick höchster Spannung brach Cockie in ein schrilles hysterisches Gelächter aus. Die Soldaten drehten sich um. Machte das Mädchen sich über sie lustig?

»Halten Sie uns nicht für Narren«, schnarrte der kleine.

Wütend verließ er die Küche, und Minuten später verließ die ganze Abteilung das Haus — leider nicht, ehe der stumme Soldat unser kostbares Teepäckchen erspäht und eingesteckt hatte.

Es war ein seltsames Abendessen an jenem Tage. Wir waren von tiefster Dankbarkeit erfüllt, aber zugleich kam es fast zu einem bitteren Streit, wie es ihn in unserer Familie, in der alle so sehr aneinander hingen, noch nie gegeben hatte. Nollie erklärte, sie hätte das gleiche geantwortet wie Cockie. »Gott belohnt es, wenn man die Wahrheit sagt, damit, daß er einen schützt.«

Peter und Bob, die unter der Falltür gelegen hatten, waren dessen nicht so sicher, und ich war es auch nicht. Mir hatte immer Nollies Mut gefehlt. Ich hatte auch nie ihren Glauben gehabt. Aber ich konnte das Unlogische daran erkennen. »Es ist nicht logisch, die Wahrheit zu sagen, und etwas zu tun, das eine Lüge ist. Wie ist es mit Annelieses gefälschten Papieren — und Kathrins Dienstmädchentracht?«

» ›Herr, behüte meinen Mund, und bewahre meine Lippen‹ «, zitierte Nollie. »141. Psalm«, schloß sie triumphierend.

»Gut, aber wie ist es mit dem Radio? Ich mußte mit meinen Lippen lügen, um es zu behalten.«

»Und doch, was du auch immer gesagt hast, Corrie, ich bin sicher, du hast es aus Liebe gesagt!« Vaters freundliche Stimme tadelte mein vor Erregung dunkelrotes Gesicht. Liebe. Wie zeigte man sie? Wie konnte Gott selber Wahrheit und Liebe in einer Welt wie dieser zugleich zeigen? Durch sein Sterben. Diese Antwort war mir noch nie so scharf und kalt erschienen wie an diesem Abend: die Form eines Kreuzes, in die Geschichte der Welt geätzt.

Es wurde immer schwerer, sichere Bleiben für die Scharen von Juden im Land zu finden, die Anfang 43 durch unsere Untergrundstation gingen. Selbst mit Lebensmittelkarten und gefälschten Papieren gab es nicht genug Plätze für sie alle. Früher oder später, wußten wir, würden wir damit beginnen müssen, Menschen in der Stadt zu verstecken. Wie traurig, daß der allererste der uns liebste von allen war!

An einem Vormittag, als es im Laden gerade sehr lebhaft zuging, kam Betsie durch die Werkstatt-Tür hereingeschlüpft. »Harry und Cato sind hier!« sagte sie.

Wir waren überrascht. Harry war noch nie am Tage ins Beje gekommen, weil er fürchtete, daß sein gelber Stern uns in eine peinliche Lage bringen könnte. Vater und ich eilten hinter Betsie die Treppe hinauf.

Harry de Vries berichtete die bekannte Geschichte. Am Abend vorher hatte ihn ein N.S.B.-Mitglied aufgesucht und erklärt, der Laden sei konfisziert; um Schwierigkeiten zu entgehen, hatte der Mann vom N.S.B. hinzugefügt. Das Erscheinen eines uniformierten Deutschen heute morgen machte es offiziell: der Laden war »im Interesse der nationalen Sicherheit« geschlossen worden.

»Aber wenn ich eine Bedrohung der Sicherheit bin«, sagte der arme Harry, »dann werden sie sich bestimmt nicht damit begnügen, mir meinen Laden wegzunehmen.«

Ja, bestimmt würden sie das nicht. Aber gerade jetzt war absolut keine Unterkunft außerhalb der Stadt verfügbar. Die einzige Untergrundadresse, die wir im Augenblick hatten, war das Haus einer Frau de Boer, noch nicht vier Block vom Beje entfernt.

An diesem Nachmittag klopfte ich an Frau de Boers Tür. Sie war eine untersetzte Frau in einem blauen Baumwollkittel und Pantoffeln. Wir belieferten sie mit Lebensmittelkarten und hatten geholfen, daß ein an Blinddarmentzündung Erkrankter von dort ins Krankenhaus gebracht worden war. Sie zeigte die Wohnräume im Dachgeschoß. Achtzehn Juden waren dort untergebracht, von denen die meisten Anfang zwanzig waren ...

»Sie sind dort schon zu lange eingesperrt«, sagte sie. »Sie singen und tanzen und machen allen möglichen Lärm.«

»Wenn Sie glauben, noch ein Ehepaar sei zuviel ...«

»Nein, nein ... Wie könnte ich die Menschen abweisen? Bringen Sie sie heute abend. Wir werden's schon schaffen.«

Und so begannen Harry und Cato ihr Leben bei Frau de Boer, wo sie in einer der engen Mansarden wohnten. Betsie brachte ihnen täglich etwas selbstgebackenes Brot, ein bißchen Tee, eine Scheibe Wurst. Aber ihre Hauptsorge galt nicht Catos und Harrys seelischer Verfassung, sondern sie machte sich Sorgen um ihr Leben.

»Sie sind in Gefahr, wißt ihr«, sagte sie zu Vater und mir. »Es stimmt, diese jungen Leute sind nahe daran, durchzudrehen. Heute nachmittag haben sie solchen Lärm gemacht, daß ich sie unten auf der Straße hören konnte.«

Es gab noch andere Sorgen in jenem bitteren grauen Winter. Es schneite zwar wenig, aber der Frost setzte früh ein und währte lange, und Brennstoff war knapp. Hier und dort in den Parks und an den Kanälen begannen Bäume zu verschwinden, da Menschen sie fällten, um Herd und Ofen heizen zu können.

Die feuchten, ungeheizten Räume waren am schlimmsten für die ganz Jungen und die Uralten. Eines Morgens erschien Christoffels nicht zur Bibellesung im Eßzimmer und zeigte sich auch später nicht in der Werkstatt. Seine Wirtin fand ihn tot in seinem Bett, und das Wasser in seiner Waschschüssel war gefroren. Wir begruben den alten Uhrmacher in dem prächtigen Anzug und der Weste, die er vor sechs Jahren zum hundertjährigen Geschäftsjubiläum getragen hatte.

Der Frühling kam nur zögernd. Wir feierten meinen einundfünfzigsten Geburtstag mit einer kleinen Gesellschaft in der Mansarde der de Vries.

Eine Woche später, am 22. April, kam Cato allein ins Beje. Als sie die Haustür hinter sich geschlossen hatte, brach sie in Tränen aus. »Diese jungen Leute sind verrückt geworden. Gestern abend haben acht von ihnen das Haus verlassen. Natürlich wurden sie angehalten und verhaftet — die jungen Leute hatten nicht einmal daran gedacht, ihre Koteletten abzurasieren. Die Gestapo hatte keine Mühe, Informationen aus ihnen herauszulocken.«

Das Haus sei um vier Uhr morgens durchsucht worden, sagte sie. Cato hatte man laufen lassen, als man dahinterkam, daß sie keine Jüdin war, aber alle anderen — Harry, auch Frau de Boer — »ach, was wird aus ihnen werden?«

In den nächsten drei Tagen war Cato vom frühen Morgen bis zur Sperrstunde im Haarlemer Polizeigebäude, bedrängte Holländer und Deutsche, sie zu ihrem Mann zu lassen. Wenn man sie wegschickte, ging sie über die Straße und wartete stumm auf dem Gehsteig gegenüber.

Am Freitag, kurz bevor der Laden für die Mittagspause schloß und viele Kunden da waren, kam ein Polizist zögernd herein, ging dann weiter in die Werkstatt. Es war Rolf van Vliet, der Beamte, der hier gewesen war, als wir zum erstenmal die Lebensmittelkarten bekamen. Er nahm seine Mütze ab, und ich bemerkte wieder das auffallend rostrote Haar.

»Die Uhr geht immer noch nicht richtig«, sagte er, nahm seine Armbanduhr ab, legte sie auf meine Werkbank und beugte sich vor. Sagte er etwas? Ich konnte nichts anderes tun als die Ohren spitzen. »Harry de Vries wird morgen nach Amsterdam gebracht. Wenn Sie ihn sehen möchten, kommen Sie heute nachmittag pünktlich um drei Uhr.« Und dann: »Sehen Sie's, der kleine Zeiger bleibt oben auf dem Zifferblatt stehen?«

Am Nachmittag um drei Uhr gingen Cato und ich durch die großen Doppeltüren des Polizeigebäudes. Der wachhabende Beamte war Rolf selber.

»Kommen Sie mit«, sagte er barsch. Er führte uns durch eine Tür und dann durch einen Flur. Vor einer verschlossenen Metalltür blieb er stehen. »Warten Sie hier«, befahl er. Jemand hinter der Tür öffnete sie, und Rolf ging hinein. Er blieb mehrere Minuten. Dann öffnete sich die Tür wieder, und wir standen Harry gegenüber. Rolf trat einen Schritt zurück, als Harry Cato in seine Arme schloß. »Sie haben nur ein paar Sekunden«, flüsterte Rolf. Die beiden ließen einander los und blickten sich an.

»Es tut mir leid, er muß wieder zurück«, sagte Rolf.

Harry küßte seine Frau, dann nahm er meine Hand und schüttelte sie feierlich. Tränen traten uns in die Augen. Harry, der bis dahin geschwiegen hatte, sagte: »Wo immer sie mich auch hinbringen, es wird der Ort sein, an dem ich für Jesus zeugen werde.«

Rolf faßte Harry am Ellbogen.

»Wir werden jeden Tag oft für Sie beten, Harry«, rief ich, als die Tür sich schloß.

Mein Gefühl sagte mir, was ich aber für mich behielt, daß ich unseren Freund Bulldogge nie wiedersehen würde.

Am Abend berieten wir über Rolf. Es waren Betsie und ich und die etwa zwölf jungen Männer und Mädchen, die bei unserer Arbeit als Boten tätig waren. Wenn Rolf seine eigene Sicherheit aufs Spiel gesetzt hatte, um uns von Harrys Abtransport zu berichten, würde er vielleicht auch mit uns zusammen arbeiten.

»Herr Jesus«, sagte ich laut, »das könnte eine Gefahr für uns alle und auch für Rolf sein.« Aber während ich das sagte, wurde ich mir bewußt, daß man sich auf diesen Menschen verlassen konnte. Wie weit, fragte ich mich, würden wir durch dieses Geschenk des Wissens geführt werden?

Ich wählte einen der jüngeren Helfer aus, der Rolf am nächsten Tage, wenn er vom Dienst kam, nachgehen sollte, um zu sehen, wo er wohnte. Die älteren, die man für Arbeit in einer Fabrik rekrutieren konnte, wurden jetzt erst ausgeschickt, wenn es draußen dunkel war, und dann oft als Mädchen verkleidet.

In der Woche darauf besuchte ich Rolf.

»Sie können sich nicht denken, wieviel es mir bedeutet hat, Harry zu sehen«, sagte ich, als ich mich vor jedem Lauscher in Sicherheit fühlte. »Wie können wir Ihnen diese Freundlichkeit vergelten?«

Rolf strich mit den Händen über sein leuchtendes Haar. »Nun, es gibt da eine Möglichkeit. Die Putzfrau im Gefängnis hat einen etwa achtzehnjährigen Sohn, und sie haben ihn schon fast zweimal geholt. Sie sucht verzweifelt nach einer neuen Bleibe für ihn.«

»Vielleicht kann ich da helfen«, sagte ich. »Glauben Sie, sie könnte auf den Gedanken kommen, daß ihre Uhr reparaturbedürftig ist?«

Am nächsten Tage kam Toos in Tante Jans' Zimmer, wo ich mich mit zwei neuen Helfern unterhielt. Mehr und mehr überließ ich den Uhrenladen ihr und Vater, da unsere Untergrund-›Operation‹ mehr Zeit forderte.

»Unten ist eine komisch aussehende kleine Frau«, sagte Toos. »Sie sagt, sie heiße Mietje, und hat mich gebeten, Ihnen zu sagen, Rolf habe sie geschickt.«

Ich empfing Mietje im Eßzimmer. Die Haut der Hand, die ich schüttelte, war rissig und rauh vom jahrelangen Schrubben von Fußböden. An ihrem Kinn sprossen Haare. »Wie ich gehört habe«, sagte ich, »haben Sie einen Sohn, auf den Sie sehr stolz sind.«

»O ja.« Mietje strahlte, als ich ihn erwähnte.

Ich nahm den alten bauchigen Wecker, den sie mitgebracht hatte. »Sie können ihn morgen nachmittag abholen, und ich hoffe, ich habe dann eine gute Nachricht für Sie.«

An jenem Abend hörten wir uns die Berichte unserer Boten an. In dem langen, grausam kalten Winter hatten sich uns mehrere Türen geöffnet. Ein Tulpenzüchter in der Nähe war bereit, jemanden aufzunehmen, hatte aber erklärt, er müsse für das Risiko, das er eingehe, bezahlt werden. Er wollte eine Summe in silbernen Rijksdaalers, nicht in Papiergeld haben und außerdem eine zusätzliche Lebensmittelkarte. Es kam nicht oft vor, daß ein ›Gastgeber‹ Geld für seine Dienste forderte. Aber wenn es einer tat, zahlten wir gern.

Als Mietje am nächsten Morgen wieder erschien, nahm ich einen kleinen Geldschein aus meinem Portemonnaie und riß eine Ecke ab. »Der ist für Ihren Sohn«, sagte ich. »Heute abend muß er sich zur Gravenstenenbrug begeben. Gleich rechts von der Brücke ist ein Baumstumpf — der Baum ist im vorigen Winter gefällt worden —, er soll daneben warten und in den Kanal blicken. Es wird dann ein Mann kommen und ihn fragen, ob er einen Geldschein wechseln könne. Ihr Sohn muß ihm dann den mit der fehlenden Ecke zeigen und ihm folgen, ohne Fragen zu stellen.«

Betsie kam ins Eßzimmer, als Mietje mit ihren rauhen Händen meine Hand drückte. »Ich werde Ihnen das nie vergessen, und eines Tages werde ich eine Möglichkeit finden, es Ihnen zu vergelten.«

Betsie und ich lächelten uns an. Wie konnte diese schlichte Seele in der Not helfen, der wir uns gegenübersahen?

Und so nahm die Arbeit immer mehr zu, und in jedem neuen schlimmen Fall fand sich auch eine neue Möglichkeit, zu helfen. Durch Pickwick zum Beispiel lernten wir den Mann im Fernsprechamt kennen, von dessen Abteilung die Telefonleitungen gesperrt oder Anschlüsse wiederhergestellt wurden. Und so kam es, daß unser Apparat dank ihm bald wieder funktionierte.

Was für ein Tag, als das alte Wandtelefon im Hinterflur zum erstenmal seit drei Jahren fröhlich läutete! Und wie wir es brauchten! Denn jetzt halfen uns außer den jungen Leuten noch achtzig andere Holländer, ältere Frauen und Männer — in ›Gottes Untergrund‹, wie wir unsere Arbeit manchmal selber lachend bezeichneten. Die meisten dieser Menschen sahen sich nie; wir ließen sie einander so wenig wie möglich begegnen, aber alle kannten das Beje. Es war das Hauptquartier, das Zentrum eines ausgedehnten Netzes: der Knoten, in dem sich alle Fäden trafen. Doch so segensreich das Telefon auch war, es bedeutete eine neue Gefahr für uns alle, ebenso wie jeder neue Helfer. Wir ließen es so leise klingeln wie möglich. Aber was würde geschehen, wenn ein Fremder durch den Flur ging, wenn es läutete? Ja, wie lange würden neugierige Augen in der Straße noch glauben, daß ein kleiner Uhrenladen so viel zu tun hatte, wie es schien? Es stimmte zwar, Reparaturen waren sehr gefragt. Und viele echte Kunden gingen darum bei uns ein und aus. Aber es kamen und gingen trotzdem zu viele, zumal am frühen Abend. Die Sperrstunde war jetzt sieben Uhr, wodurch im Frühling und Sommer überhaupt keine Nachtstunden blieben, in denen unsere Helfer legal durch die Straßen gehen konnten.

Es war halb sechs am 1. Juni 1943, und ich dachte über das alles nach, als ich mich nervös hinter meine Werkbank setzte. Sechs Helfer waren noch nicht zurück, und bis sieben Uhr gab es noch so viel zu erledigen. Erstens mußte, da es der Monatserste war, Fred Koornstra mit den neuen Lebensmittelkarten kommen. Die hundert Karten, die wir vor einem Jahr erbeten hatten, ein damals geradezu ungeheuerliches Verlangen, reichten jetzt für unsere Bedürfnisse bei weitem nicht mehr aus, und Fred war nur einer unserer Lieferanten; einige der gestohlenen Karten kamen sogar aus dem weit entfernten Delft. Wie lange können wir noch so weitermachen? fragte ich mich. Wie lange können wir weiter auf diesen seltsamen Schutz zählen?

Ein Klingeln an der Haustür unterbrach mich in meinen Gedanken. Betsie und ich eilten sofort hin. In der Gasse stand eine junge Jüdin, die ein in Decken gewickeltes Bündel in ihren Armen wiegte, und hinter ihr ein Mann, ein Arzt aus dem Entbindungsheim, den ich kannte.

Das Baby, sagte er uns im Flur, sei eine Frühgeburt. Er habe Mutter und Kind länger in dem Entbindungsheim behalten, als erlaubt sei, weil sie kein Zuhause habe.

Betsie streckte die Arme nach dem Baby aus, und in diesem Augenblick kam Fred Koornstra aus der Werkstatt. Er zuckte einen Augenblick zusammen, als er Menschen im Flur sah, dann wandte er sich wie selbstverständlich dem Zähler an der Wand zu. Der junge Arzt wurde beim Anblick Freds, den er für einen echten Ableser hielt, kreideweiß. Wie gern hätte ich beide beruhigt, aber ich wußte, je weniger Angehörige der Gruppe einander kannten, desto sicherer war es für alle. Der arme Arzt murmelte hastig ›Auf Wiedersehen‹, während Betsie und ich Mutter und Baby hinauf ins Eßzimmer brachten und Fred unten arbeiten ließen.

Betsie füllte einen Teller mit der Suppe, die sie aus einem schon oft gekochten Knochen fürs Abendessen bereitet hatte. Das Baby begann zu wimmern; ich wiegte es, während die Mutter aß. Hier lauerte eine neue Gefahr. Ein kleiner Flüchtling, der zu jung war, um zu wissen, daß man mucksmäuschenstill sein mußte. Wir hatten viele jüdische Kinder eine oder mehrere Nächte im Beje beherbergt, und selbst die jüngsten hatten das unheimliche Schweigen gejagter kleiner Tiere gelernt. Aber dieses zwei Wochen alte Kind mußte erst noch entdecken, wie unwillkommen es war: wir brauchten eine Unterkunft für Mutter und Kind, die weit von anderen Häusern entfernt war.

Und schon am nächsten Morgen kam die vollkommene Lösung in den Laden marschiert. Es war ein uns befreundeter Pfarrer in einer Kleinstadt in der Nähe von Haarlem, und sein Haus stand in einem großen Park.

»Guten Morgen, Pastor«, sagte ich, »womit können wir Ihnen helfen?«

Ich betrachtete die Uhr, die er zur Reparatur gebracht hatte. Ein sehr schwer aufzutreibendes Ersatzteil war dafür nötig. »Aber für Sie, Pastor, werden wir unser Möglichstes tun. Doch jetzt möchte ich Ihnen etwas beichten.«

Sein Gesicht umwölkte sich. »Beichten?«

Ich zog ihn aus der Werkstatt und führte ihn ins Eßzimmer hinauf.

»Ich muß beichten, daß auch ich etwas suche.« Das Gesicht des Pastors wurde immer düsterer. »Wären Sie bereit, eine jüdische Mutter mit ihrem Kind in Ihrem Haus aufzunehmen? Sie werden sonst bestimmt verhaftet.«

Er wurde leichenblaß und trat einen Schritt zurück. »Fräulein ten Boom, ich hoffe, Sie haben nichts mit diesem ungesetzlichen Verstecken von Menschen zu tun. Es ist sehr gefährlich. Denken Sie an Ihren Vater! Und Ihre Schwester — sie war nie stark.«

Ohne lange zu überlegen, sagte ich dem Pastor, er möge einen Augenblick warten, und eilte hinauf. Betsie hatte Mutter und Kind in Willems ehemaligem Zimmer untergebracht, das von den Fenstern zur Straße hin am weitesten entfernt war. Ich bat die

Mutter, mir das Baby für einen Augenblick zu überlassen. Das kleine Ding wog kaum etwas in meinen Armen. Als ich wieder im Eßzimmer war, zog ich die kleine Decke vom Gesicht des Kindes.

Ein langes Schweigen folgte. Der Mann beugte sich vor, und ohne es zu wollen, griff er nach der winzigen Faust, die die Bettdecke festhielt. Einen Augenblick sah ich Mitleid und Angst in seinem Gesicht miteinander kämpfen. Dann richtete er sich auf. »Nein! Es ist unmöglich! Wir könnten unser Leben für dieses jüdische Kind opfern müssen.«

Von keinem von uns gesehen, war Vater hereingekommen. »Gib mir das Kind einmal, Corrie«, sagte er.

Er drückte es an sich, wobei sein weißer Bart über seine Wange strich, und blickte in das kleine Gesicht mit Augen, die so blau und unschuldig waren wie die des Babys. Schließlich sah er den Pastor an. »Sie sagen, wir könnten unser Leben für dieses Kind opfern müssen. Ich würde das als die größte Ehre ansehen, die meiner Familie widerfahren könnte.«

Der Pastor verließ darauf schnurstracks das Zimmer. Wir mußten uns darum mit einer schlechteren Lösung unseres Problems abfinden. Am Rande von Haarlem war eine Gemüsegärtnerei, wo Flüchtlinge für kurze Zeit Unterkunft fanden. Es war kein sicherer Ort, denn die Gestapo war schon dort gewesen, aber etwas anderes einigermaßen Passendes ließ sich nicht schnell finden. Zwei Helfer brachten die Frau und das Kind am Nachmittag dorthin.

Ein paar Wochen später hörten wir, daß in der Gärtnerei wieder eine Razzia stattgefunden hatte. Als die Gestapo in die Scheune eindrang, in der die Frau versteckt war, begann nicht das Baby, sondern die Mutter hysterisch zu schreien. Sie, das Baby und ihre Beschützer wurden alle miteinander verhaftet.

Wir haben nie erfahren, was aus ihnen geworden ist.

Obwohl wir einen Freund im Fernmeldeamt hatten, konnten wir nie sicher sein, daß unsere Leitung nicht angezapft wurde. Darum erfanden wir einen Code, der unsere Untergrundnachrichten in Uhrenausdrücken verschlüsselt vermittelte.

»Wir haben hier eine Damenuhr, die repariert werden muß. Aber ich kann keine passende Uhrfeder auftreiben. Wissen Sie, wer eine haben könnte?« (Wir haben eine Jüdin, die dringend ein Versteck braucht, und wir können keins finden.)

»Ich habe hier eine Uhr mit einem Zifferblatt, das nicht in Ordnung ist. Eine der Zahlen hat sich gelöst, und der Zeiger kommt nicht über sie hinaus. Wissen Sie jemanden, der solche Reparaturen macht?« (Wir haben hier einen Juden, der besonders jüdisch aussieht. Wissen Sie jemanden, der bereit wäre, ein Extrarisiko auf sich zu nehmen?)

»Es tut mir leid, aber die Kinderuhr, die Sie hier gelassen haben, läßt sich nicht reparieren. Haben Sie die Quittung?« (Ein jüdisches Kind ist in einem unserer Häuser gestorben. Wir brauchen einen Totenschein.)

Eines Morgens Mitte Juni läutete das Telefon, und der Anrufer sagte: »Wir haben hier eine Herrenuhr, mit der wir unsere Not haben. Wir können niemanden finden, der sie repariert. Erstens, das Zifferblatt ist sehr altmodisch . . .«

Es war also ein Jude, den sein Gesicht verriet. Und so jemand war am schwersten unterzubringen. »Schicken Sie die Uhr her, und ich werde sehen, was wir in unserer Werkstatt tun können«, sagte ich.

Punkt sieben Uhr abends klingelte es an der Haustür. Ich blickte in den Spiegel am Fenster des Eßzimmers, wo wir noch bei Tee aus Rosenblättern und Kirschenstielen saßen. Obwohl ich ihn nur von der Seite sah, wußte ich gleich, das war die altmodische Uhr. Seine Gestalt, seine Kleidung, seine ganze Haltung waren die eines Juden aus einer Operette.

Ich lief zur Tür hinunter. »Kommen Sie herein.« Der lächelnde schlanke Mann Anfang dreißig mit den abstehenden Ohren, dem kahlen Kopf, der Brille mit den Halbmuschelgläsern verbeugte sich tief. Er war mir sofort sympathisch.

Als ich die Haustür geschlossen hatte, zog er eine Pfeife heraus. »Das Allererste, das ich fragen muß«, sagte er, »ist, ob ich meine gute Freundin, die Pfeife, wegwerfen soll oder nicht. Meyer Mossel und seine Pfeife sind nicht leicht zu trennen, aber für Sie, liebe Dame, sollte Ihnen der Geruch widerlich sein, würde ich mich gern von meiner Nikotinfreundin verabschieden.«

Ich lachte. Von allen Juden, die in unser Haus gekommen waren, war dies der erste, der heiter eintrat und sich für unser eigenes Wohl interessierte.

»Natürlich müssen Sie Ihre Pfeife behalten«, sagte ich. »Mein Vater raucht Zigarre — wenn er heutzutage mal eine bekommt.«

»Ach, heutzutage!« Meyer Mossel zuckte die Schultern. »Was erwarten Sie, da die Barbaren das Lager überrannt haben?«

Ich führte ihn ins Eßzimmer hinauf. Sieben saßen dort am Tisch. Ein jüdisches Ehepaar, das auf seine Unterbringung wartete und außer meinem Vater und Betsie drei Untergrundhelfer. Meyer Mossels kehrte sich sofort Vater zu. »So etwas«, rief er. »Einer der Patriarchen!«

Es war genau das, was Vater gern hörte. »Aber«, antwortete er ebenso heiter, »ein Bruder des auserwählten Volkes.«

»Können Sie den einhundertundsechsundsechzigsten Psalm aufsagen, Opa?« fragte Meyer.

Vater strahlte. Es gibt natürlich keinen einhundertundsechsundsechzigsten Psalm. Der Psalter schließt mit dem 150. Es mußte ein Scherz sein, und nichts amüsierte Vater mehr als ein biblischer Scherz. »Der 166. Psalm?«

»Soll ich ihn Ihnen aufsagen?« fragte Meyer.

Vater nickte, und Meyer rezitierte.

»Aber das ist doch der 100. Psalm«, unterbrach Vater ihn. Doch dann erhellte sich sein Gesicht. Natürlich. Der 66. Psalm begann mit den gleichen Worten. Meyer hatte nach dem hundertsten und sechsundsechzigsten gefragt. Den ganzen Abend hörte ich Vater lachen: Psalm einhundertundsechsundsechzig!

Um Viertel vor neun nahm Vater die alte messingbeschlagene Bibel vom Bord. Er schlug sie auf, um aus Jeremia vorzulesen, an der Stelle, wo er am Abend zuvor aufgehört hatte. In einer plötzlichen Inspiration aber reichte er dann die Bibel Meyer über den Tisch.

»Es wäre eine Ehre für uns, wenn Sie heute abend lesen würden«, sagte er.

Meyer nahm die Bibel liebevoll in die Hand und stand auf. Aus einer Tasche zog er eine kleine Gebetskappe, und dann kamen aus der Tiefe seiner Kehle, halb gesungen, halb in flehendem Ton gesprochen, die Worte des alten Propheten, so mitempfindend und mitleidend, daß man den Schrei des Verbannten zu hören glaubte.

Meyer Mossel war, wie er uns später berichtete, Kantor in der Synagoge in Amsterdam gewesen. Obwohl er so heiteren Gemüts war, er hatte viel gelitten. Die meisten seiner Verwandten waren verhaftet worden; seine Frau und seine Kinder lebten versteckt auf einem Bauernhof im Norden, dessen Besitzer es aber abgelehnt hatte, Meyer aufzunehmen —»aus nur allzu einleuchtenden Gründen«, sagte er mit einer Grimasse über sein unverkennbar jüdisches Aussehen.

Und allmählich ging uns allen auf, daß dieser reizende Mensch im Beje bleiben mußte. Es war gewiß kein idealer Ort, aber für Meyer konnte im Augenblick nichts ideal sein.

Eines Abends sagte ich zu ihm: »Sie müßten sich einen weniger verräterischen Namen zulegen.« Seit damals, als Willem Kirchengeschichte studierte, hatte ich mich immer wieder an den Kirchenvater des 14. Jahrhunderts, Eusebius, erinnert. »Ich glaube, wir werden Sie Eusebius nennen«, entschied ich. Wir saßen mit Kik und ein paar anderen jungen Männern, die uns gefälschte Passierscheine so spät gebracht hatten, daß sie der Sperrstunde wegen nicht mehr nach Hause gehen konnten, in Tante Jans' Vorderzimmer.

Meyer lehnte sich zurück und blickte nachdenklich zur Decke. Er nahm seine Pfeife aus dem Mund. »Eusebius Mossel«, sagte er, die Worte schmeckend. »Nein, das klingt nicht richtig.«

Wir lachten alle. »Seien Sie nicht töricht«, sagte Betsie, »Sie müssen beide Namen ändern.«

Kik warf Vater einen verschmitzten Blick zu. »Opa, wie wäre es mit Smit? Das scheint heutzutage ein beliebter Name zu sein.«

»Ja«, sagte Vater, der den Scherz nicht verstand, »außerordentlich beliebt.«

Und so wurde er Eusebius Smit.

Meyers Namen zu ändern, war leicht. Und sofort nannten wir ihn Eusie. Aber Eusie dazu zu bringen, nicht koschere Speisen zu essen, war etwas anderes. Das Problem war natürlich, daß wir für Eßbares jeder Art dankbar waren: in diesem dritten Besatzungsjahr standen wir stundenlang an, um zu bekommen, was es gerade gab.

Eines Tages meldete die Zeitung, daß es auf Abschnitt Nr. 4 Schweinewurst gäbe. Seit Wochen hatten wir überhaupt kein Fleisch gesehen. Betsie bereitete das Mahl besonders liebevoll und sparte jeden Tropfen Fett, um damit später andere Speisen zu würzen.

»Eusie«, sagte Betsie, als sie den dampfenden Topf mit Schweinewurst und Kartoffeln auftrug, »der Tag ist gekommen.«

Eusie klopfte die Asche aus seiner Pfeife und dachte laut über seine traurige Lage nach. Von ihm, der immer koscher gegessen hatte, ihm, dem ältesten Sohn einer geachteten Familie, ihm, Meyer Mossel Eusebius Smit wurde allen Ernstes verlangt, Schweinefleisch zu essen.

Betsie stellte einen Teller mit Wurst und Kartoffeln vor ihn hin: *»Bon appétit.«*

Der verführerische Duft reizte unsere auf Fleisch versessenen Gaumen. Eusie fuhr sich mit der Zunge über die Lippen. »Es gibt natürlich«, sagte er, »im Talmud Ausnahmebestimmungen dafür.« Er spießte das Fleisch mit seiner Gabel auf, biß hungrig hinein und verdrehte in reiner Seligkeit die Augen himmelwärts. »Und ich werde die Ausnahmebestimmung«, sagte er, »gleich nach dem Essen heraussuchen.«

Als ob durch Eusie eine Einladung ergangen wäre, kamen binnen einer Woche drei weitere ständige Hausgäste. Erstens war da Jop, unser jetziger Lehrling, dessen tägliche Fahrt von seinem Elternhaus in einem Vorort zweimal fast damit geendet hätte, daß man ihn für die Fabrik rekrutierte. Nach dem zweiten Mal hatten seine Eltern gefragt, ob er im Beje wohnen könne, und wir hatten zugestimmt. Die beiden anderen waren Henk, ein junger Anwalt, und Leendert, ein Lehrer. Leendert machte sich ganz besonders um das geheime Leben im Beje verdient; er installierte unser elektrisches Warnsystem. Ich hatte inzwischen gelernt, fast so geschickt, wie Kik es konnte, mich bei Dunkelheit zu Pickwick durchzuschlagen.

Als ich eines Abends dankbar eine Tasse Kaffee angenommen hatte, hielt mir mein schielender Freund eine Standpauke.

»Cornelia«, sagte er und ließ sich in einen Polstersessel fallen, der für ihn zu klein war, »soviel ich weiß, haben Sie kein Alarmsystem in Ihrem Hause. Das ist reiner Wahnsinn. Und ich glaube auch, daß Sie Ihre Gäste nicht regelmäßig trainieren.«

Ich wurde immer verblüffter, wie gut Pickwick über alles, was im Beje vorging, orientiert war.

»Sie wissen, daß eines Tages eine Razzia stattfinden kann«, fuhr Pickwick fort. »Ich wüßte nicht, wie Sie der entgehen könnten, wo so viele bei Ihnen aus- und eingehen und ein N.S.B.-Agent ein Stück weiter die Straße hinauf über Kans Laden wohnt.

Ihr geheimer Raum nützt Ihnen nichts, wenn die Menschen nicht rechtzeitig hineingelangen können. Ich kenne diesen Leendert. Er ist ein tüchtiger Mann und ein recht guter Elektriker. Lassen Sie sich von ihm in jedem Zimmer, das eine Tür hat und ein Fenster zur Straße hin, einen Summer anbringen. Dann halten Sie praktische Übungen ab, bis Ihre Leute in weniger als einer Minute spurlos in dem geheimen Raum verschwinden können. Ich werde Ihnen jemanden schicken, der Sie instruiert.«

Ich verließ Pickwicks Haus sehr ernüchtert. Vielleicht hatte er recht: vielleicht hatten die langen Monate der Untergrundtätigkeit, in denen alles ziemlich glatt gegangen war, uns schlampig gemacht; vielleicht waren wir zu sicher geworden.

Noch am gleichen Abend bat ich Leendert, uns ein Alarmsystem zu legen. Er installierte einen Summer oben an der Treppe — der laut genug war, daß man ihn im ganzen Hause, aber nicht draußen hören konnte. Dann brachte er Knöpfe an, damit man den Summer von jedem Punkt, von dem aus man etwas Unangenehmes auf sich zukommen sah, in Betrieb setzen konnte. Ein Knopf kam unter die Fensterbank im Eßzimmer, genau unter dem Spiegel, von dem aus man die Haustür beobachten konnte; ein weiterer in den Treppenflur gleich hinter der Tür und ein dritter hinter die Ladentür in der Barteljorisstraat. Er brachte auch einen Knopf hinter der Ladentheke an, ferner einen an jeder Werkbank und ebenso einen unter dem Fenster in Tante Jans' Zimmer.

Wir waren für unsere erste Probe gerüstet. Die vier nicht gemeldeten Mitglieder unseres Haushalts stiegen bereits zweimal am Tage die Treppe zu dem geheimen Raum hinauf: morgens, um ihre Nachthemden, ihr Bettzeug und ihre Toilettenartikel dorthin zu bringen, und am Abend all das, was sie am Tage gebraucht hatten. Auch Mitglieder unserer Gruppe, die die Nacht bei uns verbringen mußten, bewahrten Regenmäntel, Hüte, alles, was sie mitgebracht hatten, in jenem Raum auf. Dadurch ging es in meinem winzigen Schlafzimmer, das jetzt um einen Quadratmeter kleiner war, äußerst lebhaft zu. An vielen Abenden sah ich als Letztes vorm Einschlafen, wie Eusie im langen Morgenrock und einer Nachtmütze mit Troddeln das, was er am Tage getragen hatte, in den geheimen Raum schob.

Aber der Sinn der Übungen war zu sehen, wie schnell Menschen den Raum unvermittelt zu jeder Tages- oder Nachtzeit erreichen konnten. Ein großer, blasser junger Mann, den Pickwick geschickt hatte, kam eines Morgens in das Beje, um mir beizubringen, wie wir die Übungen durchführen mußten.

»Smit!« rief Vater, als der Mann sich vorstellte. »Das ist wirklich äußerst erstaunlich. Wir hatten in letzter Zeit einen Smit nach dem anderen hier. Und Sie haben sehr viel Ähnlichkeit mit . . .«

Herr Smit entwand sich behutsam Vaters genealogischen Fragen und folgte mir die Treppe hinauf.

»Essenszeiten«, sagte er, »sind besonders günstig für Razzien. Ebenso Mitternacht.« Er ging von Zimmer zu Zimmer, deutete auf alles, das verriet, daß mehr als drei Menschen im Hause wohnten. »Achten Sie auf Papierkörbe und Aschenbecher.« Er blieb in einer Schlafzimmertür stehen. »Wenn die Razzia nachts stattfindet, müssen Sie nicht nur Ihre Laken und Decken mitnehmen, sondern die Matratze umdrehen. Das ist der Lieblingstrick des SD: prüfen, ob das Bett noch warm ist.«

Herr Smit blieb zum Mittagessen. Wir waren an diesem Tage elf bei Tisch, darunter eine jüdische Dame, die am Abend zuvor gekommen war, und eine Holländerin mit ihrer kleinen Tochter, Mitglieder unserer Untergrundgruppe, die als »Begleiter« tätig waren. Die drei sollten gleich nach dem Essen zu einem Bauernhof in Brabant fahren.

Betsie hatte gerade ein Stew herumgereicht — es war so köstlich zubereitet, daß man kaum das Fleisch darin vermißte —, als sich plötzlich Herr Smit in seinem Stuhl zurücklehnte und auf den Knopf unterm Fenster drückte.

Über uns ertönte der Summer. Alle sprangen auf, ergriffen Gläser und Teller, eilten zur Treppe, während die Katze vor Entsetzen am Vorhang hochgeklettert war. Rufe wie: »Schneller!« »Nicht so laut!« Und: »Sie verschütten es!« hallten zu uns herunter, als Vater, Betsie und ich hastig den Tisch so deckten und die Stühle so stellten, daß es aussah, als säßen wir drei beim Mittagessen.

»Nein, lassen Sie meinen Teller stehen«, sagte Herr Smit. »Warum sollten Sie nicht einen Gast zum Mittagessen haben? Die Dame und das kleine Mädchen hätten auch bleiben können.«

Schließlich setzten wir uns wieder, und oben war es totenstill. Das Ganze hatte vier Minuten gedauert.

Etwas später versammelten wir uns wieder um den Eßtisch. Herr Smit legte die belastenden Beweisstücke, die er gefunden hatte, vor sich hin. Zwei Löffel und ein Stück Mohrrübe auf der Treppe und Pfeifenasche in einem »unbewohnten« Schlafzimmer. Alle blickten zu Eusie hin, der dunkelrot wurde.

»Und auch die!« Er deutete auf die Hüte von Mutter und Tochter, die noch an Haken an der Eßzimmerwand hingen. »Wenn Sie sich verstecken müssen, dann überlegen Sie erst, mit was Sie gekommen sind. Außerdem machen Sie alle viel zu langsam.«

Am nächsten Abend setzte ich den Summer in Tätigkeit, und diesmal schafften wir es in zwei Minuten und siebenundzwanzig Sekunden. Bei unserer fünften Probe brachten wir es auf zwei Minuten. Pickwicks Idealvorstellung von weniger als einer Minute erreichten wir nie, aber mit einiger Übung lernten wir von dem aufzuspringen, was wir gerade taten, und jene, die versteckt werden mußten, in siebzig Sekunden in den geheimen Raum zu bringen. Vater, Toos und ich dachten uns Methoden aus, mit denen wir die Gestapo aufhalten könnten, wenn sie durch die Ladentür hereinkam; Betsie erfand eine ähnliche Taktik für die Haustür. Wir hofften, damit siebzig lebensrettende Sekunden zu gewinnen.

Weil diese Übungen so sehr an die Angst rührten, die alle unsere Gäste quälte — man sprach nie darüber, aber sie war immer da —, versuchten wir zu verhindern, daß sie zu ernst wurden. »Es ist nur ein Spiel«, sagten wir zueinander. »Ein Wettlauf, um unseren eigenen Rekord zu schlagen.« Einem aus unserer Gruppe gehörte die Bäckerei in der nächsten Straße. Anfang des Monats brachte ich ihm Zuckermarken. Wenn ich dann fand, daß es Zeit für eine Übung war, ging ich zu ihm und holte eine Tüte Windbeutel — etwas unvorstellbar Köstliches in jener Zeit, in der man auf die kleinste Näscherei verzichten mußte —, versteckte sie in meiner Werkbank und verteilte sie dann als Belohnung für eine erfolgreiche Übung.

Jedesmal mußte ich mehr Windbeutel bestellen. Denn wir hatten jetzt außer den Helfern, die wir in das System einweihen wollten, noch drei weitere Dauergäste: Thea Dacosta, Meta Monsanto und Mary Itallie.

Mary Itallie war mit sechsundsiebzig Jahren unser ältester Gast und auch derjenige, der uns die größten Kopfschmerzen machte. Schon als Mary unser Haus betrat, hörte ich das asthmatische Pfeifen, dessentwegen andere sie nicht hatten bei sich aufnehmen wollen, da ihr Leiden die Sicherheit gefährdete. Darum berieten wir gemeinsam über das Problem.

Die sieben am meisten Betroffenen — Eusie, Jop, Henk, Leendert, Meta, Thea und Mary selber kamen zu Vater, Betsie und mir in Tante Jans' Vorderzimmer.

»Es hat keinen Sinn, drumherum zu reden«, begann ich. »Mary hat, zumal nach dem Treppensteigen, Mühe, zu atmen, und das könnte Sie alle in Gefahr bringen.«

In dem Schweigen, das folgte, wirkte Marys Keuchen besonders laut.

»Darf ich etwas sagen?« fragte Eusie.

»Natürlich.«

»Mir scheint, wir sind alle der einen oder anderen Schwierigkeit wegen hier in Ihrem Haus. Wir sind die Waisenkinder — die, die niemand anders haben wollte. Jeder von uns gefährdet alle anderen. Ich stimme dafür, daß Mary bleibt.«

»Gut«, sagte Rechtsanwalt Henk, »dann wollen wir abstimmen.« Hände begannen sich zu heben, aber Mary wollte durchaus etwas sagen. »Geheime Abstimmung«, brachte sie schließlich heraus. »Niemand soll sich gehemmt fühlen.« Henk holte ein Blatt Papier vom Schreibtisch im Nebenzimmer und zerriß es in neun schmale Streifen. »Sie auch«, sagte er und reichte Betsie, Vater und mir je einen. »Wenn wir entdeckt werden, müssen Sie ebenso leiden wie wir.«

Er verteilte Bleistifte. »Schreiben Sie nein, wenn es ein zu großes Risiko ist, und ja, wenn Sie meinen, sie soll bleiben.«

Einen Augenblick glitten Bleistifte kratzend über das Papier, dann sammelte Henk die zusammengefalteten Zettel ein. Er faltete sie stumm auseinander und warf sie dann Mary in den Schoß.

Neun kleine Papierstreifen und neunmal das Wort: »Ja«.

Und so entstand unsere »Familie«. Andere blieben einen Tag oder eine Woche bei uns, aber diese sieben dauernd. Sie bildeten den Kern unseres glücklichen Haushalts.

Daß man ihn in solch einer Zeit und unter solchen Umständen so bezeichnen konnte, war vor allem Betsie zu verdanken. Da unsere Gäste so sehr an das Haus gefesselt waren, wurden die Abende unter Betsies Leitung das Tor zur weiten Welt. Manchmal veranstalteten wir Konzerte, bei denen Leendert Geige spielte und Thea, eine wirkliche Könnerin, Klavier. Oder Betsie kündigte einen Vodel-Abend an (der holländische Shakespeare), bei dem jeder von uns eine Rolle las. Einen Abend in der Woche gab Eusie hebräischen Unterricht, an einem anderen Meta italienischen.

Es mußte aber immer eine kurze Zusammenkunft sein, weil die Stadt jetzt jeden Abend nur kurz elektrischen Strom hatte, und Kerzen mußten für Notfälle gespart werden. Wenn die Lampen flackerten und trübe wurden, gingen wir ins Eßzimmer hinunter, wo mein Fahrrad auf seinem Ständer stand. Einer von uns stieg darauf, die anderen nahmen sich jeder einen Stuhl, und dann, während der Radfahrer wie wild in die Pedale trat, damit die Laterne hell leuchtete, las jemand in dem Kapitel vom Abend zuvor weiter. Wir wechselten Radfahrer und Vorleser oft, da Beine und Stimme ermüdeten, und lasen Geschichten, Romane, Theaterstücke.

Vater zog sich nach der Bibellesung um Viertel nach neun regelmäßig zurück. Wir andern blieben noch, weil es uns widerstrebte, den Kreis aufzulösen, und weil jeder Abend einen Tag beschloß, an dem es wieder einmal gut gegangen war.

»Ach«, sagte Eusie hoffnungsvoll, als wir endlich in unsere Zimmer aufbrachen. »Vielleicht wird's heute nacht eine Übung geben. Ich habe fast eine Woche keinen Windbeutel bekommen . . .«

STURMWOLKEN ZIEHEN AUF

Die Abende waren zwar angenehm, aber die Tage wurden immer gespannter. Wir waren zu viele; die Gruppe war zu groß, das Netz breitete sich zu weit aus. Anderthalb Jahre führten wir jetzt unser Doppelleben, ohne daß etwas passiert war. Nach außen hin waren wir nach wie vor ein alter Uhrmacher, der mit seinen beiden unverheirateten Töchtern über seinem kleinen Laden wohnte. In Wirklichkeit aber war das Beje das Zentrum einer Untergrundorganisation, die sich bis in die fernsten Winkel Hollands erstreckte. Täglich erschienen Dutzende von Helfern, kamen Berichte und Hilferufe. Früher oder später würden wir einen Fehler machen.

Besonders zur Tischzeit machte ich mir Sorgen. Es waren jetzt so viele bei jeder Mahlzeit versammelt, daß wir die Stühle diagonal um den Eßzimmertisch hatten stellen müssen. Der Katze gefiel dieses Arrangement. Eusie hatte ihr den hebräischen Namen »Maher Shalal Hashbaz« gegeben, und da die Stühle so eng nebeneinander standen, konnte M. S. Hashbaz auf unseren Schultern laut schnurrend um den ganzen Tisch herumlaufen.

Aber mir wurde immer unbehaglicher zumute. Das Eßzimmer lag nur fünf Stufen über der Straße; Vorübergehende konnten mühelos ins Fenster sehen. Wir hatten einen weißen Vorhang davor gehängt, der eine Art Schirm bildete und doch Licht hineinließ. Aber erst wenn abends die schweren Verdunkelungsrouleaus heruntergelassen waren, hatte ich das Gefühl, in meinen vier Wänden zu sein. Als ich eines Tages beim Mittagessen durch den dünnen Vorhang blickte, glaubte ich draußen in der Gasse eine Gestalt stehen zu sehen. Als ich eine Minute später wieder hinausblickte, war sie noch dort. Es gab für niemanden einen Grund, dort zu verweilen, es sei denn, es interessiere ihn, was im Beje vorging. Ich stand auf und teilte den Vorhang ein wenig. Ein paar Schritte entfernt stand, offenbar durch ein furchtbares Erlebnis wie erstarrt, die alte Kathrin aus Nollies Haus.

Ich lief die Treppe hinunter, riß die Tür auf und zog sie herein. Obwohl es ein heißer Augusttag war, waren die Hände der alten Dame eiskalt. »Kathrin, was machen Sie hier? Warum haben Sie nicht geklingelt?«

»Sie ist verrückt geworden«, schluchzte sie. »Ihre Schwester ist verrückt geworden!«

»Was reden Sie da?«

»Sie sind gekommen«, erwiderte sie. »Der SD. Ich weiß nicht, was sie wußten und wer es ihnen gesagt haben könnte. Ihre Schwester und Anneliese waren im Wohnzimmer, und ich hörte sie.« Sie brach von neuem in Schluchzen aus. »Ich hörte sie.«

»Was hörten Sie?« schrie ich.

»Ich hörte, was sie ihnen sagte. Die Männer deuteten auf Anneliese und sagten: ›Ist das eine Jüdin?‹, und Ihre Schwester antwortete: ›Ja.‹ «

Mir wurde weich in den Knien. Anneliese, die blonde, schöne, junge Anneliese mit den makellosen Papieren. Und sie vertraute uns. Ach, Nollie, Nollie, was hast du mit deiner unbeugsamen Ehrlichkeit angerichtet! »Und dann . . .?« fragte ich.

»Ich weiß es nicht. Ich bin zur Hintertür hinausgerannt. Sie ist verrückt geworden.«

Ich führte Kathrin ins Eßzimmer, holte mein Fahrrad aus dem Flur und radelte, so schnell ich konnte, die anderthalb Meilen bis zu Nollie. An der Ecke der Bos en Hoven Straat lehnte ich mein Rad an einen Laternenpfahl und blieb keuchend mit wild klopfendem Herzen stehen. Als ich mich dann etwas beruhigt hatte, ging ich auf das Haus zu. Bis auf ein Auto, das unmittelbar davor am Bordstein parkte, sah alles enttäuschend normal aus. Ich ging vorüber. Man hörte nicht einen Laut hinter den weißen Gardinen. Nichts unterschied dieses Haus von denen auf der anderen Seite.

Als ich die Ecke erreichte, drehte ich mich um. In diesem Augenblick öffnete sich die Tür, und Nollie kam heraus. Hinter ihr ging ein Mann in einem braunen Anzug. Eine Minute später erschien ein zweiter Mann, der Anneliese halb zog, halb stützte. Das Gesicht der jungen Frau war kreideweiß; zweimal, ehe sie den Wagen erreichten, glaubte ich, sie werde ohnmächtig. Die Türen des Autos wurden zugeschlagen, der Motor brummte, und schon fuhren sie davon.

Ich radelte zum Beje zurück, bemühte mich, die Tränen der

Angst zu unterdrücken. Man hatte Nollie, wie wir bald erfuhren, ins Polizeipräsidium an der Ecke gebracht und in einer der Zellen hinten eingesperrt. Aber Anneliese war in das ehemalige jüdische Theater in Amsterdam gebracht worden, von wo Juden in die Todeslager in Deutschland und Polen transportiert wurden.

Es war Mietje, die gebeugte, abgehärmte kleine Mietje, deren Hilfsangebot wir nicht ernst genommen hatten, durch die wir mit Nollie in Verbindung blieben. Sie sei ungebrochen, sagte Mietje, singe mit ihrem hohen süßen Sopran Choräle und Lieder.

Wie konnte sie singen, wenn sie einen anderen Menschen verraten hatte? Mietje brachte ihr das Brot, das Betsie jeden Morgen für Nollie backte, und den blauen Pullover, um den sie gebeten hatte, ihren Lieblingspullover, auf dessen Tasche Blumen gestickt waren.

Mietje richtete mir außerdem von Nollie aus: »Anneliese wird kein Leid geschehen. Gott wird nicht zulassen, daß sie sie nach Deutschland bringen. Er wird nicht zulassen, daß sie leidet, weil ich ihm gehorcht habe.«

Sechs Tage nach Nollies Verhaftung läutete das Telefon. Pickwick meldete sich. »Ich möchte fragen, meine Liebe, ob ich Sie darum bitten darf, die Uhr selber zu bringen.« Das bedeutete, er hatte eine Nachricht, die er nicht telefonisch weitergeben konnte. Ich radelte sofort nach Aerdenhout und nahm auf alle Fälle eine Herrenuhr mit. Pickwick wartete, bis wir im Salon waren und die Tür hinter uns zugemacht hatten. »In der letzten Nacht ist man in das jüdische Theater in Amsterdam eingedrungen. Vierzig Juden sind befreit worden, darunter eine junge Frau, der sehr viel daran liegt, daß Nollie erfährt: ›Anneliese ist frei‹.« Er musterte mich mit seinem einen Auge. »Verstehen Sie, was das bedeutet?«

Ich nickte nur, war vor Freude und Erleichterung zu erregt, um ein Wort herausbringen zu können. Wieso hatte Nollie das gewußt? Wieso war sie so sicher gewesen?

Nachdem sie zehn Tage im Haarlemer Gefängnis gewesen war, wurde Nollie in das Staatsgefängnis in Amsterdam übergeführt. Pickwick sagte, der deutsche Arzt, der das Gefängnishospital leite, sei ein humaner Mann, der gelegentlich eine Entlassung aus ärztlichen Gründen erreiche. Ich fuhr sofort nach Amsterdam, um ihn aufzusuchen. Aber was konnte ich sagen?, fragte ich mich, während ich in der Diele seines Hauses wartete.

Wie konnte ich diesen Mann für mich gewinnen?

In der Diele waren drei schöne riesige Dobermannpinscher, die immer wieder meine Beine und Hände beschnüffelten. Ich mußte dabei an das Buch denken, das wir beim Schein der Fahrradlampe uns vorlasen: *Wie man Freunde gewinnt und Menschen beeinflußt!* Eine der von Dale Carnegie verfochtenen Methoden war, das Hobby des Betreffenden herauszufinden. Hunde ein Hobby? Schließlich kehrte das Mädchen zurück und führte mich in ein kleines Wohnzimmer. »Wie klug von Ihnen, Herr Doktor«, sagte ich auf deutsch zu dem auf dem Sofa sitzenden grauhaarigen Mann.

»Klug?«

»Ja, daß Sie diese schönen Hunde mitbringen. Sie sind gewiß eine gute Gesellschaft, jetzt, da Sie nicht bei Ihrer Familie sein können.«

Das Gesicht des Arztes hellte sich auf. »Sie haben Hunde also auch gern?«

Fast die einzigen Hunde, die ich je gekannt hatte, waren Harry de Vries' Bulldoggen.

»Meine Lieblingshunde sind Bulldoggen. Mögen Sie die auch?«

»So unglaublich es scheint«, sagte der Arzt, »Bulldoggen sind sehr zärtlich.«

Vielleicht zehn Minuten lang, während ich mich verzweifelt bemühte, mich an alles zu erinnern, was ich je über dieses Thema gehört oder gelesen hatte, unterhielten wir uns über Hunde. Dann stand der Arzt plötzlich auf. »Aber Sie sind bestimmt nicht hergekommen, um über Hunde zu sprechen. Was haben Sie auf dem Herzen?«

Ich blickte ihn an. »Ich habe eine Schwester im Gefängnis hier in Amsterdam und habe mich gefragt, ob . . . Ich glaube, sie ist nicht ganz gesund.«

Der Arzt lächelte. »Sie sind also an Hunden überhaupt nicht interessiert?«

»Jetzt interessieren sie mich«, sagte ich ebenfalls lächelnd, »aber noch mehr interessiert mich meine Schwester.«

»Wie heißt sie?«

»Nollie van Woerden.«

Der Arzt verließ das Zimmer und kam mit einem braunen Notizbuch zurück.

»Ja, einer der neuen Zugänge. Erzählen Sie mir von ihr. Weswegen ist sie im Gefängnis?«

Obwohl es ein Risiko war, berichtete ich dem Arzt, Nollie habe das Verbrechen begangen, eine Jüdin zu verstecken. Ich sagte ihm auch, sie sei Mutter von sechs Kindern, die, wenn man sie sich selbst überließe, eine Last für den Staat würden. (Ich erwähnte nicht, daß das jüngste dieser Kinder jetzt siebzehn war).

»Nun, wir werden sehen.« Er ging zur Tür des Wohnzimmers. »Sie müssen mich jetzt entschuldigen.«

Ich war hoffnungsvoller denn je seit Nollies Verhaftung, als ich mit dem Zuge nach Haarlem zurückfuhr. Aber Tage, dann eine Woche, dann zwei Wochen vergingen, und ich hörte nichts mehr. Darum fuhr ich noch einmal nach Amsterdam. »Ich wollte mich nach dem Ergehen Ihrer Hunde erkundigen«, sagte ich zu dem Arzt.

Er nahm das nicht heiter auf. »Sie dürfen mich nicht drängen. Sie müssen mir Zeit lassen.« Und so blieb mir nichts übrig, als zu warten.

Es war ein strahlender Septembermittag, als siebzehn von uns um den Eßzimmertisch herumsaßen. Plötzlich wurde Nils, der mir gegenübersaß, leichenblaß. Nils, einer unserer Helfer, war gekommen, um zu berichten, daß die alte Kathrin wohlbehalten auf einem Bauernhof nördlich von Alkmaar eingetroffen sei. Jetzt sagte er mit leiser Stimme: »Drehen Sie sich nicht um. Es blickt jemand über den Vorhang.«

Über den Vorhang! . . . Aber das war unmöglich. Er hätte drei Meter groß sein müssen. Alle am Tisch verstummten.

»Er steht auf einer Leiter und putzt das Fenster«, sagte Nils.

»Ich habe nicht angeordnet, daß die Fenster geputzt werden«, sagte Betsie.

Wer immer es war, wir durften nicht hier sitzen und schuldbewußt schweigen. Eusie hatte einen Einfall. »Happy birthday«, sang er. »Happy birthday to you!«

Wir begriffen, was er damit bezweckte, und stimmten heiter ein. »Happy birthday, lieber Opa«, hallte es noch durch das Haus, als ich hinausging und zu dem Mann auf der Leiter hinaufblickte, der einen Eimer und Schwamm in den Händen hielt.

»Was machen Sie da? Wir haben niemanden zum Fensterputzen bestellt, und schon gar nicht während der Feier!«

Der Mann holte ein Stück Papier aus seiner Gesäßtasche und betrachtete es. »Bin ich denn hier nicht bei Kuipers?« »Die wohnen gegenüber. Oben ... nun, kommen Sie herein, und feiern Sie mit.«

Der Mann schüttelte den Kopf. Er dankte mir, aber er hatte noch viel zu tun. Ich sah ihm nach, wie er mit seiner Leiter über die Barteljorisstraat zu Kuipers' Konfitürengeschäft ging.

»Hat es geklappt?« fragten mich viele Stimmen zugleich, als ich ins Eßzimmer zurückkam. »Glaubst du, daß er spioniert hat?«

Ich antwortete nicht. Ich wußte es nicht.

Das war das Schwerste. Nie etwas zu wissen. Und eine der größten Unbekannten war, wie ich mich bei einem Verhör verhalten würde. So lange ich wach war, war ich meiner fast sicher, aber wenn sie nachts kämen? Immer wieder probte die Gruppe mit mir — Nils, Henk, Leendert kamen plötzlich in mein Zimmer gestürzt, rüttelten mich wach, überfielen mich mit Fragen.

Als das das erstemal passierte, war ich sicher, daß es sich um eine wirkliche Razzia handelte. Man klopfte wie wild an meine Tür. Dann blendete mich der grelle Schein einer Taschenlampe. »Stehen Sie auf! Los!« Ich konnte den Mann nicht sehen, der das sagte.

»Wo haben Sie ihre neun Juden versteckt?«

»Wir haben jetzt nur sechs Juden.«

Ein unheimliches Schweigen folgte. Dann wurde die Lampe im Zimmer angeknipst, und ich sah, wie Rolf die Hände an den Kopf preßte. »Nein, ach nein«, sagte er immer wieder.

»Jetzt stellen Sie sich einmal vor«, sagte Henk, der hinter ihm stand, »die Gestapo versucht, Ihnen eine Falle zu stellen. Die Antwort lautet: ›Was für Juden? Wir haben hier keine Juden.‹ «

»Kann ich's noch einmal probieren?«

»Nein, jetzt nicht«, antwortete Rolf. »Jetzt sind Sie hellwach.«

Sie probten es ein paar Nächte später wieder. »Wo kommen die Juden her, die Sie versteckt haben?«

Ich setzte mich noch halb verschlafen auf. »Ich weiß es nicht. Sie kommen plötzlich herein.«

Rolf warf seine Mütze auf den Fußboden. »Nein, nein, nein!« brüllte er. » ›Juden? Hier sind keine Juden!‹ Können Sie das nicht behalten?«

»Ich werde es mir einprägen«, versprach ich. »Das nächstemal mache ich es besser.«

Und tatsächlich, das nächstemal war ich wacher. Ein halbes Dutzend schattenhafte Gestalten standen im Zimmer. »Wo haben Sie die Lebensmittelkarten versteckt?« fragte eine Stimme.

Unter der untersten Treppenstufe natürlich. Aber diesmal würde ich nicht in die Falle gehen und es verraten. Schlagfertig antwortete ich: »In der friesischen Wanduhr im Treppenhaus.«

Kik setzte sich neben mich aufs Bett und legte einen Arm um mich. »Das war schon besser, Tante Corrie«, sagte er. »Diesmal hast du dir Mühe gegeben. Aber denke daran — du hast keine Lebensmittelkarten außer denen für euch drei, Vater, Betsie und dich. Es gibt hier keine Untergrundtätigkeit. Du weißt nicht, wovon sie reden . . .«

Allmählich lernte ich dank wiederholter Proben, es besser zu machen. Dennoch, wenn es wirklich dazu käme, wenn wirkliche Gestapobeamte erschienen, denen man beigebracht hatte, den Menschen die Wahrheit zu entlocken, wie würde ich mich dann verhalten?

Willems Untergrundtätigkeit führte ihn oft nach Haarlem. Er sah jetzt nicht nur bekümmert, sondern fast verzweifelt aus. Zwei Soldaten waren in dem Pflegeheim gewesen, und obwohl es ihm gelungen war, sie hinsichtlich der meisten dort noch wohnenden Juden zu täuschen, hatte man eine kranke, blinde, alte Frau mitgenommen.

»Einundneunzig«, sagte Willem immer wieder. »Sie konnte nicht einmal gehen. Sie mußten sie zu dem Wagen tragen.«

Bis jetzt hatte man Willem, weil er Pfarrer war, in Ruhe gelassen. Aber er werde mehr beobachtet denn je, sagte er. Um einen Grund für seine häufigen Fahrten nach Haarlem angeben zu können, hielt er jeden Mittwochvormittag eine Gebetsstunde im Beje ab.

Aber Willem konnte nichts routinehaft tun — schon gar nicht beten —, und bald erschienen zu diesen Gebetsstunden Dutzende von Haarlemern, die im vierten Jahr der Besatzung sich danach sehnten, an etwas glauben zu können. Die meisten hatten keine Ahnung von dem Doppelleben des Hauses. In gewisser Hinsicht stellten sie eine neue Gefahr dar, da sie Helfern und Kurieren aus anderen Untergrundgruppen auf der schmalen Treppe begegneten. Aber andererseits, so glaubten wir, konnte es ein Vorteil sein, daß diese Scharen offensichtlich harmloser Menschen bei uns ein- und ausgingen. Wir hofften das wenigstens.

Wir saßen eines Abends nach der Sperrstunde um den Eßtisch herum, drei ten Booms, die sieben ›Dauergäste‹ und zwei Juden, für die wir Unterkunft suchten, als die Ladenklingel ertönte.

Ein Kunde nach Ladenschluß? Und einer, der kühn genug war, sich nach der Sperrstunde in der Barteljorisstraat zu zeigen? Ich nahm die Schlüssel aus meiner Tasche, eilte in den Flur hinunter, schloß die Tür zur Werkstatt auf und tastete mich durch den dunklen Laden zur Tür, an der ich einen Augenblick lauschte.

»Wer ist da?« rief ich.

»Erinnern Sie sich an mich?«

Eine deutsch sprechende Männerstimme.

»Wer sind Sie?« fragte ich ebenfalls auf deutsch.

»Ein alter Freund, der Sie besuchen möchte. Machen Sie auf!« Es dauerte eine Weile, bis ich das Schlüsselloch fand, und dann öffnete ich die Tür vorsichtig.

Es war ein deutscher Soldat in Uniform. Noch ehe ich den Alarmknopf erreichen konnte, war er im Laden. Dann nahm er seine Mütze ab, und in der Oktoberdämmerung erkannte ich den jungen deutschen Uhrmacher, den Vater vor vier Jahren entlassen hatte.

»Otto!« rief ich.

»Hauptmann Altschuler«, verbesserte er mich. »Die Zeiten haben sich geändert, nicht wahr, Fräulein ten Boom?«

Ich blickte auf seine Schulterstücke. Er war kein Hauptmann, noch etwas dem nahe Kommendes. Aber ich schwieg. Er sah sich im Laden um.

»Ein muffiger kleiner Raum«, sagte er. Er wollte nach dem Lichtschalter an der Wand greifen, aber ich legte meine Hand darüber.

»Nein! Wir haben im Laden keine Verdunklungsrouleaus.«

»Nun, gehen wir hinauf. Da können wir uns über alte Zeiten unterhalten. Ist der alte Uhrmacher noch da?«

»Christoffels? Er ist im letzten Winter infolge der Kohlenknappheit gestorben.«

Otto zuckte die Schulter. »Das ist ja nur gut. Und was macht der fromme alte Bibelleser?«

Ich ging langsam auf die Theke zu, an der auch ein Alarmknopf angebracht war. »Danke, Vater geht's sehr gut.«

»Nun, wollen Sie mich nicht auffordern, hinaufzugehen und ihn zu begrüßen?«

Warum brannte er so darauf, hinaufzugehen? War der Lump nur gekommen, um sich an unserem Elend zu weiden, oder argwöhnte er etwas? Mein Finger fand den Knopf.

»Was war das?« Otto drehte sich Verdacht schöpfend um.

»Was?«

»Das Geräusch. Ich habe so etwas wie ein Summen gehört.«

»Ich habe nichts gehört.«

Aber Otto ging bereits durch die Werkstatt.

»Warten Sie!« rief ich. »Ich will erst die Ladentür abschließen, dann gehe ich mit Ihnen hinauf. Ich . . . ich bin gespannt, wie lange sie brauchen, um Sie zu erkennen.«

Ich machte mir, so lange ich es wagen konnte, an der Tür zu schaffen: sein Argwohn war jetzt geweckt. Dann folgte ich ihm durch die Hintertür in den Flur. Man vernahm weder auf der Treppe noch aus dem Eßzimmer einen Laut. Ich lief an ihm vorüber die Treppe hinauf und klopfte an die Tür.

»Vater! Betsie!«, rief ich mit, wie ich hoffte, munterer Stimme. »Ihr dürft dreimal — nein, sechsmal raten, wer hier steht.«

»Keine Ratespiele!« Otto schob mich zur Seite und riß die Tür auf.

Vater und Betsie blickten von ihren Tellern auf. Der Tisch war für drei gedeckt. Mein noch halb gefüllter Teller stand auf der anderen Seite. Es war so vollkommen, daß selbst ich, die ich eben noch hier zwölf Menschen hatte essen sehen, kaum glauben konnte, daß hier nur ein harmloser alter Mann mit seinen Töchtern zu Abend aß. Das »Alpina«-Schild stand auf dem Büfett: sie hatten an alles gedacht.

Unaufgefordert setzte sich Otto. »Nun«, prahlte er, »ist nicht alles so gekommen, wie ich es gesagt habe?«

»Es scheint so«, erwiderte Vater milde.

»Betsie«, sagte ich, »gieß Herrn Altschuler etwas Tee ein.«

Otto nahm einen Schluck von dem Gebräu, das ihm Betsie eingoß und funkelte uns an. »Woher haben Sie echten Tee? In Holland hat den sonst niemand.«

Wie dumm von mir! Der Tee war ein Geschenk von Pickwick. »Wenn Sie es durchaus wissen wollen«, sagte ich, »von einem deutschen Offizier. Aber Sie dürfen keine weiteren Fragen stellen.« Ich wollte so tun, als hätte ich geheime Verbindungen zu einem hohen deutschen Offizier. Otto blieb noch etwa eine Viertelstunde. Dann ging er, vielleicht, weil er das Gefühl hatte, er habe seinen Triumph zur Genüge ausgekostet . . . Erst eine halbe Stunde später wagten wir die neun zitternden Menschen aus ihrem Versteck zu holen.

In der zweiten Oktoberwoche läutete an einem mit Untergrundproblemen besonders ausgefüllten Vormittag das Telefon unten im Flur. Ich eilte hinunter, um den Hörer abzuheben; nur Vater, Betsie oder ich meldeten sich, wenn es läutete.

»Nun«, sagte eine Stimme, »wollt ihr mich nicht abholen?«

Es war Nollie.

»Nollie! Wann . . . wie . . . wo bist du?«

»Auf dem Bahnhof in Amsterdam. Aber ich habe kein Geld für die Fahrkarte.«

»Bleib dort! Ach, Nollie, wir kommen.«

Ich radelte in die Bos en Hoven Straat und eilte dann mit Flip und den Kindern, die zufällig zu Hause waren, zum Haarlemer Bahnhof. Wir sahen Nollie schon, ehe unser Zug in Amsterdam hielt. Ihr leuchtend blauer Pullover glich auf dem großen dunklen Bahnsteig einem Stück blauem Himmel.

Sie war von der sieben Wochen dauernden Haft sehr blaß, aber so strahlend wie immer. Ein Gefängnisarzt, sagte sie, habe ihren niedrigen Blutdruck als ein ernstes Leiden bezeichnet, eins, das sie vielleicht dauernd arbeitsunfähig machen könne und ihre sechs Kinder zu einer Last für die Gesellschaft. Nollies ehrlichem Gesicht sah man an, daß ihr das ein Rätsel war. Aber ich fand, diese kleine Lüge war wirklich erlaubt.

Weihnachten 1943 nahte. Der leichte Schnee, der gefallen war, war das einzig Festliche der Weihnachtszeit. Jede Familie, schien es, hatte jemanden im Gefängnis, in einem Arbeitslager oder irgendwo versteckt. Deshalb dachte dieses eine Mal jeder vor allem an die religiöse Seite dieses Festes.

Im Beje feierten wir nicht nur Weihnachten, sondern auch Chanukkah, das jüdische »Lichterfest«. Betsie fand einen Chanukkahleuchter unter den Schätzen, die wir hinter dem Schrank im Eßzimmer versteckt hatten, und stellte ihn auf das Klavier. Jeden Abend zündeten wir eine Kerze mehr an, während Eusie die Geschichte der Makkabäer vorlas. Dann sangen wir traurige, melancholische Lieder. Wir waren an jenen Abenden alle sehr jüdisch.

Etwa am fünften Abend des Festes, als wir uns um das Klavier versammelt hatten, klingelte es an der Haustür. Ich öffnete sie, und Frau Beukers, die Frau des Optikers nebenan, stand im Schnee vor mir. Sie war so rundlich und heiter, wie ihr Mann dünn und bekümmert war. Aber heute war ihr rundes Gesicht von Angst verzerrt.

»Glauben Sie nicht«, flüsterte sie, »Ihre Juden müßten etwas leiser singen? Wir können sie durch die Wand hören und — nun, durch diese Straße kommen alle möglichen Leute . . .«

Als ich wieder in Tante Jans' Zimmer war, sprachen wir bestürzt darüber. Wenn die Familie Beukers über uns so genau Bescheid wußte, wie viele andere Menschen in Haarlem wußten es dann auch?

Es dauerte nicht lange, und wir entdeckten, daß der Polizeichef einer von ihnen war.

An einem dunklen Januarmorgen, als es wieder nach Schnee aussah, kam Toos in das Untergrund-»Hauptquartier« in Tante Jans' Hinterzimmer mit einem Brief in der Hand gestürmt. Der Umschlag trug das Siegel der Haarlemer Polizei.

Ich riß ihn auf. Auf einem Bogen des Polizeichefs stand etwas mit der Hand Geschriebenes. Ich las es stumm, dann laut:

»Seien Sie heute um drei Uhr nachmittags in meinem Büro.«

Zwanzig Minuten lang versuchten wir, dahinterzukommen, was das bedeutete. Einige glaubten, es sei nicht das Vorspiel zu einer Verhaftung. Warum sollte die Polizei uns die Möglichkeit zu einer Flucht geben? Trotzdem war es das Sicherste, sich auf eine Durchsuchung und Verhaftung vorzubereiten. Helfer schlichen sich aus dem Haus. Immer einer allein. Die Hausgäste leerten Papierkörbe und räumten alles auf, um schnell in den geheimen Raum flüchten zu können. Ich verbrannte belastende Papiere in dem schon lange leeren Kohleofen im Eßzimmer. Die Katze witterte die Spannung und kroch schmollend unter das Büffet.

Dann badete ich, vielleicht zum letztenmal für Monate, und packte nach den Erfahrungen, die Nollie und andere gemacht hatten, eine Tasche für das Gefängnis: eine Bibel, einen Bleistift, Nadel und Faden, Seife — das, was wir damals Seife nannten —, Zahnbürste und Kamm kamen hinein. Ich zog mehrere Garnituren Unterwäsche und zwei Pullover an, um so warm wie möglich gekleidet zu sein. Kurz vor drei Uhr umarmte ich Vater und Betsie und ging durch den grauen Matsch in die Smedestraat.

Der wachhabende Polizist war ein alter Bekannter. Er blickte den Brief und dann mich verwundert an.

»Hier entlang«, sagte er.

Er klopfte an eine Tür, an der »Chef« stand. Der Mann, der hinter dem Schreibtisch saß, hatte rotgraues, über eine kahle Stelle nach vorn gekämmtes Haar. Ein Radio spielte. Er stellte den Apparat nicht leiser, sondern lauter.

»Fräulein ten Boom«, sagte er. »Willkommen.«

»Guten Tag, Herr Präsident.«

Er hatte sich von seinem Schreibtisch erhoben, um die Tür hinter mir zu schließen. »Nehmen Sie Platz«, sagte er. »Ich weiß alles über Sie, wissen Sie. Über Sie und Ihre Arbeit.«

»Sie meinen die Uhrmacherei? Sie meinen wahrscheinlich mehr meines Vaters Arbeit als meine.«

Er lächelte. »Nein, ich meine Ihre ›andere‹ Arbeit.«

»Ach, Sie denken an meine Arbeit mit geistig zurückgebliebenen Kindern? Ja, lassen Sie mich Ihnen darüber berichten . . .«

Er senkte die Stimme. »Nein, Fräulein ten Boom. Ich spreche nicht von Ihrer Arbeit mit geistig zurückgebliebenen Kindern. Ich meine eine andere Arbeit, und Sie sollen wissen, daß einige von uns hier mit Ihnen sympathisieren.«

Der Polizeichef lächelte breit, während ich ihn schüchtern anlächelte. »Nun, Fräulein ten Boom«, fuhr er fort. »Ich habe eine Bitte.«

Er setzte sich auf die Kante seines Schreibtischs und blickte mich fest an. Er sprach jetzt so leise, daß ich ihn kaum verstehen konnte. Er arbeite, sagte er, selber mit dem Untergrund zusammen, aber ein Spitzel bei der Polizei halte nicht dicht, liefere der Gestapo Informationen. »Es bleibt uns nichts anderes übrig, als den Mann zu liquidieren.«

Es lief mir kalt den Rücken hinunter.

»Was können wir sonst tun?« fuhr er flüsternd fort. »Verhaften können wir ihn nicht — alle Gefängnisse unterstehen den Deutschen. Aber wenn er in Freiheit bleibt, werden viele andere sterben. Darum habe ich mich gefragt, Fräulein ten Boom, ob Sie durch Ihre Arbeit jemanden kennen, der . . .«

»Ihn töten könnte?«

»Ja.«

Ich lehnte mich zurück. War dies eine Falle, in die man mich lockte, damit ich die Existenz einer Gruppe zugab und Namen nannte?

»Herr Präsident«, sagte ich schließlich, als ich seine Augen nervös flackern sah, »ich habe immer geglaubt, es sei meine Aufgabe, Leben zu retten, nicht zu vernichten. Ich verstehe aber Ihr Dilemma, und ich habe einen Vorschlag. Beten Sie?«

»Tun wir das nicht alle heute?«

»Dann lassen Sie uns jetzt gemeinsam beten, daß Gott das Herz dieses Mannes erreiche, damit er nicht weiter seine Landsleute verrät.«

Es folgte eine lange Pause, dann nickte der Chef.

Und so beteten wir im Präsidentenzimmer des Polizeipräsidiums, während das Radio die neuesten Nachrichten über die deutschen Erfolge schmetterte. Wir beteten, daß dieser Holländer seinen Wert im Angesicht Gottes und den Wert jedes anderen Menschen auf Erden erkennen möge.

Nach Beendigung des Gebets stand der Chef auf. »Ich danke Ihnen, Fräulein ten Boom.« Er schüttelte mir die Hand. »Ich weiß jetzt, ich hätte Sie das nicht fragen dürfen.«

Meine Gefängnistasche fest in der Hand haltend, ging ich durch die Halle hinaus und um die Ecke zum Beje. Oben drängten sich die anderen um mich, weil sie alles wissen wollten. Ich sagte ihnen nicht alles. Ich wollte nicht, daß Vater und Betsie erfuhren, daß man uns gebeten hatte, jemanden zu töten.

Die Episode mit dem Polizeichef hätte ermutigend sein müssen. Wir hatten anscheinend Freunde in hoher Stellung. Aber in Wirklichkeit hatte dieses Erlebnis die entgegengesetzte Wirkung auf uns. Es bewies von neuem, daß unser Geheimnis gar kein Geheimnis war. Ganz Haarlem schien zu wissen, was wir taten.

Wir wußten, wir müßten die Arbeit einstellen. Aber wie konnten wir das? Wer würde das weiterführen, von dem die Sicherheit Hunderter abhing? Wenn ein Versteck aufgegeben werden mußte, wie es immerzu geschah, wer würde ein neues ausfindig machen? Wir mußten weitermachen, aber wir wußten, die Katastrophe würde nicht lange auf sich warten lassen.

Der erste Betroffene war Jop, der siebzehnjährige Lehrling, der im Beje Schutz gesucht hatte. An einem Spätnachmittag Ende Januar 1944 kam Rolf in die Werkstatt geschlichen. Er warf einen Blick zu Jop hin. Ich nickte: Jop wußte von allem, was im Hause vorging.

»In Ede wird heute abend ein Untergrundnest ausgehoben. Haben Sie jemanden, der dorthin gehen kann?«

Ich hatte niemanden; nicht ein einziger Kurier oder Helfer war zu dieser späten Stunde noch im Beje. »Ich gehe«, sagte Jop.

Ich öffnete den Mund, um zu sagen, er sei unerfahren und könne selber auf der Straße geschnappt und in eine Fabrik verschleppt werden. Dann dachte ich an die ahnungslosen Menschen in Ede. Wir hatten oben einen Schrank voller Schals und Frauenkleider ...

»Dann aber schnell, mein Junge«, sagte Rolf. »Du mußt dich sofort aufmachen.« Er informierte Jop genau und eilte davon. Ein paar Augenblicke später erschien Jop wieder als eine sehr hübsche Brünette in langem Mantel und Schal verkleidet und die Hände in einem Muff versteckt. Hatte der Junge eine Vorahnung? Zu meiner Verwunderung drehte er sich an der Tür noch einmal um und küßte mich.

Jop sollte kurz vor sieben — der Sperrstunde — zurück sein. Es wurde sieben, aber er kam nicht. Vielleicht war er aufgehalten worden und würde am Morgen zurückkehren. Am nächsten Tag in aller Frühe kam jemand, aber es war nicht Jop. Ich wußte in dem Augenblick, da Rolf zur Tür hereinkam, daß ihn eine schlechte Nachricht bedrückte.

»Es handelt sich um Jop, nicht wahr?«

»Ja.«

»Was ist passiert?«

Rolf hatte das alles von dem Polizeibeamten erfahren, der in der Nacht Dienst gehabt hatte. Als Jop zu dem Hause in Ede kam, war die Gestapo bereits dort. Jop hatte geklingelt, und die Tür hatte sich geöffnet. Der SD-Mann hatte behauptet, er sei der Hauseigentümer, und hatte Jop hereingebeten.

»Und, Corrie«, sagte Rolf, »wir müssen dem ins Auge sehen: die Gestapo wird ihn zum Reden bringen. Man hat ihn schon nach Amsterdam gebracht. Wie lange wird er den Verhören standhalten?«

Wieder einmal dachten wir daran, die Arbeit einzustellen. Wieder einmal wurde uns klar, daß wir's nicht konnten.

An jenem Abend beteten Vater, Betsie und ich lange, nach dem die anderen zu Bett gegangen waren. Wir wußten, daß wir trotz der täglich größer werdenden Gefahren keine Wahl hatten als weiterzumachen. Dies war die Stunde des Bösen. Wir durften nicht davonlaufen. Vielleicht nur, wenn wir unser Bestes getan hatten und gescheitert waren, würde Gottes Macht sich ganz offenbaren.

DIE RAZZIA

Als ich jemanden in meinem Zimmer umhergehen hörte, schlug ich die Augen mühsam auf. Es war Eusie, der sein Bettzeug und seinen Pyjama in den geheimen Raum trug. Hinter ihm kamen Mary und Thea mit ihren Bündeln.

Ich schloß die Augen wieder. Es war der Morgen des 8. Februar 1944. Seit Tagen lag ich mit Grippe im Bett. Mein Kopf glühte, und meine Glieder schmerzten. Bei jedem kleinen Laut, Marys Keuchen, dem kratzenden Geräusch beim Öffnen des geheimen Raums, hätte ich am liebsten aufgeschrien. Ich hörte Henk und Meta hereinkommen, dann Eusies Lachen, als er den anderen durch die niedrige Tür all das hinausreichte, was sie am Tage brauchten.

»Weg mit euch allen: laßt mich allein!« Ich biß mich auf die Lippen, um mich davor zu bewahren, es auszusprechen.

Endlich gingen sie und schlossen die Tür hinter sich.

Wo war Leendert? Warum war er nicht heraufgekommen? Dann fiel mir ein, daß Leendert für ein paar Tage fort war, um elektrische Warnsysteme wie unseres in mehreren Häusern anzubringen, die unseren Schutzbefohlenen Asyl geboten hatten. Ich versank wieder in einen unruhigen Schlaf.

Dann sah ich plötzlich Betsie mit einer dampfenden Tasse Kräutertee in der Hand am Fuß des Bettes stehen.

»Es tut mir leid, daß ich dich wecken muß, Corrie. Aber im Laden unten ist ein Mann, der dich unbedingt sprechen will.«

»Wer ist es?«

»Er sagt, er komme aus Ermelo. Ich habe ihn noch nie gesehen.«

Ich setzte mich zitternd auf. »Gut, ich muß sowieso aufstehen. Morgen kommen die neuen Lebensmittelkarten.«

Ich schlürfte den heißen Tee, und dann erhob ich mich mühsam. Neben dem Bett lag meine Gefängnistasche gepackt und bereit, wie sie es war, seit mich der Polizeichef zu sich gerufen hatte. Ich hatte aber noch einiges hinzugefügt. Außer der Bibel, Kleidungsstücken und Toilettengegenständen waren jetzt noch Vitamine darin, Aspirintabletten, Eisenpillen gegen Betsies Anämie und vieles andere. Sie war eine Art Beruhigungspille für mich geworden, ein Schutz gegen die Schrecken des Gefängnisses.

Ich zog mich langsam an und ging auf den Treppenabsatz hinaus. Das Haus schien sich um mich zu drehen. Mich ans Geländer klammernd, kroch ich hinunter. Zu meiner Überraschung hörte ich in Tante Jans' Zimmer Stimmen. Ich blickte hinein. Natürlich, ich hatte es vergessen. Es war Mittwochmorgen, an dem viele Leute zu Willems Gottesdienst kamen. Ich sah, wie Nollie Besatzungskaffee, wie wir das Gebräu aus Kirschwurzeln und getrockneten Feigen nannten, herumreichte. Peter saß schon am Klavier, wie fast an jedem Mittwoch. Ich ging weiter hinunter.

Als ich mit schwachen Knien in der Werkstatt anlangte, kam ein kleiner Mann mit sandfarbenem Haar auf mich zugeeilt. »Fräulein ten Boom!«

»Ja?« Es gibt ein altes holländisches Sprichwort: Man kann einen Menschen daran erkennen, wie er einen anblickt. Dieser Mann schien nur auf meine Nase und mein Kinn zu sehen. »Kommen Sie wegen einer Uhr?« fragte ich.

»Nein, Fräulein ten Boom. Wegen etwas viel Ernsterem. Meine Frau ist gerade verhaftet worden. Wir haben Juden versteckt. Wenn sie verhört wird, ist unser aller Leben in Gefahr.«

»Ich weiß nicht, wie ich da helfen kann«, sagte ich.

»Ich brauche sechshundert Gulden. Bei der Polizei in Ermelo ist jemand, der sich dafür bestechen läßt. Ich bin arm, und man hat mir gesagt, Sie hätten gewisse Verbindungen.«

»Verbindungen?«

»Fräulein ten Boom, es geht um Leben und Tod. Wenn ich das Geld nicht sofort bekomme, wird sie nach Amsterdam gebracht, und dann ist es zu spät.«

Etwas im Verhalten des Mannes ließ mich zögern. Und doch, wie leicht konnte ich mich irren! »Kommen Sie in einer halben Stunde wieder«, sagte ich. »Dann habe ich das Geld.«

Zum erstenmal sah er mir in die Augen.

»Ich werde Ihnen das nie vergessen«, sagte er.

Soviel Geld hatten wir nicht im Hause, und darum schickte ich Toos auf die Bank und sagte ihr, sie solle dem Mann das Geld aushändigen, aber ohne jeden Kommentar.

Dann schleppte ich mich die Treppe wieder hinauf. Vor zehn Minuten hatte ich noch von Fieber geglüht, aber jetzt zitterte ich vor Kälte. Ich ging in Tante Jans' Zimmer und holte eine Aktentasche mit Papieren, die auf dem Schreibtisch lag. Nachdem ich mich dann bei Willem und den anderen entschuldigt hatte, kehrte ich in mein Zimmer zurück. Ich zog mich wieder aus und legte mich wieder ins Bett. Eine Weile versuchte ich, mich auf die Namen und Adressen in der Aktentasche zu konzentrieren.

Fünf Karten wurden in diesem Monat in Zandvoort gebraucht, neun in Overveen, achtzehn brauchten wir in ... Mir schwamm alles vor den Augen.

In meinem Fiebertraum ertönte unentwegt ein Summer. Immer wieder, immer wieder. Warum verstummte er nicht? Füße liefen, Stimmen flüsterten. »Schnell! Schnell!«

Ich richtete mich jäh auf. Menschen rannten an meinem Bett vorüber. Als ich mich umdrehte, sah ich gerade noch Theas Fersen durch die Tür verschwinden. Meta folgte ihr, dann Henk.

Aber — ich hatte keine Übung für heute geplant. Wer in aller Welt ... es sei denn ... es sei denn, es war keine Übung. Eusie raste mit weißem Gesicht an mir vorüber. Seine Pfeife klapperte im Aschenbecher, den er in seinen zitternden Händen trug.

Und schließlich dämmerte es mir, daß es kein Spiel, sondern ernst war. Ein, zwei, drei Menschen waren bereits in dem geheimen Raum; vier, als Eusies schwarze Schuhe und knallrote Socken verschwanden. Aber Mary — wo war Mary? Die alte Frau erschien mit offenem Mund nach Luft ringend in der Schlafzimmertür. Ich sprang aus meinem Bett, und halb zog ich, halb schob ich sie durch das Zimmer.

Ich wollte gerade hinter ihr die Öffnung zu dem geheimen Raum schließen, als ein schlanker weißhaariger Mann hereingestürzt kam. Ich kannte ihn von Pickwick. Er bekleidete einen hohen Posten im nationalen Widerstand. Ich hatte keine Ahnung gehabt, daß er im Hause war. Er verschwand hinter Mary. Fünf, sechs. Ja, das stimmte, denn Leendert war nicht da. Ich zog das Brett herunter, eilte in mein Bett zurück.

Unten hörte ich Türen schlagen und auf der Treppe schwere Schritte, aber ein anderes Geräusch ließ mein Blut erstarren, der keuchende, rasselnde Atem Marys. »Herr Jesus!« betete ich, »Du hast die Macht, zu heilen! Heile Mary jetzt!«

Und dann fiel mein Blick auf die Aktentasche, die mit Namen und Adressen vollgestopft war. Ich ergriff sie, schob die Schiebetür wieder auf, warf die Tasche hinein, schloß die Tür und stellte meine Gefängnistasche davor. Ich war gerade wieder im Bett, als die Schlafzimmertür aufgerissen wurde. »Wie heißen Sie?«

Langsam und — wie ich hoffte — verschlafen, setzte ich mich auf. »Was?«

»Wie heißen Sie?«

»Cornelia ten Boom.«

Es war ein großer, schwerer Mann mit einem seltsamen blassen Gesicht. Er trug einen blauen Anzug. Er drehte sich um und rief die Treppe hinunter: »Willemse, hier oben haben wir noch eine geschnappt. Willemse.«

Dann wandte er sich mir zu: »Stehen Sie auf und ziehen Sie sich an.«

Als ich unter den Decken herauskroch, zog der Mann ein Stück Papier aus seiner Tasche und las, was darauf geschrieben stand. »Sie sind also die Rädelsführerin!« Er blickte mich mit neuem Interesse an. »Sagen Sie mir jetzt, wo Sie die Juden verstecken!«

»Ich weiß nicht, wovon Sie reden.«

Er lachte. »Und Sie wissen auch nichts von einer Untergrundorganisation. Nun, das wird sich schon zeigen!«

Er ließ mich nicht aus den Augen, darum begann ich meine Kleider über meinen Pyjama zu ziehen, wobei ich die Ohren spitzte, ob ein Laut aus dem geheimen Raum kam.

»Zeigen Sie mir Ihre Papiere!«

Ich zog den kleinen Beutel heraus, den ich um den Hals trug. Als ich meinen Personalausweis herausnahm, fielen mehrere Geldscheine heraus. Der Mann bückte sich, hob sie auf und stopfte sie in seine Tasche. Dann nahm er meine Papiere und studierte sie. Einen Augenblick war es totenstill in dem Zimmer. Warum war nichts von Mary Itallies Keuchen zu hören?

Der Mann warf mir die Papiere wieder zu. »Nun mal dalli!«

Aber er hatte es nicht halb so eilig wie ich, aus diesem Zimmer herauszukommen. In meiner Hast knöpfte ich meine Strickjacke verkehrt zu und streifte Schuhe über, ohne daran zu denken, sie zuzubinden. Dann wollte ich nach meiner Gefängnistasche greifen. Halt.

Sie stand dort, wohin ich sie in meiner Angst geschoben hatte:

direkt vor der Geheimtür. Wenn ich jetzt nach ihr griff, während der Mann jede meiner Bewegungen verfolgte, zog ich dann nicht vielleicht seine Aufmerksamkeit auf das, was er um keinen Preis sehen durfte?

Es war das schwerste, was ich je hatte tun müssen: mich umzudrehen und das Zimmer ohne die Tasche zu verlassen. Ich wankte die Treppe hinunter. Meine Knie zitterten ebenso von der Angst wie vom Fieber. Ein Soldat in Uniform stand vor Tante Jans' Zimmer. Die Tür war geschlossen. Ich fragte mich, ob die Gebetsstunde beendet sei, ob Willem, Nollie und Peter noch rechtzeitig fortgekommen waren. Oder waren sie alle noch hier? Wie viele Unschuldige mochten in die Sache hineingezogen sein?

Der Mann hinter mir gab mir einen kleinen Schubs, und ich eilte die Treppe zum Eßzimmer hinunter. Vater, Betsie und Toos saßen auf vor der Wand aufgereihten Stühlen. Neben ihnen saßen drei Helfer, die gekommen sein mußten, nachdem ich hinaufgegangen war. Auf dem Fußboden unter dem Fenster lag das zerbrochene »Alpina«-Schild. Es war jemandem geglückt, es von der Fensterbank herunterzustoßen.

Ein zweiter Gestapobeamter in Zivil fummelte in einem Haufen silberner Rijksdaalders und Schmuckstücken herum, die auf dem Eßtisch lagen. Das waren die Dinge, die wir in dem Hohlraum hinter dem Eckschrank versteckt hatten: und tatsächlich hatten sie dort zuerst gesucht.

»Hier ist die andere, die auf der Liste verzeichnet ist«, sagte der Mann, der mich hinuntergebracht hatte. »Nach meinen Informationen ist sie die Rädelsführerin.« Der Mann am Tisch, der, der Willemse hieß, blickte mich an und wandte sich dann wieder der vor ihm liegenden Beute zu.

»Sie wissen, was Sie zu tun haben, Kapteyn.« Kapteyn packte mich am Ellbogen und schob mich vor sich die letzten fünf Stufen hinunter und in die Werkstatt. Ein anderer Soldat stand in der Tür Wache. Kapteyn stieß mich in den Laden und befahl mir, mich an die Wand zu stellen.

»Wo sind die Juden?«

»Hier sind keine Juden.«

Der Mann versetzte mir einen heftigen Schlag ins Gesicht.

»Wo verstecken Sie die Lebensmittelkarten?«

»Ich weiß nicht, wovon Sie . . .»-

Kapteyn schlug mich von neuem. Ich taumelte gegen die astronomische Uhr. Ehe ich mich wieder in der Gewalt hatte, schlug er mich noch einmal. Schlug mich immer wieder. Die Schläge taten sehr weh, und mein Kopf fiel nach hinten.

»Wo sind die Juden?«

Noch ein Schlag.

»Wo ist Ihr geheimer Raum?«

Ich schmeckte Blut im Mund. Der Kopf drehte sich mir, meine Ohren dröhnten — ich verlor das Bewußtsein. »Herr Jesus«, schrie ich. »Schütze mich!«

Kapteyn, der die Hand schon zu einem weiteren Schlag erhoben hatte, hielt inne.

»Wenn Sie den Namen noch einmal sagen, bringe ich Sie um!«

Aber statt dessen fiel sein Arm langsam herunter. »Wenn Sie nicht auspacken wollen, die Dürre wird's tun.« Ich stolperte vor ihm die Treppe hinauf. Er stieß mich auf einen der Stühle, die an der Eßzimmerwand standen. Wie durch einen Schleier sah ich, daß er Betsie aus dem Zimmer führte.

Die Hammerschläge und das splitternde Holz über uns verrieten, wo eine Gruppe von Männern, die für so etwas ausgebildet waren, nach dem geheimen Raum suchte. Dann klingelte es an der Haustür. Aber das Schild! Sahen sie nicht, daß das Alpinaschild verschwunden war? Und — ich blickte zum Fenster hin, und der Atem stockte mir. Dort auf der Fensterbank stand das sorgfältig zusammengefügte Holzdreieck. Zu spät blickte ich auf und sah, daß Willemse mich genau beobachtete. »Hatte ich mir's doch gedacht«, sagte er. »Es war ein Zeichen, nicht wahr?« Er rannte die Treppe hinunter. Das Hämmern und Trampeln von Stiefeln über uns hatte aufgehört. Die Haustür öffnete sich, und Willemses Stimme sagte sanft und schmeichelnd: »Kommen Sie bitte herein.«

»Haben Sie's schon gehört?« Eine Frauenstimme. »Sie haben Oom Herman geschnappt.«

Pickwick? Nein, Pickwick nicht!

»Ach«, hörte ich Willemse sagen, »wer war mit ihm zusammen?«

Er versuchte, so viel wie möglich aus ihr herauszuholen. Dann verhaftete er sie. Vor Angst und Verwirrung blinzelnd, saß die Frau neben uns an der Wand. Ich wußte nur, daß sie gelegentlich für uns Gänge in der Stadt machte. Ich starrte beklommen auf das Schild im Fenster, das der Welt verkündete, daß im Beje alles wie immer war. Unser Haus war in eine Falle verwandelt worden. Wie viele würden noch in sie hineingehen, ehe dieser Tag vorüber war? Und Pickwick? Hatten sie Pickwick wirklich gefaßt?

Kapteyn erschien mit Betsie in der Eßzimmertür. Ihre Lippen waren geschwollen, und auf der Wange hatte sie einen blauen Fleck. Sie fiel fast auf den Stuhl neben mir.

»Ach, Betsie! Er hat dich verletzt.«

»Ja.« Sie tupfte das Blut vom Mund ab. »Er tut mir leid.«

Kapteyn drehte sich um. Sein weißes Gesicht wurde noch weißer. »Gefangene haben zu schweigen«, schrie er. Zwei Männer stapften die Treppe hinunter und ins Eßzimmer. Sie trugen etwas zwischen sich. Es war das alte Radio, das sie unter der Treppe entdeckt hatten. »Gesetzestreue Bürger seid ihr, nicht wahr?« fuhr Kapteyn fort. »Sie! Der alte Mann dort. Ich sehe, Sie glauben an die Bibel.« Er deutete mit dem Daumen auf das abgegriffene Buch im Regal. »Sagen Sie mir, was darin über den Gehorsam der Obrigkeit gegenüber steht.«

» ›Fürchte Gott‹ «, zitierte Vater, und in seinem Munde und in diesem Zimmer klangen die Worte beruhigend und wie ein Segen. » ›Fürchte Gott, und ehre die Königin.‹ «

Kapteyn starrte ihn an. »Das steht nicht darin. Das steht nicht in der Bibel.«

»Nein«, gab Vater zu. »Dort steht: ›Fürchte Gott, ehre den Kaiser‹, aber in unserem Fall ist es die Königin.«

»Es ist weder ein Kaiser noch eine Königin. Wir sind jetzt die legale Regierung, und ihr seid alle Gesetzesbrecher«, sagte Kapteyn.

Wieder klingelte es an der Haustür. Wieder gab es ein Verhör und eine Verhaftung. Dem jungen Mann — einem unserer Helfer — war kaum ein Stuhl angewiesen worden, als es abermals klingelte. Wie mir schien, hatten wir noch nie so viele Besucher gehabt: es wurde immer voller im Eßzimmer. Am meisten taten mir jene leid, die uns einen ganz harmlosen Besuch hatten abstatten wollen. Ein älterer pensionierter Missionar wurde hereingeführt, dessen Kinn vor Angst zitterte. Nach dem Klopfen und Hämmern zu schließen, hatten sie wenigstens den geheimen Raum noch nicht entdeckt.

Ein neues Geräusch ließ mich zusammenzucken. Das Telefon unten im Flur läutete.

»Das ist das Telefon!« rief Willemse.

Er ließ seine Augen durch das Zimmer schweifen, dann packte er mich am Handgelenk und zerrte mich hinter sich die Treppe hinunter. Er hielt mir den Hörer ans Ohr.

»Melden Sie sich«, sagte er leise.

»Hier ist das Haus der ten Boom und der Laden«, sagte ich, so kühl ich es wagte. Aber der Anrufer merkte gar nicht, daß ich anders war als sonst.

»Fräulein ten Boom, Sie sind in furchtbarer Gefahr. Sie haben Herman Sluring verhaftet. Sie wissen alles. Sie müssen vorsichtig sein.« Die Frauenstimme plapperte und plapperte, und der Mann neben mir hörte alles mit.

Kaum hatte sie eingehängt, da läutete das Telefon wieder. Eine Männerstimme und wieder die Nachricht: »Oom Herman ist abgeholt worden. Das bedeutet, sie wissen alles . . .«

Als ich schließlich das dritte Mal meine förmliche und für mich so gar nicht typische Begrüßung wiederholte, klickte es in der Leitung. Willemse nahm mir den Hörer aus der Hand. »Hallo! Hallo!« brüllte er. Er drückte auf die Gabel an der Wand. Die Leitung war tot. Er führte mich wieder hinauf, und ich mußte mich auf meinen Stuhl setzen. »Unsere Freunde haben Lunte gerochen«, sagte er zu Kapteyn. »Aber ich habe genug gehört.«

Anscheinend hatte Betsie die Erlaubnis bekommen, aufzustehen. Sie schnitt Brot auf dem Büfett. Zu meiner Überraschung merkte ich daran, daß es schon Essenszeit war. Betsie ließ das Brot herumgehen, aber ich schüttelte den Kopf. Mein Fieber war wieder gestiegen. Der Hals tat mir weh, und es puckerte in meinem Kopf.

Ein Mann erschien in der Tür. »Wir haben das ganze Haus durchsucht, Willemse«, sagte er. »Wenn es hier einen geheimen Raum gibt, dann hat ihn der Teufel selber gebaut.« Willemse blickte von Betsie zu Vater und dann zu mir. »Es gibt hier einen geheimen Raum«, sagte er ruhig, »und Menschen haben sich darin versteckt, sonst hätten Sie's zugegeben. Nun gut. Wir werden das Haus bewachen lassen, bis sie alle zu Mumien geworden sind.«

In dem entsetzten Schweigen, das folgte, drückte jemand sanft mein Knie. Maher Shalal Hashaboz war auf meinen Schoß gesprungen und rieb sich an mir. Ich streichelte das glänzende schwarze Fell. Was würde jetzt aus ihr werden? An die sechs Menschen oben wollte ich gar nicht denken. Es war eine halbe Stunde vergangen, seit es zum letztenmal an der Haustür geklingelt hatte. Wer immer meine telefonische Botschaft begriffen haben mochte, hatte bestimmt Alarm geschlagen, und es würde jetzt keiner mehr in die Falle im Beje gehen.

Offenbar war Willemse zu dem gleichen Schluß gekommen, denn er befahl uns abrupt, aufzustehen und in Mantel und Hut in den Flur hinunterzugehen. Vater, Betsie und mich hielt er bis zuletzt im Eßzimmer fest, und wir sahen die Menschen aus Tante Jans' Zimmer die Treppe hinuntergehen. Mir stockte der Atem, als ich sie musterte. Anscheinend waren die meisten, die an der Gebetsstunde teilgenommen hatten, vor der Razzia gegangen, aber nein, keineswegs alle. Da kamen Nollie und hinter ihr Peter. Der letzte in der Reihe war Willem. Die ganze Familie also: Vater, seine vier Kinder und ein Enkel. Kapteyn gab mir einen Schubs. »Los!«

Vater nahm seinen Zylinder von dem Haken an der Wand. Vor der Eßzimmertür blieb er stehen, um die alte friesische Uhr aufzuziehen. »Sie darf nicht stehen bleiben«, sagte er. Vater! Glaubte er wirklich, wir würden wieder zu Hause sein, wenn sie wieder abgelaufen war?

Auf den Straßen lag kein Schnee mehr. Pfützen schmutzigen Wassers standen in den Gossen, als wir durch die Gasse in die Smedestraat gingen. Der Weg dauerte nur eine Minute, aber als wir durch das Portal des Polizeipräsidiums geführt wurden, zitterte ich vor Kälte. Ich spähte in der Halle beklommen nach Rolf und den anderen aus, die wir kannten, sah aber niemanden. Ein Kontingent deutscher Soldaten schien die reguläre Polizei zu ergänzen.

Wir wurden durch einen Korridor und durch die schwere Metalltür geführt, wo ich Harry de Vries zuletzt gesehen hatte. Am Ende dieses Flurs war ein großer Raum, der offenbar eine Turnhalle gewesen war. Vor den hoch in den Wänden angebrachten Fenstern war Maschendraht gespannt. Ringe und Basketballkörbe waren an der Decke hochgezogen. In der Mitte des Raums stand jetzt ein Schreibtisch, hinter dem ein deutscher Offizier saß. Sprungmatten bedeckten einen Teil des Bodens, und ich ließ mich auf eine von ihnen fallen. Zwei Stunden lang schrieb der Offizier

Namen, Adressen und dergleichen auf. Ich zählte die, die mit uns verhaftet worden waren: es waren fünfunddreißig, die man bei der Razzia im Beje gefaßt hatte.

Menschen, die schon früher verhaftet worden waren, saßen oder lagen auch auf den Matten, darunter einige, die wir vom Sehen kannten. Ich spähte nach Pickwick aus, aber er war nicht darunter. Einer von ihnen, ein Uhrmacherkollege, der oft geschäftlich ins Beje kam, schien besonders betrübt über das, was uns geschehen war. Er setzte sich neben Vater und mich.

Schließlich ging der Offizier. Zum erstenmal, seit der Alarmsummer ertönt war, konnten wir uns miteinander unterhalten. Mühsam setzte ich mich auf. »Schnell!« krächzte ich. »Wir müssen uns über das, was wir sagen, absprechen. Die meisten von uns können die Wahrheit sagen, aber . . .« Ich brachte kein weiteres Wort heraus. Meinem von der Grippe geschwächten Gehirn schien es, daß Peter mich so zornig anfunkelte, wie ich es noch nie bei ihm erlebt hatte. »Aber wenn sie erfahren, daß Onkel Willem heute morgen ein Wort aus dem alten Testament ausgelegt hat, dann könnte ihn das in Schwierigkeiten bringen«, vollendete Peter den Satz für mich.

Er deutete mit dem Kopf in eine Ecke, und ich erhob mich zitternd. »Tante Corrie!« zischte er, als wir in der Ecke waren. »Dieser Mann, der Uhrmacher, ist ein Gestapospitzel.« Er streichelte meinen Kopf, als wäre ich ein krankes Kind. »Leg dich wieder hin, Tante Corrie. Aber um Himmels willen sprich mit niemandem.«

Als die schwere Tür der Turnhalle aufgerissen wurde, erwachte ich. Rolf kam herein. »Wir wollen hier so leise wie möglich sein«, rief er. Er beugte sich zu Willem hinunter und sagte etwas, das ich nicht verstehen konnte. »Die Toiletten sind draußen, hinten im Hof«, fuhr er laut fort. »Unter Begleitung kann immer einer dorthin gehen.«

Willem setzte sich neben mich. »Er hat gesagt, wir können belastende Papiere, wenn wir sie in winzige Stücke zerreißen, in die Toilette werfen und hinunterspülen.«

Ich suchte in meinen Manteltaschen. Es waren mehrere Zettel darin und eine Brieftasche, in der ein paar Geldscheine steckten. Ich ging jedes einzelne Stück durch, überlegte, wie ich alles in einem Prozeß erklären würde. Neben den Toiletten draußen war ein Wasserbecken mit einem kleinen Becher an einer Kette. Dankbar trank ich einen großen Schluck — den ersten seit dem Tee, den Betsie mir am Morgen gebracht hatte.

Gegen Abend brachte ein Polizist einen großen Korb mit frischen warmen Brötchen in die Turnhalle. Ich bekam meins nicht herunter. Nur das Wasser schmeckte mir, obwohl es mir peinlich war, immer wieder darum zu bitten, hinausgeführt zu werden.

Als ich das letztemal zurückkam, hatte sich eine Gruppe zu den Abendgebeten um Vater versammelt. Jeder Tag meines Lebens hatte so geendet: diese tiefe, ruhige Stimme, unser aller sicheres und eifriges Vertrauen auf die Fürsorge Gottes. Die Bibel lag zu Hause in ihrem Regal, aber vieles daraus bewahrte er in seinem Herzen. Seine blauen Augen schienen über den abgeschlossenen, überfüllten Raum, über Haarlem, über die Erde hinwegzusehen, als er aus dem Gedächtnis zitierte: »Du bist mein Schirm und Schild: ich hoffe auf dein Wort . . . Stärke mich, daß ich genese.«

Keiner von uns konnte schlafen. Jedesmal, wenn jemand den Raum verließ, mußte er über ein Dutzend anderer hinwegsteigen. Endlich drang Licht durch die hoch angebrachten Fenster. Der Polizist brachte wieder Brötchen. Während des langen Vormittags lehnte ich mich an die Wand und döste vor mich hin. Meine Brust tat mir jetzt am meisten weh. Am Mittag kamen Soldaten in den Raum und befahlen uns, aufzustehen. Hastig zogen wir unsere Mäntel an und gingen wieder durch die kalten Flure.

In der Smedestraat preßte sich eine Menschenmauer gegen die Barrikaden, die die Polizei quer über der Straße errichtet hatte. Als Betsie und ich mit Vater zwischen uns herauskamen, erhob sich ein entsetztes Gemurmel beim Anblick des »großen alten Mannes von Haarlem«, der ins Gefängnis geführt wurde. Vor der Tür stand ein grüner Stadtbus, in dem hinten Soldaten saßen. Menschen stiegen ein, während Freunde und Verwandte in der Menge weinten oder fassungslos vor sich hinstarrten. Betsie und ich faßten Vater unter, als wir die Treppenstufen hinuntergingen. Dann erstarrten wir. Ohne Hut und Mantel kam zwischen zwei Soldaten Pickwick angewankt. Sein kahler Kopf war voll blauer Flecke. Getrocknetes Blut klebte an den Stoppeln an seinem Kinn. Er blickte nicht auf, als er in den Bus gehievt wurde.

Vater, Betsie und ich quetschten uns auf einen Doppelsitz ziemlich vorn. Es war einer jener strahlenden Wintertage, an denen die Luft zu leuchten scheint. Der Bus ruckte und fuhr ab. Die Polizei bahnte ihm einen Weg, und er bewegte sich langsam vorwärts. Sehnsüchtig blickte ich aus dem Fenster, mich mit meinen Augen an Haarlem klammernd. Wir fuhren jetzt über den Grote Markt. Die Mauern der großen Kathedrale schimmerten im kristallenen Licht in tausend grauen Schattierungen. Mir war es, als hätte ich das alles schon einmal erlebt.

Dann fiel es mir ein.

Die Vision. Die Nacht der Invasion. Ich hatte das alles gesehen: Willem, Nollie, Pickwick, Peter — wir alle hier, die gegen unseren Willen über den Platz gezogen wurden. All das hatte ich in dem Traum erlebt: Wir alle verließen Haarlem, ohne umkehren zu können. Wohin fuhren wir?

SCHEVENINGEN

Als er aus Haarlem heraus war, bog der Bus in die Straße nach Süden, die am Meer entlangführt, ein. Zu unserer Rechten ragten die niedrigen Dünen auf, auf denen oben Soldaten standen. Man brachte uns also nicht nach Amsterdam.

Statt dessen kamen wir nach einer zweistündigen Fahrt in Den Haag an. Der Bus hielt vor einem neuen Dienstgebäude; man flüsterte sich zu, dies sei das Hauptquartier der Gestapo für ganz Holland. Wir wurden — bis auf Pickwick, der sich von seinem Sitz nicht erheben zu können schien — in einen großen Raum geführt, wo die endlose Prozedur des Aufschreibens von Name, Adresse und Beruf wieder von vorn begann. Auf der anderen Seite des langen Tisches, der sich durch den ganzen Raum zog, sah ich zu meinem Entsetzen Willemse und Kapteyn. Sobald ein Gefangener aus Haarlem vor den Tisch trat, beugte sich der eine oder andere der beiden vor, sprach mit einem Mann, der an einer Schreibmaschine saß, und dann klapperte die Maschine.

Plötzlich fiel der Blick des Beamten, der das Verhör leitete, auf Vater. »Dieser Alte!« rief er. »Mußte der verhaftet werden? Sie, Alter!« Willem führte Vater zu dem Tisch. Der Gestapochef beugte sich vor. »Ich möchte Sie wieder nach Hause schicken, alter Knabe. Aber Sie müssen versprechen, sich nichts wieder zuschulden kommen zu lassen.«

Ich konnte Vaters Gesicht nicht sehen, nur seine gereckten Schultern und den weißen Haarkranz darüber. Aber ich hörte seine Antwort.

»Wenn ich heute nach Hause gehe«, sagte er ruhig und deutlich, »werde ich morgen wieder jedem Menschen in Not, der bei mir anklopft, die Tür öffnen.«

Das Gesicht des anderen verdüsterte sich. »Stellen Sie sich wieder in die Reihe«, brüllte er. »Schnell! Dieses Gericht duldet keine weiteren Verzögerungen!«

Aber Verzögerungen allein schien dieses Gericht zu wollen.

Als wir an dem Tisch vorbeizogen, wurden endlos die gleichen Fragen wiederholt, endlos Papiere geprüft, war ein endloses Kommen und Gehen von Beamten. Draußen vor den Fenstern fing es an zu dämmern. Wir hatten seit dem frühen Morgen nichts zu essen und zu trinken bekommen.

Vor mir in der Reihe antwortete Betsie zum zwanzigstenmal an diesem Tag: »Ledig.«

»Zahl der Kinder?«

»Ich bin ledig«, wiederholte Betsie.

Der Mann blickte nicht einmal von seinen Papieren auf: »Zahl der Kinder?«, schnarrte er.

»Ich habe keine Kinder«, antwortete Betsie resignierend.

Als es dunkel wurde, wurde ein untersetzter kleiner Mann an uns vorüber zum anderen Ende des Raums geführt. Ein lauter Wortwechsel ließ uns alle aufblicken. Der Unglückliche versuchte, etwas festzuhalten. »Es gehört mir«, schrie er immer wieder. »Sie können es mir nicht wegnehmen. Sie können mir nicht mein Portemonnaie wegnehmen!«

Wie konnte er so verrückt sein? Was, glaubte er, würde Geld ihm jetzt nützen? Aber er wehrte sich weiter zur Freude der Männer um ihn herum.

»Hier, Jude!« hörte ich einen von ihnen sagen. Er hob seinen in einem schweren Stiefel steckenden Fuß und trat den kleinen Mann in die Knie. »So nehmen wir einem Juden seine Sachen ab.«

Wie laut sie sind, war alles, was ich denken konnte, als sie ihn weiter traten. Ich hielt mich krampfhaft an dem Tisch fest, um nicht selber hinzufallen, als der Lärm weiterging. Leidenschaftlich und ohne jeden Grund haßte ich den Mann, der getreten wurde, haßte ihn, weil er so hilflos und so verletzt war. Schließlich hörte ich, wie sie ihn hinausschleppten.

Dann plötzlich stand ich dem Leiter des Verhörs gegenüber. Ich blickte auf, und meine Augen begegneten Kapteyns Augen, der unmittelbar hinter ihm stand.

»Diese Frau war die Rädelsführerin«, sagte er.

In meinem inneren Aufruhr wurde mir klar, daß es für den anderen wichtig war, ihm zu glauben. »Was Herr Kapteyn sagt, ist wahr«, sagte ich. »Die anderen — die wissen nichts davon. Ich habe ganz allein . . .«

»Name?« fragte der Vernehmende unerschütterlich.

»Cornelia ten Boom, und ich bin die . . .«

»Alter?«

»Zweiundfünfzig. All die anderen hatten mit der ganzen Sache nichts zu tun.«

»Beruf?«

»Das habe ich Ihnen doch schon ein Dutzendmal gesagt«, rief ich verzweifelt.

»Beruf?« wiederholte er.

Es war finstere Nacht, als wir endlich aus dem Gebäude herausgeführt wurden. Der grüne Bus war nicht mehr da. Statt dessen sahen wir einen sehr großen Armeelastwagen mit einer Plane. Soldaten mußten Vater über die hintere Wagenklappe hineinheben. Pickwick war nirgends zu sehen. Vater, Betsie und ich fanden Sitzplätze auf einer schmalen Bank, die an den Seiten entlanglief.

Der Lastwagen hatte keine Federn und rumpelte über die von Bomben zerlöcherten Straßen in Den Haag. Ich legte meinen Arm um Vater, damit er nicht mit dem Rücken an die Kante stieß. Willem, der hinten stand, erklärte flüsternd, was er von der verdunkelten Stadt sehen konnte. Wir hatten das Stadtzentrum verlassen und schienen jetzt westlich in Richtung Scheveningen zu fahren. Das also war unser Ziel: das Staatsgefängnis, das nach diesem bekannten Seebad benannt war.

Der Lastwagen hielt jäh an. Wir hörten das Quietschen von Eisen. Dann fuhren wir ein Stückchen weiter und hielten von neuem. Hinter uns schlug das massive Tor zu.

Wir stiegen aus und befanden uns in einem riesigen Hof, der von einer hohen Ziegelmauer umgeben war. Der Lastwagen hatte vor einem langen, niedrigen Gebäude gehalten; Soldaten scheuchten uns hinein. Ich blinzelte in den grellen Schein der Deckenlampen.

»Nasen zur Wand!«

Ich spürte, wie mich jemand von hinten stieß, und starrte auf die rissige Gipswand. Ich blickte, so weit ich konnte, erst nach links und dann nach rechts. Dort stand Willem und, nur durch zwei Fremde von ihm getrennt, Betsie. Auf der anderen Seite mir am nächsten sah ich Toos. Alle hatten wie ich das Gesicht der Wand zugekehrt. Wo war Vater?

Während des endlos langen Wartens wurden die Risse in der

Wand Gesichter, Landschaften, Tiergestalten. Dann öffnete sich irgendwo rechts eine Tür.

»Die weiblichen Gefangenen folgen mir!«

Die Stimme der Oberaufseherin klang so metallisch wie das Kreischen der Tür. Als ich von der Wand zurücktrat, drehte ich mich schnell um, um nach Vater auszuspähen. Dort saß er — ein paar Schritte von der Wand entfernt — auf einem Stuhl mit gerader Lehne. Einer der Wächter mußte ihn ihm gebracht haben.

Schon ging die Oberaufseherin in den langen Korridor, den ich durch die Tür sehen konnte. Aber ich zögerte, blickte verzweifelt zu Vater, Willem, Peter, all unseren tapferen Untergrundhelfern hin.

»Vater«, rief ich plötzlich, »Gott sei mit dir.«

Er wandte mir den Kopf zu. Das grelle Licht blitzte in seiner Brille.

»Und mit euch, meine Töchter«, sagte er.

Ich drehte mich um und folgte den anderen. Hinter mir wurde die Tür zugeschlagen. Und mit dir! Und mit dir! Ach, Vater, wann werde ich dich wiedersehen?

Betsie faßte mich an der Hand. Ein schmaler brauner Kokosläufer lag in der Mitte des breiten Flurs. Wir traten von dem feuchten Steinboden darauf.

»Gefangene gehen an der Seite.« Es war die gelangweilte Stimme der Aufseherin hinter uns. »Gefangene dürfen den Läufer nicht betreten.« Schuldbewußt verließen wir den nur für Privilegierte bestimmten »Pfad«.

Vor uns im Korridor stand ein Schreibtisch, hinter dem eine Frau in Uniform saß. Jede Gefangene, die dort anlangte, mußte zum tausendsten Mal an diesem Tage ihren Namen nennen und, was sie an Wertsachen bei sich hatte, auf den Tisch legen. Nollie, Betsie und ich nahmen unsere schönen Armbanduhren ab. Als ich meine der Frau reichte, deutete sie auf den schlichten goldenen Ring, der Mama gehört hatte. Ich zog ihn mühsam vom Finger und legte ihn mit meiner Brieftasche und ein paar Geldscheinen auf den Tisch.

Die Prozession durch den Korridor ging weiter. An den Wänden zu beiden Seiten reihten sich schmale Metalltüren aneinander. Der Zug der Frauen hielt jetzt an: Die Oberaufseherin steckte in eine der Türen einen Schlüssel. Wir hörten, wie ein Riegel zurückgezogen wurde und Angeln quietschten. Die Oberaufseherin blickte auf eine Liste, die sie in der Hand hielt, und rief dann den Namen einer Dame auf, die ich nicht kannte. Sie war eine von denen, die an Willems Gebetstunde teilgenommen hatten.

War es möglich, daß das erst gestern gewesen war? War heute erst Donnerstag abend? Das, was im Beje geschehen war, schien schon weit, weit zurückzuliegen. Die Tür wurde abgeschlossen, und der Zug zog weiter. Eine andere Tür wurde aufgeschlossen, eine andere Frau hinter ihr eingesperrt. Nie kamen zwei aus Haarlem in die gleiche Zelle. Unter den allersten Namen auf der Liste stand der Betsies. Sie ging durch die Tür, und noch ehe sie sich umdrehen oder auf Wiedersehen sagen konnte, hatte sich die Tür hinter ihr geschlossen. Zwei Zellen weiter mußte Nollie sich von mir trennen. Das Zuschlagen der beiden Türen dröhnte mir in den Ohren, als wir langsam weiterzogen.

Der Korridor teilte sich jetzt, und wir bogen nach links ein. Dann nach rechts, dann wieder nach links, eine nicht endenwollende Welt aus Stahl und Beton.

»Ten Boom, Cornelia.«

Eine Tür wurde aufgeschlossen. Die Zelle war lang und schmal, kaum breiter als die Tür. Eine Frau lag auf der einzigen Pritsche. Drei weitere lagen auf Strohmatratzen auf dem Boden. »Lassen Sie die hier auf der Pritsche liegen«, sagte die Oberaufseherin. »Sie ist krank.«

Und tatsächlich, noch ehe die Tür sich ganz geschlossen hatte, bekam ich einen schlimmen Hustenanfall.

»Wir wollen hier keine Kranke haben!« rief jemand. Die Frauen erhoben sich, wichen so weit von mir zurück, wie es das kleine Loch zuließ.

»Es . . . Es tut mir so leid . . .«, begann ich.

Aber eine andere Stimme unterbrach mich. »Das braucht es nicht. Es ist nicht Ihre Schuld. Kommen Sie, Frau Mikes, geben Sie ihr die Pritsche.« Dann wandte sich die junge Frau mir zu. »Lassen Sie mich Ihren Hut und Mantel aufhängen.«

Dankbar reichte ich ihr meinen Hut, den sie auf einen der Haken an der einen Wand, an der schon eine Menge Sachen hingen, hängte. Aber meinen Mantel behielt ich an, wickelte ihn fest um mich. Die Pritsche war jetzt frei, und ich ging zitternd auf sie zu, bemühte mich, nicht zu niesen oder zu atmen, als ich mich an meinen Zellengenossinnen vorüberquetschte. Ich ließ mich auf die schmale Lagerstatt sinken und bekam einen neuen heftigen Hustenanfall, als eine schwarze Staubwolke aus der schmutzigen Strohmatratze aufstieg. Schließlich ging der Anfall vorüber, und ich legte mich hin. Der üble Geruch des Strohs drang mir in die Nase. Ich spürte das harte Holz durch die dünne Matratze hindurch. In so einem Bett werde ich nie schlafen können, dachte ich, aber dann war es plötzlich Morgen, und man hörte Klappern vor der Tür. »Jetzt gibt's was zu essen«, sagten meine Leidensgenossinnen. Ich stand auf, so schwer es mir auch fiel. In der Tür hatte sich ein Metallviereck geöffnet, das ein kleines Bord bildete. Jemand im Flur stellte Blechteller mit dampfender Grütze darauf.

»Hier ist eine Neue«, rief die Frau, die Mikes hieß, durch die Öffnung. »Wir bekommen fünf Portionen!« Ein weiterer Blechteller wurde auf das Bord gestellt.

»Wenn Sie keinen Hunger haben«, sagte Frau Mikes, »dann esse ich Ihre Portion.«

Ich nahm meinen Teller, blickte auf die wäßrige graue Grütze und reichte ihn ihr stumm. Kurz darauf wurden die Teller eingesammelt und die »Durchreiche« in der Tür geschlossen.

Später am Morgen drehte sich ein Schlüssel im Schloß, der Riegel wurde zurückgeschoben, und die Tür öffnete sich so weit, daß der Toiletteneimer hinausgereicht werden konnte.

Die Waschschüssel wurde ebenfalls geleert und mit frischem Wasser gefüllt. Die Frauen nahmen ihre Strohmatratzen vom Boden auf und stapelten sie in einer Ecke, wo sich ein neuer Staubsturm erhob, so daß ich wieder hilflos hustete.

Dann legte sich die Gefängnis-Langeweile — die ich bald als das Schlimmste dort fürchten lernte — auf die Zelle. Anfangs versuchte ich, sie damit zu vertreiben, daß ich mich mit den anderen unterhielt, aber obwohl sie so höflich waren, wie Menschen es sein können, die buchstäblich aufeinander angewiesen leben, gingen sie auf meine Fragen nicht ein.

Das junge Mädchen, das am Abend so freundlich mit mir gesprochen hatte, war, wie ich erfuhr, eine erst siebzehnjährige Baronesse. Sie ging beständig hin und her, vom frühen Morgen bis zum Abend, wenn die an der Decke angebrachte Birne erlosch: sechs Schritte zur Tür, sechs Schritte zurück, denen, die auf dem Boden hockten, ausweichend, wie ein Tier in einem Käfig.

Frau Mikes war, wie sich herausstellte, eine Österreicherin, die Putzfrau in einem Bürogebäude gewesen war. Sie weinte oft um ihren Kanarienvogel. »Das arme kleine Geschöpf! Was wird aus ihm werden? Keiner wird daran denken, es zu füttern.«

Das ließ mich an unsere Katze denken. War Maher Shalal Hahbaz auf die Straße geflüchtet, oder verhungerte sie in dem versiegelten Haus? Ich malte mir aus, wie sie zwischen den Stuhlbeinen im Eßzimmer umherschlich und die Schultern vermißte, auf denen sie so gern herumgewandert war. Ich versuchte, in meinen Gedanken nicht die Treppe höher hinaufzugehen, um zu sehen, ob Thea, Mary, Eusie ... Nein! Ich konnte in dieser Zelle nichts für sie tun. Gott wußte, wo sie waren.

Eine meiner Zellengenossinnen hatte schon drei Jahre hier in Scheveningen verbracht. Sie hörte das Klappern des Essenkarrens lange vor uns anderen und konnte nach dem Geräusch der Schritte sagen, wer im Korridor vorüberging.

»Das ist die Strafgefangene, die im Krankenrevier hilft. Jemand ist krank ... Es ist das vierte Mal, daß jemand aus 316 zu einem Verhör geholt wird ...«

Ihre Welt bestand aus diesem Käfig und dem Korridor draußen — und bald wurde mir klar, wie weise es war, sich auf dieses enge, begrenzte Gesichtsfeld zu beschränken, und warum Gefangene instinktiv vor Fragen nach ihrem Leben in der Freiheit zurückschrecken. In den ersten Tagen meiner Gefangenschaft wurde ich halb verrückt vor Angst um Vater, Betsie, Willem und Pickwick. Konnte Vater das Essen vertragen? War Betsies Decke auch so dünn?

Aber diese Gedanken brachten mich in solche Verzweiflung, daß ich bald lernte, ihnen nicht nachzuhängen. In dem Bemühen, meine Gedanken auf etwas zu konzentrieren, bat ich Frau Mikes, mich das Kartenspiel zu lehren, das sie den ganzen Tag spielte. Sie hatte sich die Karten selber aus Toilettenpapier gemacht, von dem jede Gefangene täglich zwei Blatt bekam; den ganzen Tag saß sie auf einer Ecke der Pritsche, legte sie vor sich aus und sammelte sie dann wieder ein.

Ich machte nur langsam Fortschritte, da es im Beje nie Kartenspiele, welcher Art auch immer, gegeben hatte. Jetzt, da ich allmählich lernte, eine Patience zu legen, fragte ich mich, warum Vater so dagegen gewesen war. Es konnte bestimmt nichts harmloser sein als diese bunten Karten ...

Doch nach und nach entdeckte ich eine versteckte Gefahr. Es war ein Omen: wenn das Spiel aufging, hob sich meine Stimmung. Jemand aus Haarlem war freigelassen worden. Aber wenn es nicht aufging ... vielleicht war jemand krank, vielleicht hatte man die in dem geheimen Raum Versteckten gefunden.

Schließlich gab ich das Spiel ganz auf. Ich konnte einfach nicht solange sitzen. Immer mehr verbrachte ich die Tage wie die Nächte, warf mich auf der dünnen Strohmatratze hin und her und versuchte, eine Stellung zu finden, in der ich keinerlei Schmerz mehr spürte. Mein Kopf glühte, meine Arme schmerzten, ich spuckte beim Husten Blut. Eines Morgens, als ich mich im Fieber auf der Pritsche wälzte, öffnete sich die Zellentür, und vor mir stand die Oberaufseherin mit der metallenen Stimme, die ich an jenem Abend vor zwei Wochen gesehen hatte, als ich in diese Zelle kam.

»Ten Boom, Cornelia.« Mühsam erhob ich mich.

»Nehmen Sie Ihren Hut und Mantel, und kommen Sie mit mir.«

Ich blickte zu den anderen hin, ob sie wußten, was das zu bedeuten hatte. »Sie kommen hinaus«, sagte unsere Gefängnisexpertin. »Wenn man seinen Hut mitnehmen muß, kommt man immer ins Freie.«

Meinen Mantel hatte ich schon an, aber ich nahm meinen Hut vom Haken und ging in den Korridor. Die Oberaufseherin schloß die Tür ab und ging dann so schnell, daß mein Herz hämmerte, als ich hinter ihr hertrabte, darauf bedacht, nicht auf dem kostbaren Läufer zu gehen. Ich blickte sehnsüchtig auf die verschlossenen Türen zu beiden Seiten; ich konnte mich nicht erinnern, hinter welchen meine Schwestern verschwunden waren.

Schließlich traten wir auf den großen, von hohen Mauern umschlossenen Hof hinaus. Himmel! Zum erstenmal seit zwei Wochen blauer Himmel! Wie hoch die Wolken waren! Wie weiß und rein! Ich mußte plötzlich daran denken, wieviel der Himmel Mama bedeutet hatte.

»Schnell!« rief die Oberaufseherin.

Ich eilte zu dem glänzenden schwarzen Auto, neben dem sie stand. Sie öffnete die Hintertür, und ich stieg ein. Zwei andere saßen schon hinten, ein Soldat und eine Frau mit einem hageren grauen Gesicht. Vorne neben dem Fahrer saß in sich zusammengesunken ein schwerkrank aussehender Mann. Als der Wagen abfuhr, preßte die Frau neben mir ein blutbeflecktes Handtuch an ihren Mund und hustete hinein. Ich verstand: wir drei waren krank. Vielleicht fuhren wir zu einem Krankenhaus.

Das schwere Gefängnistor öffnete sich, und wir waren in der Außenwelt, fuhren durch breite Stadtstraßen. Ich blickte erstaunt aus dem Fenster. Menschen gingen vorüber, betrachteten Schaufenster, blieben stehen, um sich mit Freunden zu unterhalten. War ich wirklich vor erst zwei Wochen ebenso frei gewesen wie sie?

Der Wagen hielt vor einem Dienstgebäude; der Soldat und der Fahrer mußten den kranken Mann die drei Treppen hinauftragen. Wir betraten einen überfüllten Warteraum und setzten uns, von dem Soldaten keinen Moment aus den Augen gelassen. Als fast eine Stunde vergangen war, bat ich auf die Toilette gehen zu dürfen. Der Soldat sprach mit der hübschen Schwester in weißer Tracht, die hinter einem Schreibtisch saß.

»Kommen Sie hier entlang«, sagte sie kurz. Sie führte mich durch einen kleinen Flur in ein Badezimmer und schloß die Tür. »Schnell! Kann ich Ihnen irgendwie helfen?« Ich blinzelte sie an. »Ja. O ja! Eine Bibel! Könnten Sie mir eine Bibel besorgen? Und — Nadel und Faden! Und eine Zahnbürste! Und Seife!«

Sie biß sich auf die Lippe. »Es sind heute so viele Patienten — und der Soldat . . . Aber ich will sehen, was ich tun kann.« Und schon war sie verschwunden.

Doch ihre Freundlichkeit leuchtete in dem kleinen Raum so hell wie die weißen Kacheln und die blitzenden Hähne. Mein Herz jubelte, als ich den Schmutz von Hals und Gesicht wusch.

Eine Männerstimme vor der Tür: »Kommen Sie heraus! Sie sind lange genug dort drin gewesen.«

Hastig spülte ich die Seife ab und folgte dem Soldaten in den Warteraum zurück. Die Schwester saß wieder an ihrem Schreibtisch, kühl und sachlich wie zuvor, und blickte nicht auf. Nach einem weiteren langen Warten wurde mein Name aufgerufen. Der Arzt bat mich, zu husten, maß meine Temperatur und meinen Blutdruck, horchte mich mit dem Stethoskop ab und sagte, ich hätte eine feuchte Pleuritis, die zu einer Tuberkulose führen könne. Er schrieb etwas auf ein Blatt Papier. Dann legte er eine Hand auf die Türklinke und die andere auf meine Schulter. »Ich hoffe«, sagte er leise, »daß ich Ihnen mit dieser Diagnose nützen kann.«

In dem Warteraum wartete der Soldat schon auf mich. Als ich durch den Raum ging, erhob sich die Schwester plötzlich von ihrem Schreibtisch und eilte an mir vorüber. In meiner Hand lag ein kleines in Papier eingewickeltes Päckchen. Ich schob es in meine Manteltasche und folgte dem Soldaten die Treppe hinunter. Die andere Frau saß schon wieder im Auto. Der Kranke dagegen kam nicht wieder mit. Während der Rückfahrt tastete ich immer wieder nach dem Päckchen in meiner Tasche, streichelte es, ließ meine Finger an ihm entlanggleiten. Ach Gott, es ist so klein, aber trotzdem könnte es — laß es eine Bibel sein!

Die hohen Mauern ragten vor uns auf. Das Tor fiel hinter uns ins Schloß. Schließlich am Ende der langen, widerhallenden Korridore kam ich wieder in meine Zelle und zog das Päckchen aus meiner Tasche. Die anderen Frauen stellten sich um mich herum, als ich es mit zitternden Händen aus dem Zeitungspapier auswikkelte. Selbst die Baronesse blieb stehen, um zuzusehen. Als zwei Stücke kostbarer Vorkriegsseife erschienen, preßte Frau Mikes die Hand an den Mund, um nicht laut aufzujubeln. Es war keine Zahnbürste und keine Nähnadel darin, aber — etwas sehr Wertvolles: eine Schachtel Sicherheitsnadeln! Doch das Schönste von allem waren die vier Evangelien in vier kleinen Heften.

Ich teilte die Seife und die Sicherheitsnadeln unter uns fünf auf, aber obwohl ich auch die Hefte mit den anderen teilen wollte, weigerten sie sich, sie anzunehmen. »Die finden sie bei einem«, sagte die »Expertin«, »und dann bekommt man eine Extrastrafe und kalte Kost!« Kalte Kost — die Brotration ohne den täglichen Teller mit warmem Essen — war die beständig über unseren Köpfen schwebende Strafe. Waren wir zu laut, bekamen wir kalte Kost. Wenn wir mit dem Eimer zu langsam machten, gab's kalte Kost. Aber selbst kalte Kost, dachte ich, als ich meinen schmerzenden Körper auf dem Stroh ausstreckte, wäre ein bescheidener Preis für die kostbaren Hefte, die ich in den Händen hielt. Nachdem ich den Himmel und die Sonne wiedergesehen hatte, betäubte mich der Gestank, der vom Stroh aufstieg.

Zwei Abende später, kurz ehe die Birne an der Decke wie gewöhnlich ausging, wurde die Zellentür aufgerissen und eine Wärterin kam herein. »Ten Boom, Cornelia«, rief sie. »Packen Sie Ihre Sachen.« Ich starrte sie an. Eine wahnwitzige Hoffnung stieg in mir auf.

»Sie meinen . . .«

»Schweigen Sie. Kein Wort!«

Ich brauchte nicht lange, um meine »Sachen« zu packen: meinen Hut und eine Unterjacke, die nach dem vergeblichen Versuch, sie im viel benutzten Wasser der Waschschüssel rein zu bekommen, trocknete. Meinen Mantel mit dem kostbaren Inhalt seiner Taschen hatte ich noch keinmal ausgezogen. Warum dieses strenge Schweigegebot? fragte ich mich. Warum durfte ich mich nicht einmal von meinen Zellengenossinnen verabschieden? Wäre es so schlimm, wenn eine Wärterin hin und wieder einmal lächelte? Oder ein paar erklärende Worte sagte?

Ich verabschiedete mich von den anderen mit den Augen und folgte der kerzengerade gehenden Frau in den Flur. Sie blieb stehen, um die Tür abzuschließen, und dann ging sie den Korridor hinunter. Aber — in die falsche Richtung. Wir gingen nicht zum Ausgang, sondern tiefer in das Labyrinth des Gefängnisses hinein. Immer noch stumm blieb sie vor einer Tür stehen und schloß sie auf. Ich ging hinein. Die Tür wurde hinter mir zugeschlagen und der Riegel vorgeschoben.

Die Zelle glich der, die ich gerade verlassen hatte, aufs Haar, war sechs Schritte lang, zwei Schritte breit, und hinten stand eine einzige Pritsche. Aber auf dieser lag niemand.

Als die Schritte der Wärterin im Flur verhallten, lehnte ich mich an die kalte Eisentür. Allein! Allein hinter dieser Tür . . .

Ich durfte meinen Gedanken nicht freien Lauf lassen. Ich mußte vernünftig und ruhig bleiben. Sechs Schritte. Setz dich auf die Pritsche. Diese roch noch schlimmer als die andere. Das Stroh schien zu schimmeln. Ich griff nach der Decke: jemand hatte sich darauf erbrochen. Ich warf sie fort, aber es war zu spät. Ich eilte zu dem Eimer an der Tür und übergab mich.

In diesem Augenblick ging die Birne aus. Ich tastete mich zu der Pritsche zurück und hockte mich im Dunkeln darauf, biß die Zähne zusammen, um den Gestank ertragen zu können, wickelte meinen Mantel fester um mich. Es war bitterkalt in der Zelle. Der Wind peitschte gegen die Wand. Diese Zelle mußte an der Außenwand des Gefängnisses liegen; in der anderen hatte man den Wind nie so heulen hören.

Was hatte ich getan, daß man mich so von allen anderen trennte? Hatten sie die Unterhaltung mit der Schwester im Wartezimmer des Arztes belauscht, oder war vielleicht einer der Gefangenen aus Haarlem verhört worden und die Wahrheit über unsere Gruppe ans Licht gekommen? Vielleicht war meine Strafe jahrelange Einzelhaft . . .

Am Morgen hatte sich mein Fieber verschlimmert. Ich konnte mich nicht einmal solange auf den Beinen halten, um mein Essen von der Platte in der Tür zu nehmen, und nach etwa einer Stunde wurde der Teller, den ich nicht angerührt hatte, weggenommen.

Gegen Abend wurde die ›Durchreiche‹ wieder geöffnet, und ein dickes Stück dunkles Gefängnisbrot wurde sichtbar. Ich hatte jetzt einen Riesenhunger, konnte mich aber weniger bewegen denn je. Diejenige, die im Flur war, muß das bemerkt haben. Eine Hand ergriff das Brot und warf es mir zu. Es landete auf dem Fußboden neben der Pritsche, von dem ich es aufhob. Ich verschlang es gierig.

Ein paar Tage lang, in denen das Fieber nicht nachließ, wurde mir mein Abendbrot so ›serviert‹. Morgens öffnete sich die Tür, und eine Frau in blauem Kittel brachte mir den Teller heißer Grütze an die Pritsche. Mich hungerte nach dem Anblick eines Menschengesichts genauso wie nach dem Essen, und ich versuchte mit heiserem Krächzen ein Gespräch zu beginnen. Aber die Frau, offenbar auch eine Gefangene, schüttelte nur den Kopf und blickte dabei ängstlich zum Flur hin.

Jeden Tag kam auch jemand vom Krankenrevier herein, der mir aus einer sehr schmutzigen Flasche etwas von einer gelben beißenden Flüssigkeit einflößte. Das erstemal, als er die Zelle betrat, hielt ich ihn am Ärmel fest.

»Bitte«, keuchte ich. »Haben Sie einen achtzigjährigen Mann gesehen mit weißem Haar und langem Bart? Er heißt Casper ten Boom. Sie haben ihm bestimmt Medizin gebracht.«

Der Mann riß sich los. »Ich weiß nichts. Ich weiß gar nichts!«

Die Zellentür schlug gegen die Wand, und draußen sah man die Wärterin.

»Gefangenen in Einzelhaft ist jede Unterhaltung verboten. Wenn Sie noch ein Wort zu einer der zur Arbeit eingeteilten Gefangenen sagen, bekommen Sie während der Dauer Ihrer Strafe nur kalte Kost!« Und die Tür schlug hinter den beiden zu.

Jetzt, da ich allein war, waren Gedanken ein größeres Problem denn je. Ich konnte nicht einmal Verwandte und Freunde in meinen Gebeten bei Namen nennen. So groß war die Angst um sie und die Sehnsucht nach ihnen. »Die, die ich liebe, Herr«, sagte ich. »Du kennst sie. Du siehst sie. Ach — segne sie alle!«

Gedanken waren Feinde. Die Gefängnistasche ... wie oft öffnete ich sie in Gedanken und befühlte all die Dinge, die ich zurückgelassen hatte. Eine frische Bluse. Aspirin, eine ganze Pakkung, Zahnpasta mit Pfefferminzgeschmack und ...

Dann fing ich mich. Wie lächerlich waren solche Gedanken! Wenn die gleiche Situation noch einmal wiederkehrte, würde ich dann diese kleinen persönlichen Annehmlichkeiten wirklich Menschenleben vorziehen? Natürlich nicht. Aber in den dunklen Nächten, wenn der Wind heulte und ich vor Fieber glühte, zog ich die Tasche aus einer dunklen Ecke meines Inneren und durchwühlte sie wieder. Suchte ein Handtuch, das ich auf dieses kratzende Stroh legen konnte. Eine Aspirintablette ...

In nur einem war diese neue Zelle besser als die erste: sie hatte ein Fenster. Sieben waagrechte Eisenstäbe und vier senkrechte waren draußen angebracht. Es war hoch oben in der Wand, viel zu hoch, um hinauszublicken, aber durch diese achtundzwanzig Vierecke konnte ich den Himmel sehen. Den ganzen Tag starrte ich auf den Himmel. Manchmal zogen Wolken über die Vierecke, weiße oder rosa oder goldgesäumte, und wenn der Wind von Westen kam, konnte ich das Meer hören. Das Beste von allem aber war, wenn täglich fast eine Stunde lang — und je höher die Frühlingssonne stieg, um so länger — ein Sonnenstrahl in den dunklen kleinen Raum fiel.

Als es wärmer und ich kräftiger wurde, stand ich auf, um mir die Sonne ins Gesicht und auf die Brust scheinen zu lassen, bewegte mich mit dem sich bewegenden Licht an der Wand entlang und stieg schließlich auf die Pritsche, um auf Zehenspitzen in den letzten Strahlen zu stehen.

Als ich wieder genas, konnte ich länger lesen. Bis dahin hatte ich aus meinen Evangelien immer nur einen Vers gelesen; jetzt verschlang ich wie ein Verhungernder ein ganzes Evangelium auf einmal, erlebte das ganze wunderbare Drama der Erlösung.

Und da kam mir ein unglaublicher Gedanke. War es nicht möglich, daß dies — dies alles, das so nutzlos und sinnlos schien, dieser Krieg, das Scheveninger Gefängnis, diese Zelle — vorausgesehen und nicht zufällig war? Konnte es Teil dessen sein, was die

Evangelien als erste offenbart hatten? Hatte nicht Jesus — und hier las ich mit besonderer Spannung — eine ebenso schwere und unbestreitbare Niederlage erlitten wie unsere kleine Gruppe mit ihren bescheidenen Plänen? Aber ... wenn die Evangelien wirklich das Spiegelbild von Gottes Tun waren, dann war die Niederlage erst der Beginn. Ich blickte mich in der kahlen kleinen Zelle um und fragte mich, was für ein denkbarer Sieg aus einem Ort wie diesem hervorgehen konnte.

Die Gefängnisexpertin in der ersten Zelle hatte mich gelehrt, mir eine Art Messer herzustellen, indem ich eine Korsettstange auf dem rauhen Zementboden rieb. Es schien mir seltsam wichtig, den Lauf der Zeit zu verfolgen. Und darum kratzte ich mit einer geschärften Korsettstange einen Kalender in die Wand hinter der Pritsche. Am Ende jeden ereignislosen Tages machte ich einen Strich durch ein Viereck. Ich verzeichnete auch besondere Daten unter dem Kalender:

28. Februar 1944	Verhaftung
29. Februar 1944	Transport nach Scheveningen
16. März 1944	Beginn der Einzelhaft

Und jetzt noch ein neues Datum:

15. April 1944	mein Geburtstag im Gefängnis

Ein Geburtstag mußte gefeiert werden, aber ich suchte vergeblich nach einem einzigen heiteren Gegenstand. In der anderen Zelle hatte es wenigstens bunte Kleidungsstücke gegeben: der rote Hut der Baronesse, Frau Mikes' gelbe Bluse. Wie bereute ich es jetzt, daß ich mir so wenig aus Kleidern gemacht hatte!

Aber ich würde zu meiner Feier ein Lied singen. Ich wählte eins über die ›Braut von Haarlem‹, jenen Baum, der jetzt in voller Blüte stehen würde. Das Kinderlied brachte das alles ganz nahe: die blühenden Zweige, die wie Schnee auf den Gehsteig fallenden Blütenblätter ... »Ruhe!« Man hämmerte an meine Eisentür. »Gefangene in Einzelhaft haben zu schweigen.«

Ich saß auf der Pritsche, schlug das Johannesevangelium auf und las, bis der Schmerz in meinem Herzen verging.

Zwei Tage nach meinem Geburtstag wurde ich zum erstenmal in den großen Duschraum geführt. Eine Wärterin mit grimmigem Gesicht ging neben mir, und ihre düstere Miene konnte einem jede Vorfreude nehmen. Aber nichts vermochte das Wunder zu trüben, daß ich nach so vielen Wochen des Eingesperrtseins durch diesen breiten Flur gehen durfte.

An der Tür zum Duschraum warteten mehrere Frauen. Selbst unter dem Schweigegebot gab diese menschliche Nähe einem Mut und Kraft. Ich musterte die Gesichter der Herauskommenden, aber weder Betsie noch Nollie waren darunter, noch sonst jemand aus Haarlem. Dennoch erschienen sie mir alle als meine Schwestern. Wie reich ist jemand, der Menschengesichter sehen kann!

Auch die Dusche war herrlich. Sauberes warmes Wasser floß über meine entzündete Haut und durch mein verfilztes Haar. Ich kehrte mit einem neuen Entschluß in meine Zelle zurück. Das nächste Mal, wenn man mich duschen ließ, würde ich drei Evangelien mitnehmen. Die Einsamkeit lehrte mich, daß es unmöglich war, allein reich zu sein. Und ich war nicht mehr allein: in meine einsame Zelle kam eine kleine, geschäftige schwarze Ameise. Eines Morgens hätte ich sie fast zertreten, als ich meinen Eimer zur Tür trug. Doch zum Glück wurde mir noch rechtzeitig bewußt, was für eine Ehre ihr Besuch für mich war. Ich hockte mich hin und bewunderte den zierlichen Körper dieses Geschöpfes. Ich entschuldigte mich für meine Größe und versprach, nicht wieder gedankenlos umherzugehen. Nach einer Weile verschwand sie in einer Ritze im Fußboden. Aber als ich am Abend mein Stück Brot bekam, streute ich ein paar Krumen hin, und zu meiner Freude tauchte sie fast sofort auf. Sie pickte ein großes Stück, kämpfte sich mit ihm durch die Ritze und kam wieder, um noch mehr zu holen. Es war der Beginn einer Freundschaft.

Jetzt besuchte mich täglich nicht nur die Sonne, sondern auch dieser brave und hübsche Gast leistete mir Gesellschaft. Ja, bald war es eine ganze Schar. Wenn ich Kleider in der Waschschüssel auswusch oder mein selbstgemachtes Messer schärfte, hielt ich sofort inne, wenn die Ameisen erschienen, und hatte nur noch Augen für sie. Es wäre undenkbar gewesen, zweierlei zugleich zu tun, denn jedes vertrieb einem die Zeit.

Als ich eines Abends wieder einen langen, langen Tag aus dem in meine Wand gekratzten Kalender strich, hörte ich laute Rufe hinten im Flur. Die Antworten kamen von nicht so weit her. Und dann vernahm man laute Stimmen aus jeder Richtung. Wie konnten Gefangene einen solchen Lärm machen? Wo waren die Wärterinnen?

Die Durchreiche in meiner Tür war nicht geschlossen worden, seit man mir vor zwei Stunden das Brot gebracht hatte. Ich preßte mein Ohr daran und horchte, aber was dieser Tumult draußen bedeutete, war schwer auszumachen. Namen wurden von Zelle zu Zelle weitergegeben. Manche sangen, andere hämmerten gegen ihre Tür. Die Wärterinnen mußten alle fort sein!

»Seid doch bitte stiller«, sagte eine Stimme in der Nähe. »Laßt uns die Zeit nutzen, ehe sie zurück sind.« »Was ist los?« rief ich. »Wo sind die Wärterinnen?« »Die feiern«, antwortete die gleiche Stimme. »Heute ist Hitlers Geburtstag.« Dann riefen die Gefangenen also ihren eigenen Namen. Dies war unsere Chance, zu sagen, wo wir waren, und zu erfahren, wo die anderen steckten.

»Ich bin Corrie ten Boom«, rief ich durch die Durchreiche. »Meine ganze Familie ist hier irgendwo. Ach, hat jemand Caspar ten Boom gesehen? Betsie ten Boom? Nollie van Woerden? Willem ten Boom . . .« Ich rief Namen, bis ich heiser war, und hörte, wie sie dann von Mund zu Mund den langen Korridor hinunter weitergegeben wurden. Ich gab auch nach rechts und links Namen weiter.

Nach einer Weile kamen die ersten Antworten. »Frau van der Elst ist in Zelle 228 . . .« »Pietjes Arm hat sich sehr gebessert . . .« Manche der Botschaften weiterzugeben, wurde mir bitter schwer. »Das Verhör war sehr schlimm; er sitzt stumm in der Zelle.« »An meinen Ehemann Joost. Unser Baby ist in der vorigen Woche gestorben . . .«

Aber nicht nur diese persönlichen Nachrichten, sondern auch Gerüchte aus der Außenwelt gingen von Mund zu Mund, eins optimistischer als das andere.

»In Deutschland ist eine Revolution ausgebrochen!« »Die Alliierten sind in Europa gelandet!« »Der Krieg kann höchstens noch drei Wochen dauern.«

Schließlich begannen einige der Namen, die ich gerufen hatte, zu mir zurückzukehren. »Betsie ten Boom ist in Zelle 312. Wir sollen dir ausrichten, Gott ist gut.«

Ach, das war Betsie. Das war Betsie, wie sie leibte und lebte!

Dann: »Nollie van Woerden war in Zelle 318. Aber sie ist vor mehr als einem Monat entlassen worden.« Entlassen! Gott sei Dank!

Auch Toos war entlassen worden.

Die Nachrichten aus der Männerabteilung kamen langsamer, aber bei jeder, die kam, schlug mein Herz höher und höher: »Peter van Woerden. Entlassen!« »Herman Sluring. Entlassen!«

Nach dem, was ich hörte, schienen alle, die bei der Razzia im Beje festgenommen worden waren, mit Ausnahme von Betsie und mir, wieder frei zu sein. Nur über Vater konnte ich nicht das geringste erfahren, obwohl ich seinen Namen immer wieder rief. Niemand schien ihn gesehen zu haben. Niemand schien zu wissen ...

Vielleicht eine Woche später öffnete sich meine Zellentür, und ein Kalfaktor warf ein in Packpapier eingewickeltes Päckchen auf den Fußboden. Ich hob es auf, wog es auf der Hand ab, drehte es hin und her. Man hatte das Packpapier aufgerissen und das Päckchen alles andere als sorgfältig wieder eingewickelt. Trotzdem spürte ich Nollies liebende Hand. Ich saß auf der Pritsche und öffnete es.

Vertraut und willkommen wie ein Besuch von Zuhause kam der hellblaue, bestickte Pullover zum Vorschein. Als ich ihn anzog, war es mir, als legten sich Nollies Arme um meine Schultern. Außerdem waren in dem Päckchen Kekse und Vitamine, Nadel und Faden und ein leuchtend rotes Handtuch. Wie verstand Nollie, daß man im grauen Einerlei des Gefängnisses nach nichts so hungert wie nach Farben! Sie hatte sogar die Kekse in fröhliches rotes Cellophan eingewickelt. Ich biß in den ersten Keks, als mir plötzlich ein Gedanke kam. Ich zog die Pritsche von der Wand in die Mitte der Zelle, so daß sie unter der an der Decke angebrachten Glühbirne stand. Ich kletterte darauf und machte aus dem Papier einen Lampenschirm, und sofort war die kahle Zelle in ein rötliches Licht getaucht.

Ich wickelte die Kekse in das Packpapier, als mein Blick auf die in Nollies schöner, regelmäßiger Handschrift geschriebene Adresse fiel, die schräg zu der Briefmarke hinaufführte. Aber — Nollie schrieb nie schräg ... Die Marke! War nicht einmal ins Beje eine unter einer Marke verborgene, mit Bleistift in das kleine Viereck geschriebene Botschaft gekommen? Ich mußte über meine überreizte Phantasie lachen. Trotzdem befeuchtete ich das Papier in der Waschschüssel und löste die Marke vorsichtig ab.

Worte! Es stand wirklich etwas darunter geschrieben. Aber in einer so winzigen Schrift, daß ich wieder auf die Pritsche klettern und das Papier dicht an die Birne mit ihrem Papierschirm halten mußte.

»Alle Uhren in deinem Schrank sind gerettet.« Gerettet. Dann waren also Eusie, Henk, Mary und ... und ... aus dem geheimen Raum entkommen! Sie waren frei.

Ich brach in heftiges Schluchzen aus, und dann hörte ich schwere Schritte den Korridor hinunterkommen. Hastig sprang ich von der Pritsche herunter und schob sie wieder an die Wand. Die Durchreiche wurde laut geöffnet.

»Was soll der Lärm hier?«

»Es ist weiter nichts ... Ich werde es nicht wieder tun.«

Die Durchreiche schloß sich. Wie war ihnen das nur gelungen? Wie waren sie an den Soldaten ungeschoren vorbeigekommen? Ach, das war gleich. Du, lieber Gott, warst dort, und das allein ist wichtig ...

Die Zellentür öffnete sich, und ein deutscher Offizier, dem die Oberaufseherin folgte, trat ein. Meine Augen verschlangen geradezu die gut gebügelte Uniform mit ihren Reihen bunter Ordensbänder.

»Fräulein ten Boom«, begann der Offizier in ausgezeichnetem Holländisch, »ich habe ein paar Fragen, die Sie vielleicht werden beantworten können.«

Die Aufseherin trug einen kleinen Schemel und stellte ihn beflissen hin, damit der Offizier sich setzen konnte. Ich starrte sie an. War dieses unterwürfige Geschöpf der Satan mit der metallenen Stimme, der im Frauenflügel herrschte?

Der Offizier setzte sich und machte mir ein Zeichen, auf der Pritsche Platz zu nehmen. In dieser Geste war etwas, das nicht in die Gefängniswelt paßte. Als er ein kleines Notizbuch herauszog und Namen daraus vorzulesen begann, wurde ich mir plötzlich meiner zerknitterten Kleidung, meiner langen ungepflegten Fingernägel bewußt.

Zu meiner Erleichterung kannte ich wirklich keinen der Namen, die er vorlas — ich verstand jetzt die Weisheit des allgegenwärtigen ›Herrn Smit‹. Der Offizier stand auf.

»Werden Sie sich bald stark genug fühlen, um zu einem Verhör zu erscheinen?«

Wieder das normale menschliche Verhalten. »Ja ... Ich ... Ich hoffe es ...«

Der Offizier ging in den Flur hinaus, und die Aufseherin folgte ihm trippelnd mit dem Schemel.

Es war der 3. Mai; ich saß auf meiner Pritsche und nähte. Seit Nollies Päckchen gekommen war, hatte ich eine wunderbare neue Beschäftigung: einen nach dem anderen zog ich die Fäden aus dem roten Handtuch und stickte mit ihnen leuchtende Figuren in den Pyjama, den ich erst seit kurzer Zeit nicht mehr unter meiner Kleidung trug. Ein Fenster mit gekräuselten Gardinen. Eine Blume mit unmöglich vielen Blüten und Blättern. Ich hatte gerade damit begonnen, den Kopf einer Katze auf die rechte Tasche zu sticken, als die Durchreiche sich öffnete und fast im gleichen Augenblick wieder schloß.

Und da lag auf dem Fußboden der Zelle ein Brief. Ich warf den Pyjama hin und stürzte mich darauf. Nollies Handschrift. Meine Hand zitterte, als ich ihn aufhob.

Der Brief war von den Zensoren geöffnet und zurückgehalten worden: der Stempel war über eine Woche alt. Aber es war ein Brief, ein Brief von Zuhause. Der allererste! Warum diese plötzliche Angst? Ich faltete das Blatt auseinander.

»Corrie, kannst du sehr tapfer sein?«

Nein! Nein, ich konnte nicht tapfer sein. Ich mußte mich zwingen, weiterzulesen.

»Ich muß Dir etwas sehr Trauriges mitteilen. Vater hat seine Verhaftung nur zehn Tage überlebt. Er ist jetzt bei dem Herrn . . .«

Ich stand mit dem Brief in der Hand solange da, daß der tägliche Sonnenstrahl in die Zelle drang und darauf fiel. Vater . . . Vater . . . Der Brief glitzerte in dem durch die Gitterstäbe fallenden Licht, als ich ihn zu Ende las. Nollie wußte keine Einzelheiten, weder wie, noch wo er gestorben, ja nicht einmal, wo er begraben war.

Schritte kamen auf dem Kokosläufer vorüber. Ich rannte zur Tür und preßte mein Gesicht an die geschlossene Durchreiche. »Bitte, ach, bitte!«

Wer da vorüberging, blieb stehen. Die Durchreiche öffnete sich. »Was ist?«

»Bitte. Ich habe eine schlechte Nachricht — ach, bitte, gehen Sie nicht weg.«

»Warten Sie einen Augenblick.« Die Frau verschwand und kam dann mit einem Schlüsselbund wieder. Die Zellentür öffnete sich.

»Hier«, sie war noch jung und reichte mir eine Pille und ein Glas Wasser. »Es ist ein Beruhigungsmittel.«

»Ich habe gerade diesen Brief bekommen«, erklärte ich. »Man teilt mir darin mit, daß mein Vater — daß mein Vater gestorben ist.«

Das Mädchen starrte mich an. »Ihr Vater?« sagte sie in erstauntem Ton. Da wurde mir klar, wie uralt und hinfällig ich dieser jungen Person erscheinen mußte. Sie stand eine Weile in der Tür, sichtbar verlegen über meine Tränen.

»Was auch immer geschieht«, sagte sie schließlich, »Sie haben es sich selber eingebrockt, weil Sie die Gesetze übertreten haben!«

»Lieber Jesus«, flüsterte ich, als die Tür zugeschlagen wurde und ihre Schritte im Flur verhallten. »Wie töricht war es von mir, bei einem Menschen Hilfe zu suchen, wo du hier bist. Zu denken, daß Vater dich jetzt sieht, von Angesicht zu Angesicht! Zu denken, daß er und Mama jetzt wieder beieinander sind und durch jene leuchtenden Straßen gehen . . .«

Ich zog die Pritsche von der Wand und kratzte unter den Kalender noch ein Datum:

9. März 1944 Vater. Erlöst.

DER LEUTNANT

Ich ging hinter einer Aufseherin und ein wenig rechts von ihr, damit meine Füße den sakrosankten Kokosläufer nicht berührten, durch einen Flur, den ich noch nie gesehen hatte. Dann bogen wir rechts ein, gingen ein paar Stufen hinunter und dann von neuem nach rechts ... Was für ein endloses Labyrinth dieses Gefängnis war! Schließlich traten wir auf einen kleinen Innenhof hinaus. Es nieselte, und dieser Morgen Ende Mai war recht kühl: nach drei Monaten im Gefängnis wurde ich zu meinem ersten Verhör gebracht.

Vergitterte Fenster starrten aus hohen Gebäuden, die drei Seiten des Hofes umschlossen, herunter, während sich an der vierten eine hohe Mauer entlangzog, vor der eine Reihe kleiner Baracken stand. Hier also fanden die berüchtigten Verhöre statt. Mir stockte der Atem bei dem Gedanken an das, was ich am Abend von Hitlers Geburtstag weitergegeben hatte. »Herr Jesus, auch du bist zu einem Verhör gerufen worden. Sage mir, was ich tun soll.«

Und da sah ich etwas. Derjenige, der die vierte der Baracken benutzte, hatte neben ihr Tulpen gepflanzt. Sie waren bereits verblüht; nur noch hohe Stiele mit vergilbten Blättern. Aber ... »Lieber Gott, gib, daß ich in die Baracke Nr. 4 geführt werde.«

Die Aufseherin war stehengeblieben, um ein langes Militärcape, das an der Schulter ihrer Uniform befestigt war, abzuknöpfen. So vorm Regen geschützt, ging sie den knirschenden Kiesweg entlang, an der ersten, an der zweiten, an der dritten Baracke vorüber. Vor der vierten mit dem Blumenbeet an der Seite blieb sie stehen und klopfte an die Tür.

»Ja! Herein!« rief eine Männerstimme.

Sie stieß die Tür auf, grüßte mit ausgestrecktem Arm und stapfte davon. Der Mann trug eine Pistole in einem Lederhalfter und eine Uniform mit vielen Ordensbändern auf der Brust. Er nahm seine Mütze ab, und ich blickte in das Gesicht des freundlichen Menschen, der mich in meiner Zelle aufgesucht hatte.

»Ich bin Leutnant Rahms«, sagte er und ging zur Tür, um sie hinter mir zu schließen. »Aber Sie bibbern ja vor Kälte. Ich werde das Feuer schüren.«

Er füllte einen bauchigen Ofen aus einem kleinen Kohleneimer und glich einem freundlichen Hausvater, der einen Gast empfängt. Aber wenn dies nun eine raffinierte Falle war? Dieses freundliche, menschliche Benehmen — vielleicht hatte er erkannt, daß es eine wirksamere Methode war als Brutalität, um aus nach Liebe hungernden Menschen die Wahrheit herauszulocken. »Ach, Herr, laß mich nicht durch Leichtgläubigkeit das Leben eines anderen in Gefahr bringen!«

»Ich hoffe«, sagte der Offizier, »wir werden in diesem Frühling nicht mehr viele so kalte Tage haben wie den heute.« Er zog einen Sessel heran, damit ich mich auf ihn setzte.

Argwöhnisch ließ ich mich darauf nieder. Wie seltsam, nach drei Monaten in meinem Rücken und unter meinen Armen Lehnen zu spüren! Die aus dem Ofen kommende Hitze erwärmte den kleinen Raum schnell. Ohne es zu wollen, begann ich mich zu entspannen. Ich wagte eine schüchterne Bemerkung über die Tulpen: »Sie müssen, als sie blühten, wunderschön gewesen sein.«

Komischerweise schienen ihn meine Worte zu freuen. »O ja, das waren sie. Die schönsten, die ich je gezüchtet habe. Zu Hause hatten wir immer holländische Blumenzwiebeln.«

Wir sprachen noch eine Weile über Blumen, dann sagte er: »Ich möchte Ihnen gern helfen, Fräulein ten Boom. Aber Sie müssen mir alles sagen. Ich kann vielleicht etwas tun, doch nur, wenn Sie mir nichts verbergen.«

Da war also schon die Teufelsklaue. All die Freundlichkeit und Fürsorge, an die ich halb geglaubt hatte — alles nur ein Trick, um etwas herauszubekommen. Nun, warum nicht? Das war schließlich die Aufgabe dieses Mannes; aber auch ich hatte eine Aufgabe, wenn auch auf eine bescheidenere Art.

Eine Stunde lang verhörte er mich, benutzte jeden psychologischen Kniff, in dem die jungen Männer unserer Gruppe mich gedrillt hatten. Ich kam mir geradezu wie ein Student vor, der für ein schwieriges Examen gebüffelt hat und dann nur in den elementarsten Dingen geprüft wird. Mir wurde bald klar, daß sie glaubten, das Beje sei eine Zentrale gewesen, von der aus Raubzüge auf Lebensmittelkarten im ganzen Lande organisiert wurden. Von allem illegalen Tun, das ich auf dem Gewissen hatte, war dies wahrscheinlich das, von dem ich am wenigsten wußte. Außer daß ich die gestohlenen Karten jeden Monat bekam und weitergab, hatte ich keine Ahnung von den Einzelheiten. Anscheinend merkte der Leutnant, daß ich wirklich nichts wußte, denn nach einer Weile hörte er auf, meine blöden Antworten zu notieren.

»Ihre anderen Tätigkeiten, Fräulein ten Boom, was möchten Sie mir darüber sagen?«

»Andere Tätigkeiten? Ach, Sie meinen ... Sie möchten etwas über meine Gottesdienste für geistig zurückgebliebene Menschen wissen.« Und ich begann eifrig über meine Bemühungen, den Schwachsinnigen Gottes Wort zu verkünden, zu berichten.

Der Leutnant zog die Augenbrauen höher und höher. »Was für eine Zeit- und Kraftvergeudung«, rief er schließlich. »Wenn man jemand bekehren will, dann ist doch sicher ein normaler Mensch wichtiger als alle geistig Zurückgebliebenen in der Welt.«

Ich blickte in seine klugen blaugrauen Augen: das war die echte nationalsozialistische Philosophie, dachte ich. Auch das Tulpenbeet änderte nichts daran. Und dann hörte ich zu meinem Erstaunen mich kühn sagen: »Darf ich Ihnen die Wahrheit verraten, Leutnant Rahms?«

»Dieses Verhör, Fräulein ten Boom, geht von der Voraussetzung aus, daß Sie mir diese Ehre erweisen.«

»Die Wahrheit«, sagte ich schluckend, »ist, daß Gott manches anders sieht als wir — so anders, daß wir es nicht einmal erraten könnten, hätte er uns nicht ein Buch geschenkt, das uns dergleichen sagt.«

Ich wußte, es war Wahnsinn, so mit einem Nazioffizier zu sprechen. Aber da er nichts einwarf, fuhr ich fort: »In der Bibel steht, daß Gott uns nicht unserer Stärke oder unseres Verstandes wegen liebt, sondern nur darum, weil er uns geschaffen hat. Wir wissen, in seinen Augen kann ein Schwachsinniger wertvoller sein als eine Uhrmacherin oder — ein Leutnant.«

Leutnant Rahms stand abrupt auf. »Das genügt für heute.« Er ging schnell zur Tür. »Wache!« Ich hörte Schritte auf dem Kiesweg. »Bringen Sie die Gefangene in ihre Zelle zurück.«

Als ich der Aufseherin durch den langen, kalten Korridor folgte, war mir klar, daß ich einen Fehler gemacht hatte. Ich hatte zuviel gesagt. Ich hatte mir jede Chance zerstört, daß dieser Mann sich für meinen Fall interessieren könnte.

Und dennoch, am nächsten Morgen schloß Leutnant Rahms selber meine Zellentür auf und führte mich zu dem Verhör. Offenbar wußte er nichts von der Vorschrift, die Gefangenen untersagte, auf dem Läufer zu gehen, denn er hieß mich vor ihm in der Mitte des Flurs gehen. Ich vermied es auf dem Weg, die Aufseherinnen anzusehen, schuldbewußt wie ein wohlerzogener Hund, den man auf dem Sofa im Wohnzimmer entdeckt.

Diesmal schien die Sonne hell in den Hof hinein. »Heute«, sagte er, »werden wir draußen bleiben. Sie sind blaß. Ihnen fehlt die Sonne.«

Dankbar folgte ich ihm in die entgegengesetzte Ecke des kleinen Hofs, wo es wohlig warm war. Wir lehnten uns an die Mauer. »Ich habe heute nacht nicht schlafen können«, sagte der Leutnant. »Ich mußte immer wieder an das Buch denken, in dem so ganz andere Dinge stehen. Was steht sonst noch darin?«

Die Sonne brannte auf meine geschlossenen Lider. »Es steht darin«, begann ich langsam, »daß ein Licht in diese Welt gekommen ist, damit wir nicht länger im Finsteren leben müssen. Gibt es in Ihrem Leben eine Finsternis, Herr Leutnant?«

Ein sehr langes Schweigen folgte.

»Ja, eine große Finsternis«, sagte er schließlich. »Die Arbeit, die ich hier tue, geht über meine Kraft.«

Und dann erzählte er mir von seiner Frau und seinen Kindern in Bremen, von ihrem Garten, ihren Hunden, ihren Wanderungen im Sommerurlaub. »Bremen ist in der vorigen Woche bombardiert worden. Jeden Morgen frage ich mich, ob sie noch leben.«

»Da ist einer, der sie immer sieht, Herr Leutnant. Jesus ist das Licht, das die Bibel mir zeigt, das Licht, das sogar in solcher Finsternis wie Ihrer scheinen kann.«

Er zog den Schirm seiner Mütze tiefer über seine Augen, und der Totenschädel glänzte in der Sonne. Als er antwortete, sprach er so leise, daß ich ihn kaum verstehen konnte. »Was wissen Sie schon von der Finsternis, in der ich lebe . . .?«

Er verhörte mich noch zwei weitere Vormittage. Er fragte mich nicht einmal mehr dem Schein nach nach meiner Untergrundtätigkeit und schien sich besonders an dem zu freuen, was ich aus meiner Kindheit erzählte. Mama, Vater, die Tanten — immer wieder wollte er Geschichten über sie hören. Er kochte vor Zorn, als er hörte, daß Vater hier in Scheveningen gestorben war: in meiner Akte war nichts davon erwähnt.

Aber eine Frage wurde darin beantwortet: warum ich in Einzelhaft war. »Der Zustand der Gefangenen ist eine Ansteckungsgefahr für die anderen in der Zelle.« Ich starrte auf die wenigen getippten Worte, auf die Leutnant Rahms' Finger zeigte. Ich dachte an die langen Nächte, in denen der Wind heulte, an die unwirschen Wärterinnen mit ihren düsteren Mienen, an das Schweigegebot. »Aber wenn es keine Bestrafung war, warum waren sie dann so böse zu mir? Warum durfte ich nicht sprechen?«

Der Leutnant strich die Kanten der vor ihm liegenden Papiere glatt. »In einem Gefängnis ist es wie in jeder Institution, Fräulein ten Boom. Es gibt da bestimmte Vorschriften, bestimmte Verhaltensweisen . . .«

»Aber ich bin nicht mehr ansteckend. Seit vielen Wochen geht es mir besser, und meine eigene Schwester ist so nahe! Leutnant Rahms, wenn ich Betsie doch nur einmal sehen könnte, wenn ich nur einmal ein paar Minuten mit ihr sprechen könnte!«

Er blickte von dem Schreibtisch auf, und ich sah Trauer in seinen Augen. »Fräulein ten Boom, Sie halten mich vielleicht für einen mächtigen Mann. Ich trage eine Uniform. Ich habe eine gewisse Befehlsgewalt über die mir Unterstehenden, aber ich bin im Gefängnis, meine Liebe, in einem Gefängnis, das schlimmer ist als dieses.«

Es war das vierte und letzte Verhör, und wir waren für die Unterzeichnung des Protokolls wieder in die kleine Baracke gegangen. Er ergriff die fertige Abschrift, ging mit ihr davon und ließ mich dort allein. Es tat mir leid, mich von diesem Mann verabschieden zu müssen, der so ernst um Wahrheit rang. Das Schwerste schien für ihn zu sein, daß Christen leiden mußten. »Wie können Sie jetzt noch an Gott glauben?« hatte er gefragt. »Was für ein Gott ist das, der zugelassen hat, daß der alte Mann hier in Scheveningen hat sterben müssen?«

Ich erhob mich und streckte meine Hände zu dem kleinen bauchigen Ofen aus. Auch ich verstand nicht, warum Vater im Gefängnis hatte sterben müssen. Ich verstand sehr, sehr vieles nicht.

Und plötzlich fiel mir Vaters Antwort auf schwierige Fragen ein: »Manches Wissen ist zu schwer . . . Man kann es nicht tragen

. . . Dein Vater wird es für dich tragen, bis du es vermagst.« Ja, ich würde Leutnant Rahms von dem Koffer im Zuge erzählen — er hörte immer gern Geschichten über Vater.

Aber als der Leutnant zurückkehrte, begleitete ihn eine Aufseherin aus dem Frauenflügel.

»Das Verhör der Gefangenen ten Boom ist abgeschlossen«, sagte er, »und sie kehrt jetzt in ihre Zelle zurück.«

Die junge Frau nahm Haltung an. Als ich zur Tür hinausging, beugte sich Leutnant Rahms vor.

»Gehen Sie im Flur F langsam«, sagte er.

Die Aufseherin marschierte so schnell durch die von Türen gesäumten Flure, daß ich ihr nur mühsam folgen konnte. Vor uns schloß eine Kalfaktorin die Tür zu einer Zelle auf. Ich blieb hinter der Aufseherin, so weit ich es wagte, zurück, und mein Herz schlug wild. Es würde Betsies Zelle sein — ich wußte es.

Dann erreichte ich die Tür. Betsie drehte dem Flur den Rücken. Ich konnte den anmutig aufgesteckten Knoten ihres kastanienbraunen Haars sehen. Die anderen Frauen in der Zelle blickten neugierig in den Korridor, während sie ihren Kopf weiter über etwas auf ihrem Schoß Liegendes beugte. Aber ich hatte bereits gesehen, was Betsie aus ihrem ›Verließ‹ in Scheveningen gemacht hatte.

Denn so unglaublich und wider alle Logik es klingt, diese Zelle war bezaubernd. Meine Augen nahmen nur ein paar Einzelheiten wahr, als ich widerstrebend langsam vorüberging. Die Strohmatratzen waren zusammengerollt und nicht übereinander gestapelt, standen wie kleine Säulen an der Wand, und auf jeder lag ein Damenhut. Ein Kopftuch war irgendwie an der Wand drapiert. Der Inhalt einiger Lebensmittelpäckchen war auf einem kleinen Bord arrangiert; ich hörte, wie Betsie sagte: »Die rote Keksdose hier in die Mitte.« Selbst die an ihren Haken hängenden Mäntel verschönerten den Raum: ein Ärmel jeden Mantels lag auf der Schulter des nächsten; man glaubte, eine Reihe tanzender Kinder zu sehen . . .

»Schneller! Ein bißchen dalli!«

Ich eilte meiner Aufseherin nach. Ich hatte höchstens zwei Sekunden in die Zelle blicken können, aber ich ging durch die Korridore von Scheveningen mit Betsies heiterem Gemüt an meiner Seite.

Den ganzen Vormittag hörte ich Türen sich öffnen und schließen. Jetzt rasselten Schlüssel vor meiner eigenen: eine blutjunge Aufseherin in einer funkelnagelneuen Uniform kam hereingeeilt.

»Gefangene haben stramm zu stehen«, rief sie. Ich blickte sie verwundert an; das Mädchen mußte vor etwas oder jemand eine Todesangst haben.

Dann erschien ein Schatten in der Tür, und die größte Frau, die ich je gesehen hatte, betrat die Zelle. Ihre Züge waren von klassischer Schönheit. Sie hatte das Gesicht und die Größe einer Göttin, aber einer Göttin aus Marmor. Nicht das leiseste Gefühl sprach aus ihren Augen.

»Hier sind ja auch keine Laken, wie ich sehe«, sagte sie deutsch zu der Aufseherin. »Sorgen Sie dafür, daß sie am Freitag zwei bekommt. Eins muß alle vierzehn Tage gewechselt werden.«

Die eiskalten Augen schätzten mich genauso ab, wie sie das Bett abgeschätzt hatten. »Wie oft duscht die Gefangene?«

Die Aufseherin fuhr mit der Zunge über ihre Lippen. »Etwa einmal wöchentlich, Wachtmeisterin.«

Einmal wöchentlich! Einmal monatlich kam der Wahrheit näher.

»Sie wird von jetzt an zweimal in der Woche duschen.«

Laken! Regelmäßig Duschen! Würden die Verhältnisse besser werden? Die neue Oberaufseherin kam zwei Schritte weiter in die Zelle hinein; sie brauchte nicht auf die Pritsche zu steigen, um die an der Decke angebrachte elektrische Birne zu erreichen. Ritsch! Und schon war mein roter Zellophanlampenschirm entfernt. Sie deutete auf eine Zwiebackdose, die Nollie in einem zweiten Päckchen geschickt hatte.

»Dosen gehören nicht in die Zellen«, rief die kleine Aufseherin auf holländisch und in so empörtem Ton, als wäre das eine uralte Vorschrift.

Da ich mir nicht anders zu helfen wußte, schüttete ich die Zwiebäcke auf die Pritsche. Auf den unausgesprochenen Befehl der Oberaufseherin hin leerte ich eine Röhre mit Vitamintabletten und eine Tüte Pfefferminzdrops auf die gleiche Weise.

Im Gegensatz zu der früheren Oberaufseherin, die mit ihrer knarrenden Stimme unentwegt schrie und schalt, verhielt sich diese Frau erschreckend still. Mit einer Geste wies sie die Aufseherin an, sich zu überzeugen, ob etwas unter der Matratze versteckt war. Mir blieb das Herz fast stehen: das einzige mir noch gebliebene kostbare Evangelium lag dort. Die Aufseherin kniete sich hin und fuhr mit den Händen unter der Matratze entlang. Aber ob sie nun zu nervös war, um es gründlich zu tun, oder ob es eine geheimnisvollere Erklärung dafür gab, sie richtete sich auf und hatte nichts in der Hand.

Und schon waren die beiden weitergegangen.

Ich starrte fassungslos auf das Häufchen Pillen, Zwiebäcke und Drops auf meiner Pritsche, und dabei dachte ich, wenn diese Frau in Betsies Zelle kam, würde sie sie wieder in ein kahles Loch verwandeln. Ein kalter Wind blies durch das Gefängnis, reinigend, befehlend, tötend.

Diese hochgewachsene, sich so gerade haltende Frau, daß man glauben konnte, die habe einen Besenstiel verschluckt, schloß in der zweiten Hälfte Juni eines Nachmittags die Tür meiner Zelle auf und ließ Leutnant Rahms ein. Beim Anblick seines strengen Gesichts verschluckte ich die Begrüßung, die mir fast über die Lippen gekommen wäre.

»Kommen Sie mit mir in mein Büro«, sagte er kurz. »Der Notar ist da.«

Es war, als wären wir uns völlig fremd. »Notar?« sagte ich blöd.

»Zur Eröffnung des Testaments Ihres Vaters.« Er machte eine ungeduldige Bewegung; offenbar hatte diese unwichtige Angelegenheit ihn bei seiner Arbeit gestört.

»Das Gesetz fordert, daß die ganze Familie bei der Testamentseröffnung anwesend ist.«

Und schon verließ er die Zelle und ging den Flur hinunter. Ich bemühte mich, mit der stummen Frau neben mir Schritt zu halten. Das Gesetz? Was für ein Gesetz? Und seit wann kümmerte sich die deutsche Besatzungsmacht um holländische Gesetze? Familie. Anwesenheit der Familie . . . Nein, denke gar nicht daran.

An der Tür zum Hof machte die Oberaufseherin kehrt. Ich folgte Leutnant Rahms in den strahlenden Frühsommernachmittag. Er öffnete mir die Tür zu der vierten Baracke. Ehe meine Augen sich an das dämmrige Licht gewöhnt hatten, hatte Willem mich in seine Arme geschlossen.

»Corrie! Corrie! Schwesterchen!«

Vor fünfzig Jahren hatte er mich so genannt.

Und dann legte auch Nollie einen Arm um mich, während sie mit dem anderen Betsie an sich drückte, als ob sie uns durch die

Kraft ihres Griffs für immer festhalten wollte. Betsie! Nollie! Willem! Ich wußte nicht, welchen Namen ich als ersten rufen sollte. Auch Tine war in dem kleinen Raum — und Flip! Und noch ein anderer Mann. Als ich endlich zu ihm hinblicken konnte, sah ich, es war der Haarlemer Notar, der ein paarmal zu einer kurzen Beratung im Uhrenladen gewesen war. Wir konnten uns nicht satt sehen aneinander und redeten alle zugleich.

Betsie war schmal und hatte die Gefängnisblässe. Aber am meisten erschreckte mich Willem. Sein Gesicht war eingefallen, gelb und von Schmerz gezeichnet. Seit er aus Scheveningen nach Hause gekommen war, sah er so aus, sagte Tine. Zwei der acht Mitgefangenen in der winzigen Zelle waren an Gelbsucht gestorben, während er dort war.

Willem! Ich konnte seinen Anblick kaum ertragen. Ich faßte ihn unter und stellte mich so dicht neben ihn, daß ich ihn nicht ansehen mußte, mich aber an seiner tiefen, wohlklingenden Stimme erfreuen konnte. Willem schien sich über seine eigene Krankheit gar nicht klar zu sein. Er machte sich nur um Kik Sorgen. Dieser hübsche blonde Junge war im Monat zuvor geschnappt worden, als er einem amerikanischen Fallschirmjäger die Nordsee zu erreichen half. Willem hatte gehört, daß er vor kurzem in einem Gefangenenzug nach Deutschland gebracht worden sei.

Was Vater betraf, so hatten sie etwas mehr über seine letzten Tage erfahren. Er war anscheinend in seiner Zelle erkrankt und im Krankenauto ins Städtische Krankenhaus in Den Haag gebracht worden. Aber dort war kein Bett frei gewesen, und so war Vater in einem Flur gestorben, ohne daß man wußte, wer er war. Die Krankenhausverwaltung hatte den unbekannten alten Mann auf dem Armenfriedhof begraben lassen.

Ich blickte zu Leutnant Rahms hinüber. Er kehrte uns, während wir uns unterhielten, den Rücken und starrte auf den kalten Ofen. Schnell öffnete ich das Päckchen, das Nollie mir bei der ersten Umarmung in die Hand geschoben hatte. Es enthielt das, was mir mein vor Freude hüpfendes Herz gesagt hatte: eine Bibel, die ganze Bibel in einem Band, so klein, daß ich sie in dem kleinen Beutel, in dem sie steckte, um den Hals tragen konnte, ähnlich denen, in denen wir einst unsere Personalausweise getragen hatten. Ich streifte mir die Schnur schnell über den Kopf und ließ den Beutel dann hinten unter meiner Bluse hinabgleiten. Ich fand nicht einmal die Worte, um ihr dafür zu danken. Erst am Tag zuvor hatte ich beim Anstehen vor der Dusche das letzte mir verbliebene Evangelium verschenkt.

»Wir wissen nicht alle Einzelheiten«, sagte Willem leise zu Betsie, »wissen nur, daß die Soldaten nach ein paar Tagen im Beje von Polizisten abgelöst worden sind.«

In der vierten Nacht, glaube er, sei es dem Chef geglückt, Rolf und einen anderen aus unserer Gruppe zur gleichen Wache einzuteilen. Sie hätten alle Juden gesund vorgefunden, wenn auch in qualvoller Enge und hungrig, und sie dann in neue Verstecke gebracht.

»Und jetzt?« flüsterte ich. »Geht es ihnen jetzt gut?«

Willem blickte mich mit seinen tiefliegenden Augen an. Er hatte es nie fertiggebracht, schmerzliche Wahrheiten zu verbergen. »Es geht ihnen allen gut, Corrie — bis auf Mary.« Die alte Mary Itallie, sagte er, sei eines Tages, als sie durch eine Straße ging, verhaftet worden. Wohin sie hatte gehen wollen und warum sie sich am hellen Tage in diese Gefahr gebracht hatte, wisse niemand.

»Die Zeit ist um.« Leutnant Rahms wandte sich von dem Ofen ab und machte dem Notar ein Zeichen. »Beginnen Sie mit der Verlesung des Testaments.«

Es war ein kurzes unförmliches Dokument: das Beje sollte, solange wir das wollten, Betsies und mein Zuhause sein. Sollte durch den Verkauf des Hauses oder Uhrenladens Geld einkommen, dann, wußte er, würden wir daran denken, daß er uns alle gleichermaßen geliebt habe. Er befehle uns freudig der ständigen Fürsorge Gottes an.

In dem Schweigen, das folgte, senkten wir alle plötzlich den Kopf. »Herr Jesus«, sagte Willem, »wir danken dir für die Augenblicke, die wir unter dem Schutz dieses guten Menschen zusammen sein durften. Wie können wir ihm danken? Es steht nicht in unserer Macht, ihm einen Dienst zu erweisen. Herr, erlaube uns, dieses Erbe unseres Vaters auch mit ihm zu teilen. Nimm dich auch seiner und seiner Familie ständig an.«

Auf dem Kiesweg draußen hörte man die Schritte einer Aufseherin.

VUGHT

»Packen Sie Ihre Sachen! Machen Sie sich zum Abtransport fertig! Verstauen Sie Ihre Habseligkeiten in Kissenbezügen!« Die lauten Rufe der Aufseherinnen hallten durch den langen Flur.

Ich stand in der Mitte meiner Zelle und zitterte vor Erregung. Abtransport! Das bedeutete, daß etwas geschah! Wir verließen das Gefängnis. Die Gegeninvasion mußte begonnen haben.

Ich zog den Kissenbezug von dem kleinen Strohbündel ab. Wie kostbar war dieses Stück rauhen Nessels in den beiden Wochen gewesen, seit ich es bekommen hatte: ein Schutz für meinen Kopf gegen das Kratzen und den Gestank der Lagerstatt. Es spielte kaum eine Rolle, daß die versprochenen Laken nie aufgetaucht waren.

Mit bebenden Händen warf ich das Wenige, das ich besaß, hinein, den blauen Pullover, den Pyjama, der jetzt vorn und hinten mit Figuren bestickt war, Zahnbürste, Kamm, ein paar noch übriggebliebene Zwiebäcke, die in Toilettenpapier eingewickelt waren, meine Bibel war in dem Beutel auf meinem Rücken, aus dem ich sie nur herausnahm, wenn ich in ihr las.

Ich zog meinen Mantel an, setzte meinen Hut auf und stellte mich, den Kissenbezug mit beiden Händen festhaltend, vor die Eisentür. Es war noch früh am Morgen; der Blechteller vom Frühstück stand noch auf dem Brett in der Tür. Das Sich-zum-Abmarsch-Fertigmachen hatte nur ein paar Minuten gedauert.

Eine Stunde verstrich. Ich setzte mich auf die Pritsche. Zwei Stunden. Drei. An diesem Tage Ende Juni war es warm in der Zelle. Ich setzte meinen Hut ab, zog meinen Mantel aus und legte beides neben mich auf die Pritsche.

Immer mehr Zeit verging. Ich blickte unverwandt auf das Ameisenloch in der Hoffnung, daß mich meine kleinen Freunde noch ein letztes Mal besuchten. Aber sie erschienen nicht. Wahrscheinlich hatte ich sie durch meinen Übereifer verscheucht. Ich griff in den Kissenbezug, nahm einen der Zwiebäcke heraus, zerbröckelte ihn und streute die Krümel um die schmale Spalte herum. Keine Ameise. Sie blieben in ihrem sicheren Versteck.

Und plötzlich wurde mir klar, daß auch dies eine Botschaft war. Eine letzte stumme Aussprache unter Freunden. Denn auch ich hatte ein Versteck, wenn Gefahr drohte. Jesus war dieser Ort, meine Felsenspalte. Ich preßte einen Finger auf die winzige Spalte.

Die Nachmittagssonne erschien auf der Wand und bewegte sich langsam durch die Zelle. Und dann plötzlich wurde es im Flur laut. Türen knirschten, Riegel wurden laut zurückgeschoben. »Alle verlassen schnellstens ihre Zellen. Keiner spricht ein Wort!«

Ich ergriff meinen Hut und Mantel. Meine Tür wurde geöffnet. »In Reihen zu fünft aufstellen ...« Die Aufseherin war schon in der nächsten Zelle.

Ich ging in den Flur hinaus. Unzählige Frauen drängten sich dort. Ich hätte nie gedacht, daß so viele Frauen in den an diesem Flur liegenden Zellen hausten. Wir wechselten Blicke. »In - va - sion«, sagten wir, stumm die Lippen bewegend. Das lautlose Wort verbreitete sich in Windeseile unter den sich drängenden Frauen. Sicherlich hatte die Invasion Hollands begonnen. Warum sonst würden sie das Gefängnis räumen? Wohin würde man uns bringen? Nicht nach Deutschland! Herr Jesus, nicht nach Deutschland!

Der Befehl zum Abmarsch wurde gegeben, und wir schlurften durch die langen, kalten Flure, jede mit einem Kissenbezug, in dem ihre Habseligkeiten unten einen kleinen Wulst bildeten. Schließlich gelangten wir auf den großen Hof hinter dem Gefängnistor, und ein weiteres langes Warten begann. Aber da die Nachmittagssonne uns auf den Rücken brannte, war dieses Warten nicht unangenehm. Weit hinten rechts konnte ich die Marschsäulen der Männer sehen. Aber so sehr ich auch den Hals reckte, Betsie konnte ich nirgends erspähen.

Schließlich öffnete sich das große Tor, und ein Konvoi grauer Busse fuhr hindurch. Ich mußte in den dritten steigen. Die Sitze waren entfernt worden, die Scheiben übermalt. Der Bus schwankte bedenklich, als er anfuhr, aber wir standen so dicht nebeneinander, daß wir nicht fallen konnten. Als der Bus hielt, waren wir auf einem Güterbahnhof am Stadtrand.

Wieder mußten wir uns in Reihen aufstellen. Die Stimmen der Aufseherinnen klangen erregt und schrill. Wir mußten nach vorn blicken. Hinter uns hörten wir Busse kommen und wieder abfahren. Es war noch hell, aber an dem Knurren in meinem Magen merkte ich, daß die Abendbrotzeit längst vorüber war.

Und dann entdeckte ich vor und links von mir in der gerade angekommenen Gruppe Gefangener einen kastanienbraunen Haarknoten. Betsie! Irgendwie würde es mir gelingen, zu ihr zu gelangen. Statt das Ende des Tages herbeizusehnen, betete ich jetzt, daß wir hier blieben, bis es dunkel war.

Langsam verging der lange Junitag. Es donnerte, und ein paar Regentropfen fielen. Und endlich rollte eine lange Reihe nicht erleuchteter Eisenbahnwagen langsam über das Gleis vor uns. Sie hielten an, fuhren dann ein kleines Stück weiter und hielten von neuem. Nach einer Weile begannen sie rückwärts zu fahren. Mehr als eine Stunde ging das so weiter.

Als der Befehl zum Einsteigen kam, war es stockdunkel. Die Reihen der Gefangenen drängten vorwärts. Hinter uns brüllten und fluchten die Aufseherinnen: es machte sie offenbar nervös, einen so großen Gefangenentransport begleiten zu müssen. Ich schlängelte mich nach links. Ellbogen und Schultern waren mir im Wege, aber ich ließ mich davon nicht abschrecken. Vor dem Trittbrett des Wagens streckte ich die Hand aus und ergriff Betsies.

Zusammen kletterten wir hinein. Zusammen fanden wir Platz in einem überfüllten Abteil, zusammen weinten wir Tränen der Dankbarkeit. Die vier Monate in Scheveningen waren unser erstes Getrenntsein in dreiundfünfzig Jahren gewesen; was auch geschehen mochte, ich glaubte, alles ertragen zu können, wenn Betsie an meiner Seite war.

Es vergingen noch mehrere Stunden, ehe der überfüllte Zug sich in Bewegung setzte, aber für uns flogen sie dahin. Wir hatten uns soviel zu sagen. Betsie erzählte mir von jeder ihrer Zellengenossinnen —, und ich berichtete ihr von meinen und dem kleinen Loch, in das sie flüchteten, sobald Gefahr drohte. Wie immer hatte Betsie anderen alles gegeben, was sie hatte. Die Bibel, die Nollie bei ihr eingeschmuggelt hatte, hatte sie in einzelne Teile zerrissen und Buch für Buch verschenkt.

Es muß zwei oder drei Uhr morgens gewesen sein, als der Zug endlich abfuhr . . . Wir preßten das Gesicht an die Scheibe, aber es war stockfinster, und Wolken verdeckten den Mond. Alle dachten nur das eine: geht die Fahrt nach Deutschland? Einmal erspähten wir einen Turm, und Betsie war sicher, es sei der Turm der Kathedrale in Delft. Etwa eine Stunde später merkten wir, daß wir über eine Brücke fuhren. Es war eine sehr lange Brücke. Als Minuten vergingen und wir immer noch nicht die andere Seite erreicht hatten, blickten Betsie und ich einander an. Die Moerdijk-Brücke! Dann fuhren wir in südlicher Richtung. Nicht nach Osten, nach Deutschland, sondern nach Süden, nach Brabant. Zum zweitenmal in dieser Nacht weinten wir Freudentränen. Ich lehnte meinen Kopf an die Holzwand, schloß die Augen und mußte an eine andere Fahrt nach Brabant denken. Mama hatte damals, als der Zug schwankte, Vaters Hand ergriffen. Und dann auch — da es Juni war — an den Juni der ersten Predigt, an den Garten hinter dem Pfarrhaus, an Karel ...

Ich muß darüber eingeschlafen sein, denn als ich die Augen aufschlug, sah ich, daß der Zug hielt. Stimmen brüllten: »Schneller! Ein bißchen dalli!« Ein unheimlicher Lichtschein fiel durch die Fenster. Betsie und ich stolperten hinter den anderen durch den Gang und dann das Trittbrett hinunter. Wir schienen mitten in einem Wald zu halten. In Bäumen montierte Scheinwerfer erleuchteten einen breiten Weg, der von Soldaten mit Gewehren im Anschlag gesäumt war.

Angetrieben von den lauten Rufen der Aufseherinnen, gingen Betsie und ich zwischen den Gewehrläufen hindurch. »Schneller! Keine Lücken lassen. In Fünferreihen marschieren!« Betsie atmete schwer, und dennoch brüllten sie uns zu, schneller zu gehen. Es hatte hier stark geregnet, denn es waren tiefe Pfützen auf dem Weg. Vor uns trat eine weißhaarige Frau zur Seite, um eine zu umgehen. Ein Soldat schlug sie mit einem Gewehrkolben in den Rücken. Ich nahm Betsie ihren Kissenbezug ab, faßte sie unter und zog sie mit mir mit.

Dieser Alptraummarsch dauerte fast eine halbe Stunde. Schließlich kamen wir zu einer Reihe von Holzbaracken, die von einem Stacheldrahtzaun umgeben waren. In der, in die wir hineingingen, waren keine Betten, nur lange Tische, um die herum Bänke ohne Lehnen standen. Betsie und ich ließen uns auf eine von ihnen fallen. Unter meinem Arm konnte ich das unregelmäßige Flattern ihres Herzens spüren. Wir schliefen erschöpft ein, wobei unsere Köpfe auf den Tisch sanken.

Als wir aufwachten, flutete die Sonne durch die Barackenfenster herein. Wir waren hungrig und durstig: seit dem Frühstück in Scheveningen am Morgen zuvor hatten wir weder etwas zu essen noch zu trinken bekommen. Doch den ganzen Tag zeigte sich keine Aufseherin oder eine andere »Amtsperson« in der Baracke. Schließlich, als die Sonne schon tief am Himmel stand, erschien ein Gefangenentrupp mit einem großen Bottich, in dem dicker dampfender Brei war, den wir gierig verschlangen.

Und so begann unser Aufenthalt an diesem Ort, der, wie wir erfuhren, nach dem nächstgelegenen kleinen Dorf Vught hieß. Während Scheveningen ein reguläres holländisches Gefängnis war, hatte die Besatzungsmacht Vught als Konzentrationslager für politische Gefangene errichtet. Wir waren noch nicht in dem eigentlichen Lager, sondern in einer Art Quarantänelager außerhalb von ihm. Das Schlimmste hier war die Untätigkeit. Wir saßen zusammengepfercht um die langen Tische herum und hatten nichts zu tun. Wir wurden von den gleichen jungen Frauen bewacht, die durch die Korridore in Scheveningen ihre Runden gemacht hatten. Solange wir hinter Schloß und Riegel gesessen hatten, waren sie ihrer Aufgabe gewachsen gewesen, hier waren sie es nicht. Ihre einzige Methode, die Disziplin aufrechtzuerhalten, waren gemeine Schimpfworte und Kollektivstrafen. Halbe Rationen für die ganze Baracke. Ein Extraappell, bei dem man stramm stehen mußte. Sprechverbot für vierundzwanzig Stunden.

Nur eine von ihnen drohte oder schrie nie. Es war die große stumme Oberaufseherin aus Scheveningen. Sie erschien in Vught am dritten Morgen während des Appells, und sofort kam etwas wie Ordnung in unsere rebellischen und liederlichen Reihen. Wir standen stramm da, die Hände an die Seiten gepreßt, und jedes Flüstern hörte auf, als die kalten blauen Augen uns musterten. Unter uns gaben wir ihr den Spitznamen »Der General«. Während eines langen Appells fiel eine schwangere Frau an unserem Tisch auf den Boden und stieß dabei mit dem Kopf gegen die Kante der Bank. »Der General« verlas mit monotoner Stimme weiter die Namen.

Wir waren in diesem Außenlager in Vught fast zwei Wochen, als Betsie und ich mit einem Dutzend anderer während des Morgenappells aufgefordert wurden, vorzutreten. Nachdem die anderen entlassen waren, verteilte der General mit Schreibmaschine geschriebene Formulare und befahl uns, um neun Uhr damit in der Verwaltungsbaracke zu sein.

Einer der Gefangenen, die uns das Essen brachten — er saß schon lange im Hauptlager — lächelte ermutigend, als er das Frühstück austeilte. »Ihr seid frei!« flüsterte er. »Diese rosa Formulare bedeuten Entlassung.«

Betsie und ich starrten ungläubig auf die Blätter in unseren Händen. Frei? Durften wir das Lager verlassen und nach Hause zurückkehren? Andere drängten sich um uns, beglückwünschten und umarmten uns. Die Frauen aus Betsies Zelle in Scheveningen weinten hemmungslos.

»Der Krieg wird bestimmt bald vorüber sein«, sagten wir ihnen. Wir leerten unsere Kissenbezüge und verteilten unsere wenigen Habseligkeiten unter die, die bleiben mußten.

Schon lange vor neun Uhr standen wir in dem großen Vorzimmer der Verwaltungsbaracke. Schließlich wurden wir in ein Büro gerufen, wo unsere Formulare geprüft, gestempelt und einem Wachtposten übergeben wurden. Wir folgten dem Mann durch einen Flur in ein anderes Büro. Stundenlang ging das so weiter.

Wir wurden von einem Raum und Beamten in und zu einem anderen geführt, wurden verhört, man nahm uns die Fingerabdrücke ab und schickte uns dann zur nächsten Stelle. Die Gruppe der Gefangenen wuchs und wuchs, bis vierzig oder fünfzig von uns hinter einem hohen Stacheldrahtzaun standen. Jenseits des Zauns war ein weißes Birkenwäldchen und über uns der blaue Himmel von Brabant. Auch wir gehörten zu dieser weiten freien Welt.

In der nächsten Baracke, die wir betraten, stand eine Reihe von Schreibtischen, hinter denen Sekretärinnen saßen. An einem von ihnen gab man mir einen braunen Papierumschlag. Ich schüttete den Inhalt auf meine Hand und blickte im nächsten Augenblick ungläubig auf meine Alpinauhr und Mamas Ring. Sogar meine Papiergulden waren darin. Seit der Nacht, da wir in Scheveningen ankamen, hatte ich das alles nicht gesehen. Geld . . . das gehörte zu der Welt der Läden und Straßenbahnen. Wir konnten mit diesem Geld zu einem Bahnhof gehen. »Zweimal Haarlem, bitte . . .«

Wir marschierten zwischen Stacheldrahtzäunen entlang und dann durch ein breites Tor in ein Lager, das aus niedrigen Baracken mit Wellblechdächern bestand. Wieder mußte man sich aufreihen, warten, von Tisch zu Tisch schlurfen. Aber schon wurden das Lager und diese Prozeduren etwas unwirklich.

Dann standen wir vor einer hohen Theke, und ein junger Angestellter sagte: »Geben Sie alle Ihre persönlichen Sachen an dem mit C gekennzeichneten Fenster ab.«

»Aber man hat sie mir doch erst gerade zurückgegeben!«

»Uhren, Portemonnaies, Schmuck . . .«

Mechanisch, wie ein Automat ohne eigenen Willen, reichte ich Uhr, Ring und Geld durch das kleine vergitterte Fenster. Eine Frau in Uniform warf alles in eine Metallbüchse. »Weitergehen! Die Nächste!«

Dann wurden wir also doch nicht entlassen? Vor diesem Gebäude ließ ein Offizier mit rotem Gesicht uns in zwei Gliedern antreten und führte uns über einen großen Exerzierplatz. An einem Ende dieses Platzes hob eine Gruppe von Männern, die alle kahlgeschoren waren und gestreifte Overalls trugen, einen Graben aus. Was bedeutete das? Was bedeutete das alles, dieser ganze lange Tag, dieses Sich-Aufstellen und Warten? Betsies Gesicht war grau vor Müdigkeit, und sie stolperte mehr als sie ging.

Durch einen anderen Zaun gelangten wir in einen Hof, der an drei Seiten von niedrigen Betongebäuden umgeben war. Eine junge Frau in einem Militärcape erwartete uns.

»Gefangene halt!« brüllte der rotgesichtige Offizier. »Erklären Sie diesen Neuankömmlingen die Funktion der Bunker, Fräulein.«

»Die Bunker«, begann das Mädchen mit der gelangweilten Stimme eines Museumsführers, »sind für jene bestimmt, die sich gegen die Lagervorschriften vergehen. Die Räume sind gemütlich, wenn auch etwas klein: ungefähr so groß wie ein Ankleideschrank in einer Turnhalle. Um den Erziehungsprozeß zu beschleunigen, werden die Hände über dem Kopf zusammengebunden . . .«

Noch während dieser grauenhaften Schilderung kamen zwei Wärter aus den Bunkern, die einen Mann zwischen sich trugen. Er lebte, denn seine Beine bewegten sich, aber er schien sich dessen selber gar nicht bewußt zu sein. Seine Augen lagen tief in den Höhlen. »Nicht jeder«, sagte das Mädchen in dem gelangweilten Ton, »weiß den Aufenthalt in den Bunkern zu schätzen.«

Ich ergriff Betsies Arm, als der Befehl kam, weiterzumarschieren, aber mehr, um selber einen Halt zu haben, als sie zu stützen. Es war wieder Vaters Koffer. Solche Grausamkeit ging über jedes Begreifen, war eine zu schwere Last. Himmlischer Vater, trag sie für mich!

Wir folgten dem Offizier durch eine breite Straße mit Baracken an jeder Seite und machten vor einer der grauen scheußlichen Schuppen Halt. Es war das Ende dieses langen Tages, des Stehens, Wartens, Hoffens: wir waren jetzt im Hauptlager in Vught.

Die Baracke glich der, die wir an diesem Morgen verlassen hatten, fast wie ein Ei dem anderen, nur daß in dieser außer Tischen und Bänken auch Pritschen standen. Und man erlaubte uns immer noch nicht, uns zu setzen: wir mußten noch warten, bis die Oberaufseherin aufreizend langsam unsere Akten mit einer Liste verglich.

»Betsie«, wimmerte ich, »wie lange wird das noch währen?«

»Vielleicht eine lange, lange Zeit. Vielleicht viele Jahre. Aber wie könnten wir unser Leben besser verbringen?«

Ich wandte mich ihr zu und starrte sie an. »Wovon redest du?«

»Diese jungen Frauen. Das Mädchen bei den Bunkern. Corrie, wenn man Menschen lehren kann, zu hassen, muß man sie auch lehren können, zu lieben. Wir müssen einen Weg dafür finden, du und ich. Ganz gleich, wie lange es dauert«, fuhr sie fort und schien in ihrer freudigen Erregung fast zu vergessen, daß sie flüstern mußte, während mir langsam aufging, daß sie von unseren Aufseherinnen sprach. Ich blickte zu der Oberaufseherin hin, die an einem Tisch vor uns saß. Ich sah eine graue Uniform und eine Mütze mit Schirm; Betsie dagegen sah einen zerstörten Menschen.

Und ich fragte mich, nicht zum erstenmal, was für ein Wesen meine Schwester war ... auf welcher Straße sie ging, während ich mich neben ihr auf der allzu festen Erde mühsam dahinschleppte.

Ein paar Tage später wurden Betsie und ich zur Arbeit eingeteilt. Ein Blick in Betsies blasses Gesicht und auf ihre zarte Gestalt, und die Oberaufseherin winkte verächtlich ab und schickte sie in die Baracke zurück, wo die Älteren und Kranken mit dem Nähen von Gefängnistrachten den Tag verbrachten. Die Frauentracht hier in Vught war ein blauer Overall mit roten Streifen am Bein entlang, praktisch und bequem, und ein willkommener Wechsel, da unsere Kleider, in denen man uns verhaftet hatte, völlig abgetragen waren.

Ich wirkte anscheinend kräftig genug für schwerere Arbeit. Ich sollte mich in der Philips-Fabrik melden. Diese »Fabrik« war nichts anderes als eine weitere große Baracke im Lagerkomplex. Obwohl es noch früher Morgen war, begann der Teer unter dem

Schindeldach in der heißen Julisonne Blasen zu bilden. Ich folgte der mich begleitenden Aufseherin in den einzigen großen Raum, wo mehrere hundert Männer und Frauen an langen Holztischen saßen, die mit Tausenden von winzigen Radioteilen bedeckt waren. Zwei Offiziere, ein männlicher und ein weiblicher, schlenderten durch die Gänge zwischen den Bänken, während die Gefangenen sich über ihre Arbeit beugten.

Mir wurde ein Platz an einer Werkbank ziemlich vorn angewiesen, und ich bekam die Aufgabe, Glasstäbchen der Länge nach zu Haufen zu stapeln. Es war eine monotone Arbeit. Die Hitze, die das Dach ausströmte, drückte wie eine schwere Last auf meinen Kopf. Ich hätte so gern von meinen Nachbarn erfahren, wie sie hießen und aus welcher Stadt sie kamen, aber die einzigen Geräusche im Raum waren das Klirren von Metall und das Quietschen von Reitstiefeln.

»Die Produktion hat sich in der letzten Woche wieder gesteigert«, sagte der Offizier auf deutsch zu einem hochgewachsenen, schlanken Mann mit kahlgeschorenem Kopf und gestreifter Tracht. »Sie verdienen ein Lob dafür. Aber nach wie vor hören wir Klagen über mangelhafte Verdrahtung. Die Qualität muß besser kontrolliert werden.«

Der kahlgeschorene Mann machte eine entschuldigende Geste. »Wenn es mehr zu essen gäbe, Herr Hauptmann«, murmelte er. »Seit die Rationen beschnitten sind, ist es nicht mehr so wie früher. Sie werden schläfrig, es fällt ihnen schwer, sich zu konzentrieren . . .«

Seine Stimme erinnerte mich ein wenig an Willem, eine tiefe, kultivierte Stimme.

»Dann müssen Sie sie aufrütteln. Erinnern Sie sie an die Strafen, die ihnen blühen. Wenn die Soldaten an der Front mit halben Rationen kämpfen können, dann müssen diese Faulpelze . . .«

Der weibliche Offizier funkelte ihn so zornig an, daß er verstummte und sich mit der Zunge über die Lippen fuhr. »Ach . . . das heißt . . . ich meine das nur bildlich. An dem Gerücht, daß die Rationen an der Front gekürzt worden sind, ist natürlich nichts wahr. Aber Sie sind mir dafür verantwortlich!« Und zusammen stapften sie aus dem Gebäude.

Einen Augenblick sah der Gefangenen-Werkmeister ihnen von der Tür aus nach. Langsam hob er die linke Hand, dann ließ er sie so herunterfallen, daß es wie ein Peitschenknall klang. Und schon war in dem stillen Raum der Teufel los. Unter den Tischen wurden Schreibpapier, Bücher, Strickgarn, Keksdosen hervorgeholt. Einige verließen ihre Werkbänke, und kleine schwatzende Gruppen bildeten sich überall im Raum. Ein halbes Dutzend Männer und Frauen umringte mich: Wer war ich? Woher kam ich? Wußte ich, wie es mit dem Krieg stand?

Nach vielleicht einer halben Stunde dieser gegenseitigen »Besuche« erinnerte der Werkmeister uns daran, daß wir unser Tagessoll erfüllen mußten, und die Leute kehrten an ihre Plätze zurück. Der Werkmeister hieß, wie ich erfuhr, Moorman und war Rektor einer römisch-katholischen Knabenschule gewesen. Am dritten Tag kam er selber zu meiner Werkbank; er hatte gehört, daß ich an dem ganzen Fließband in der Baracke entlanggegangen war, um herauszubekommen, was aus meinen blöden kleinen Haufen Glasstäbchen wurde. »Sie sind die erste Arbeiterin«, sagte er, »die Interesse für das gezeigt hat, was wir hier machen.«

»Es interessiert mich wirklich sehr«, sagte ich. »Ich bin nämlich Uhrmacherin.«

Er blickte mich erstaunt an. »Dann habe ich eine Arbeit für Sie, an der Sie mehr Freude haben werden«. Er führte mich ans entgegengesetzte Ende des riesigen Schuppens, wo die letzten Schwingungserzeuger montiert wurden. Es war eine komplizierte und große Exaktheit fordernde Arbeit, obwohl längst nicht so schwer wie eine Uhrenreparatur, und Herr Moorman hatte recht: es machte mir Freude und half, daß der Elfstundentag schneller verging.

Nicht nur mir, sondern allen Philipsarbeitern gegenüber war Herr Moorman mehr ein freundlicher älterer Bruder als ein Vorgesetzter. Ich beobachtete ihn, wie er unaufhörlich zwischen den Hunderten ihm Anbefohlenen umherging, sie beriet, ermutigte, eine einfachere Arbeit für die Erschöpften, eine schwerere für die Nervösen fand. Wir waren schon länger als einen Monat in Vught, als ich erfuhr, daß sein zweiundzwanzigjähriger Sohn in der Woche, in der Betsie und ich herkamen, hier im Lager erschossen worden war.

Aber diese persönliche Tragödie veranlaßte ihn nicht, sich weniger unser anzunehmen. Oft blieb er in den ersten Wochen an meiner Werkbank stehen, mehr um sich ein Bild von meiner Gemütsverfassung als von meiner Arbeit zu machen. Aber schließlich schweiften seine Augen auf die vor mir liegenden Schwingungserzeuger.

»Liebe Uhrmacherin, vergessen Sie immer wieder, für wen Sie arbeiten? Diese Radios sind für ihre Kampfflugzeuge.« Und über mich hinweggreifend, riß er einen Draht heraus oder verbog eine kleine montierte Röhre.

»Und nun löten Sie sie falsch wieder an. Und nicht so schnell. Sie haben Ihr Tagessoll schon erreicht, und es ist noch nicht Mittag.«

Die Mittagszeit wäre die schönste Zeit des Tages gewesen, wenn ich sie mit Betsie hätte verbringen können, aber Philipsarbeiter durften das Fabrikgelände nicht verlassen, ehe der Arbeitstag um sechs Uhr endete. Gefangene, die in der Küche arbeiteten, schleppten in großen Eimern einen Brei aus Weizen und Erbsen heran, der nach nichts schmeckte, aber nahrhaft war. Anscheinend waren die Rationen wieder gekürzt worden, dennoch war das Essen besser und reichlicher als in Scheveningen, wo wir mittags überhaupt nichts bekommen hatten. Nach dem Essen durften wir uns eine köstliche halbe Stunde lang in der frischen Luft und der herrlichen Sonne von Brabant in dem Philipsgelände ergehen. Meistens fand ich eine Stelle am Zaun und streckte mich auf dem warmen Boden aus, um zu schlafen (die Tage begannen mit dem Morgenappell um fünf Uhr). Süße Sommerdüfte wehte der Wind von den Bauernhöfen rings um das Lager herüber; manchmal träumte ich, daß Karel und ich Hand in Hand einen Feldweg entlang wanderten.

Um sechs Uhr abends war wieder Appell. Danach marschierten wir in unsere verschiedenen Schlafbaracken zurück. Betsie stand schon immer in der Tür und wartete auf mich. Immer war es, als wäre seit dem Abend zuvor eine Woche vergangen, soviel hatten wir einander zu erzählen.

»Der belgische Junge und das Mädchen auf der Bank neben mir? Sie haben sich heute mittag verlobt.«

»Frau Heerma — deren Enkelin nach Deutschland gebracht worden ist — hat mir heute erlaubt, mit ihr zu beten.«

Eines Tages berührte, was Betsie berichtete, uns direkt. »Eine Dame aus Ermelo ist in die Nähabteilung eingewiesen worden. Als ich mich vorstellte, sagte sie: ›Noch eine!‹ «

»Was meinte sie damit?«

»Corrie, erinnerst du dich, daß an dem Tag unserer Verhaftung ein Mann in den Laden kam? Du warst krank, und ich mußte dich wecken.«

Ich erinnerte mich sehr genau daran. Erinnerte mich an die seltsam unsteten Augen, an das merkwürdige Gefühl in meinem Magen, das nicht vom Fieber kam.

»Offenbar kannte ihn jeder in Ermelo. Vom ersten Tag der Besatzung an hat er mit der Gestapo zusammengearbeitet. Er hat die beiden Brüder dieser Frau verpfiffen, weil sie in der Widerstandsbewegung tätig waren, und schließlich auch sie und ihren Mann. Als ihm der Boden in Ermelo schließlich zu heiß geworden war, ist er nach Haarlem gegangen, wo er mit Willemse und Kapteyn gemeinsame Sache machte. Er hieß Jan Vogel.«

In meinem Herzen schienen um diesen Namen Flammen zu lodern. Ich dachte an Vaters letzte Stunden, der einsam in einem Krankenhausflur starb, an die Untergrundarbeit, die so abrupt beendet worden war, dachte an Mary Itallie, die auf der Straße verhaftet wurde. Und ich wußte, daß, wenn Jan Vogel jetzt vor mir stände, ich ihn töten könnte.

Betsie zog den kleinen Leinenbeutel unter ihrem Overall hervor und hielt ihn mir hin, aber ich schüttelte den Kopf. Sie behielt tagsüber die Bibel, da sie mehr Gelegenheit hatte, darin zu lesen und andere daran teilhaben zu lassen als ich in der Philips-Baracke. Abends hielten wir heimlich eine Gebetsstunde für alle die ab, die sich um unsere Pritsche scharen konnten.

»Du mußt heute die Gebete sprechen, Betsie. Ich habe Kopfschmerzen.«

Mehr als Kopfschmerzen. Mein ganzer Körper tat mir weh von der Gewalt der Gefühle dem Mann gegenüber, der uns so viel Leid zugefügt hatte. In jener Nacht schlief ich nicht, und am nächsten Tage hörte ich an meiner Werkbank kaum auf das, was um mich herum geredet wurde. Am Ende der Woche hatte ich mich geistig und körperlich so krank gemacht, daß Herr Moorman an meiner Bank stehen blieb und mich fragte, ob ich einen Kummer hätte.

»Kummer? Ja, den habe ich!« Und ich berichtete ihm von jenem Morgen. Ich brannte nur allzu sehr darauf, Herrn Moorman und ganz Holland zu sagen, wie Jan Vogel sein Land verraten hatte.

Betsie war mir in dieser ganzen Zeit ein Rätsel. Sie hatte das gleiche erlitten wie ich, und dennoch schienen in ihr keine Haßgefühle zu sein. »Betsie«, flüsterte ich in einer dunklen Nacht, da ich wußte, daß sie bestimmt nicht schlafen konnte, weil ich mich immerzu hin und her wälzte. Wir teilten die eine Pritsche zu dritt, da in das überfüllte Lager täglich neue »Zugänge« kamen. »Betsie, ist dir Jan Vogel ganz gleichgültig? Grämst du dich nicht seinetwegen?«

»O ja, Corrie. Sehr! Seit ich seinen Namen erfahren habe, habe ich mich immer um ihn gegrämt — und bete für ihn jedesmal, wenn ich an ihn denke. Wie furchtbar muß er leiden!«

Lange lag ich stumm in der riesigen Baracke, keine Ruhe findend durch das Seufzen, Schnarchen und Sichbewegen Hunderter von Frauen. Wieder einmal hatte ich das Gefühl, daß diese Schwester, mit der ich mein ganzes Leben verbracht hatte, ein Wesen von einem anderen Stern war. Gab sie mir nicht in ihrer sanften Art zu verstehen, daß ich ebenso schuldig war wie Jan Vogel? Standen er und ich nicht gemeinsam vor einem allgegenwärtigen Gott, beide der gleichen Sünde des Mordes überführt? Denn ich hatte ihn mit meinem Herzen und meiner Zunge ermordet.

»Herr Jesus«, flüsterte ich, »ich vergebe Jan Vogel, so wie ich dich bitte, daß du mir vergibst. Ich habe ihm Schlimmes angetan. Segne ihn jetzt und seine Familie . . .« In jener Nacht schlief ich zum erstenmal, seit wir wußten, wer uns verraten hatte, tief und traumlos, bis die schrille Pfeife ertönte, die uns zum Morgenappell rief.

Die Tage in Vught waren ein seltsames Gemisch von Gutem und Bösem. Der Morgenappell dauerte oft grausam lange. Wenn die kleinste Vorschrift übertreten wurde, wenn zum Beispiel eine einzige Gefangene zu spät zum Abendappell kam, wurde die ganze Baracke damit bestraft, daß sie am Morgen um vier oder sogar schon um halb vier antreten und wir strammstehen mußten, bis uns der Rücken weh tat und sich unsere Beine verkrampften. Aber die Sommerluft war warm, und wenn der Tag nahte, zwitscherten Vögel. Allmählich ging im Osten eine rosa goldene Sonne auf und erleuchtete den gewaltigen Himmel von Brabant, und Betsie und ich drückten einander andächtig die Hand.

Um halb sechs bekamen wir Schwarzbrot und bitteren, heißen »Kaffee«, und dann zogen wir in Kolonnen zu den verschiedenen

Arbeitsplätzen. Ich freute mich immer schon im voraus auf den Weg zur Philips-Fabrik. Er führte ein Stück an einem kleinen Wald entlang, nur durch einen Stacheldrahtzaun von einer glitzernden Tautropfenwelt getrennt. Wir kamen auch an einem Teil des Männerlagers vorüber, und viele aus unserer Gruppe bemühten sich verzweifelt, in den Reihen kahlgeschorener Köpfe und gestreifter Overalls ihren Mann oder Sohn zu erkennen.

Dies war ein weiteres Paradox von Vught. Ich war täglich von neuem dankbar, wieder unter Menschen zu sein. Aber was mir in der Einzelhaft nicht bewußt gewesen war: Gefährtinnen zu haben, bedeutete auch, an ihren Kümmernissen teilhaben zu müssen. Wir litten alle mit den Frauen, deren Männer in diesem Lager waren: die Disziplin in der Männerabteilung war viel strenger als in der Frauenabteilung; und oft kam es vor, daß jemand erschossen wurde. Fast jeden Tag hörte man eine Salve und fragte sich angstvoll: wie viele sind es diesmal, und wer war dabei?

Die neben mir an der Werkbank sitzende Frau war eine leidenschaftliche Kommunistin namens Floor. Ihr und ihrem Mann war es gelungen, vor ihrer Verhaftung ihre beiden kleinen Kinder bei Freunden unterzubringen, aber sie jammerte den ganzen Tag laut ihretwegen und ihres Mannes wegen, der Tuberkulose hatte. Er arbeitete in der Seilerei, die sich auf dem Gelände gleich neben dem der Philips-Fabrik befand, und jeden Mittag gelang es ihnen, durch den Stacheldraht hindurch ein paar Worte zu wechseln. Obwohl sie im September ein drittes Kind erwartete, aß sie nie ihre morgendliche Brotration, sondern steckte sie ihm durch den Zaun zu. Für eine werdende Mutter war sie bedenklich mager, fand ich. Und mehrmals brachte ich ihr ein Stück von meinem Frühstücksbrot. Aber auch das wurde immer für ihren Mann beiseite gelegt.

Und dennoch, trotz Kummer und Angst — und jeder hier litt darunter — wurde in der Philips-Baracke auch gelacht. Man ahmte den wichtigtuerischen, prahlerischen Unteroffizier nach, spielte Blindekuh, und alle sangen ein Lied, bis ...

»Dicke Luft! Dicke Luft!« Das Signal konnte von jeder Bank den Fenstern gegenüber kommen. Die Fabrikbaracke erhob sich inmitten des großen Philips-Geländes. Es gab keine Möglichkeit für einen der »Lagerherrscher«, sich ihr zu nähern, ohne dieses freie Gelände durchqueren zu müssen. Sofort stand jeder wieder an seiner Bank, und das einzige Geräusch, das man hörte, war das geschäftige Klirren von Radioteilen.

Eines Morgens ertönte der Ruf »Dicke Luft« noch in dem langen Schuppen, als eine sehr stämmige Aufseherin durch die Tür geschritten kam. Sie blickte wütend um sich, und ihr Gesicht wurde dunkelrot, weil sie glaubte, das »Dicke Luft« beziehe sich auf sie. Sie zeterte und tobte eine Viertelstunde lang, und dann durften wir zur Strafe unsere Mittagspause nicht in der frischen Luft verbringen. Wir entschlossen uns daraufhin für ein neutraleres Signal: »Fünfzehn.«

»Ich habe fünfzehn Skalen montiert.«

An den langen heißen Nachmittagen wurde weder gescherzt noch geplaudert, da jeder seinen eigenen Gedanken nachhing. Ich kratzte in die Seite der Werkbank die Zahl der Tage bis zum 1. September. Es stand amtlich nicht fest, sondern gründete sich auf eine zufällige Bemerkung von Frau Floor, daß sechs Monate die übliche Haftzeit für all jene sei, die sich unberechtigt Lebensmittelkarten angeeignet hätten. Wenn das stimmte, und wenn die Zeit, die wir in Scheveningen abgesessen hatten, mitgerechnet wurde, dann würden wir am 1. September entlassen werden.

»Corrie«, warnte mich Betsie eines Abends, als ich triumphierend verkündete, der August sei zur Hälfte vorüber, »das ist doch nur eine Vermutung.«

Ich hatte fast das Gefühl, daß es Betsie gleichgültig war. Ich blickte sie an, wie sie dort auf unserer Pritsche saß, kurz ehe das Licht ausgemacht wurde, und einen aufgegangenen Saum an meinem Overall nähte, so wie sie so oft unter der Lampe im Eßzimmer gesessen und etwas geflickt hatte. Und sofort sah ich sie wieder auf einem hochlehnigen Stuhl und mit einem Teppich unter ihren Füßen vor mir statt zwischen dieser langen Reihe von Metallpritschen, die auf kahlem Tannenholzboden standen. In der ersten Woche hier hatte sie Extrahaken und -ösen an den Halsausschnitt ihres Overalls genäht, so daß sie den Kragen hoch schließen konnte. Nachdem ihr das gelungen war, schien es sie ebenso glücklich zu machen, hier in Vught denen aus der Bibel vorzulesen, die dergleichen noch nie gehört hatten, wie sie es einst glücklich gemacht hatte, hungrigen Menschen im kleinen Flur des Beje Suppe bringen zu können. Was mich betraf, so glaubte ich jeden Tag fester an den 1. September.

Und dann plötzlich sah es so aus, als ob wir nicht einmal solange würden warten müssen. Die Prinzeß-Irene-Brigade, hieß es, sei in Frankreich und rücke nach Belgien vor. Die Brigade gehörte zu den holländischen Streitkräften, die während des Fünf-Tage-Kriegs nach England entkommen waren. Jetzt marschierte sie, um ihr eigenes Land zurückzuerobern.

Die Aufseherinnen waren merklich nervös. Jeder Appell war eine Qual. Die Alten und die Kranken, die nicht schnell genug ihre Plätze einnahmen, wurden erbarmungslos geschlagen. Selbst das »Rotes Licht«-Kommando mußte mitantreten. Diese jungen Frauen waren sonst eine bevorzugte Gefangenengruppe. Als Prostituierte, die meistens aus Amsterdam kamen, waren sie nicht ihres Berufs wegen im Gefängnis — der als patriotisch gepriesen wurde —, sondern weil sie deutsche Soldaten angesteckt hatten. Sonst gingen sie vor allem mit den Wärtern ziemlich keck um. Jetzt dagegen mußten sie oft stundenlang wie wir in Reih und Glied strammstehen.

Immer häufiger hörten wir die Schüsse des Exekutionskommandos. Als einmal am Ende der Mittagspause die Glocke ertönte, die uns zur Arbeit zurückrief, erschien Frau Floor nicht an ihrem Platz neben mir. Es dauerte immer eine Weile, bis meine Augen sich nach der grellen Sonne draußen wieder an die dämmrige Fabrik gewöhnt hatten; erst nach ein paar Minuten sah ich, daß das Stück Schwarzbrot noch auf seinem Platz lag. Niemand hatte es Herrn Floor gebracht.

Zwischen Hoffnung und Angst hin- und hergerissen, verbrachten wir unsere Tage. Wir lebten nur von Gerüchten. Die Brigade hatte die holländische Grenze überschritten. Die Brigade war vernichtet. Die Brigade war nie gelandet. Frauen, die der heimlichen Gebetsstunde bisher fern geblieben waren, drängten sich jetzt um unsere Pritsche und fragten nach Zeichen und Voraussagen aus der Bibel. — Am Morgen des 1. September gebar Frau Floor ein Mädchen. Aber das Kind lebte nur vier Stunden.

Einige Tage später weckten uns laute Explosionen in der Ferne. Noch lange ehe die Pfeife zum Appell ertönte, waren alle in der Baracke aufgestanden und gingen im Dunkeln zwischen den Pritschen umher. Waren es Bomben? Artilleriefeuer? Sicherlich hatte die Brigade Brabant erreicht. Noch an diesem Tage würde sie in Vught sein! Würde sie . . .?

Das Drohen und Schelten der Aufseherinnen, die inzwischen erschienen waren, konnte uns nicht entmutigen. Jede dachte an zu Hause, jede sprach von dem, was sie als erstes tun würde. »Die Pflanzen werden alle eingegangen sein«, sagte Betsie, »aber wir werden von Nollie ein paar Ableger bekommen. Und dann werden wir die Fenster putzen, damit die Sonne hereinscheinen kann.«

In der Philips-Fabrik versuchte Herr Moorman uns vor zu großen Erwartungen zu warnen. »Das sind keine Bomben«, sagte er, »und es ist bestimmt kein Artilleriebeschuß, sondern nur deutsche Zerstörungsarbeit. Wahrscheinlich sprengen sie Brücken. Das bedeutet, daß sie einen Angriff erwarten, aber nicht, daß es schon soweit ist. Es können Wochen bis dahin vergehen.«

Das bedrückte uns ein wenig, aber als die Explosionen immer näher rückten, hofften wir von neuem. Sie waren jetzt so nahe, daß es unseren Ohren weh tat.

»Macht den Mund weit auf«, rief Herr Moorman durch den langen Raum, »und laßt ihn offen, sonst platzen eure Trommelfelle.«

Wir aßen drinnen bei geschlossenen Türen und Fenstern zu Mittag. Wir hatten wieder eine Stunde gearbeitet — vielmehr an unseren Bänken gesessen, denn niemand konnte arbeiten —, als der Befehl kam, in die Schlafbaracken zurückzukehren. Mit plötzlicher Leidenschaft umarmten Frauen ihre Männer und Liebhaber, die neben ihnen bei Philips arbeiteten.

Betsie erwartete mich draußen vor der Baracke. »Corrie, ist die Brigade gekommen? Sind wir frei?«

»Nein. Noch nicht. Ich weiß es nicht. Ach, Betsie, warum habe ich solche Angst?«

Der Lautsprecher im Männerlager gab das Signal zum Appell. Um uns hier kümmerte sich niemand, und wir wanderten ziellos herum, lauschten auf etwas, ohne zu wissen, auf was. Aus dem Lautsprecher im Männerlager erklangen Namen, aber er war so weit weg, daß man sie nicht verstehen konnte. Und plötzlich ergriff die wartenden Frauen eine wahnsinnige Angst. Eine Totenstille hing jetzt über beiden Seiten des großen Lagers. Der Lautsprecher war verstummt. Wir blickten uns stumm an. Wir hatten fast Angst, zu atmen.

Dann zerriß Gewehrfeuer die Luft. Um uns herum begannen Frauen zu weinen. Eine zweite Salve. Eine dritte. Zwei Stunden lang gingen die Exekutionen weiter. Jemand zählte sie. Mehr als siebenhundert männliche Gefangene wurden an diesem Tage erschossen.

In jener Nacht tat in unserer Baracke kaum jemand ein Auge zu, und am nächsten Morgen fand kein Appell statt. Gegen sechs Uhr bekamen wir den Befehl, unsere Sachen zu packen. Betsie und ich verstauten unsere Habseligkeiten in den Kopfkissenbezügen, die wir aus Scheveningen mitgebracht hatten: Zahnbürsten, Nadeln und Faden, ein Fläschchen Davitamon-Öl, das aus einem Rot-Kreuz-Päckchen stammte, Nollies blauen Pullover, der das einzige war, was wir behalten hatten, als wir vor zehn Wochen das Quarantänelager verließen. Ich ließ mir von Betsie den Beutel mit der Bibel geben und hängte ihn mir auf den Rücken. Sie war so abgemagert, daß der Beutel einen sichtbaren Buckel zwischen ihren Schultern bildete.

Wir wurden auf ein Feld geführt, wo Soldaten aus Lastwagen Decken verteilten. Als wir vorübergingen, erwischten Betsie und ich zwei schöne, weiche; meine war weiß mit blauen Streifen, Betsies weiß mit rosa Streifen — offenbar hatten sie wohlhabenden Leuten gehört.

Gegen Mittag begann der Exodus aus dem Lager. Durch die eintönigen Barackenstraßen zogen wir an den Bunkern vorbei, dann durch ein mit Stacheldraht umzäuntes Gelände und schließlich auf der holprigen Straße, über die wir in einer regnerischen Nacht im Juni gestolpert waren, durch den Wald. Betsie hing schwer an meinem Arm. Sie rang nach Atem wie immer, wenn sie einen weiten Weg zurücklegen mußte.

»Marsch! Schnell! Dalli!«

Ich legte meinen Arm unter Betsies Schultern und trug sie halb die letzte Viertelmeile. Schließlich endete der Weg, und wir stellten uns dem einzigen Gleis gegenüber auf, über tausend Frauen dicht nebeneinander. Ein Stück weiter standen die Männer ebenfalls vor dem Rangiergleis. Es war unmöglich, jemanden unter den in der Sonne glänzenden kahlgeschorenen Köpfen zu erkennen.

Anfangs dachte ich, unser Zug sei noch nicht gekommen; dann wurde mir klar, daß die auf den Gleisen stehenden Güterwagen für uns bestimmt waren. Schon wurden die Männer hineingetrieben, mußten die hohe Böschung hinaufklettern. Wir konnten die

Lokomotive nicht sehen, nur diese Reihe kleiner hochrädriger europäischer Güterwagen, die sich nach beiden Seiten endlos erstreckte und auf deren Dächern in Abständen Maschinengewehre montiert waren. Soldaten kamen näher, blieben vor jedem Wagen stehen, um die schwere Schiebetür zu öffnen. Vor unseren Augen erschien ein klaffendes schwarzes Loch. Frauen begannen nach vorn zu drängen.

Unsere Decken und Kissenbezüge an uns pressend, wurden wir von den anderen mitgezogen. Betsie keuchte noch immer nach dem schnellen Marsch. Ich mußte sie in den Zug heben.

Anfangs konnte ich in dem dunklen Wagen nichts sehen. Dann bemerkte ich in einer Ecke etwas Hohes von ungleichmäßiger Form: es waren aufeinander gestapelte flache schwarze Brote. Es würde also eine lange Fahrt werden . . .

Der kleine Wagen wurde immer voller. Wir wurden gegen die Rückwand geschoben. Mehr als dreißig oder vierzig Menschen faßte der Wagen nicht. Und immer noch trieben die Soldaten, fluchend und sie mit ihren Gewehren stoßend, Frauen hinein. In der Mitte des Wagens hörte man Schreie, aber das Gedränge wurde immer noch größer. Erst als achtzig Frauen hineingezwängt waren, wurde die Tür geschlossen, und wir hörten, wie Eisenriegel zugeschoben wurden.

Frauen schluchzten, und viele wurden ohnmächtig, mußten aber in der qualvollen Enge stehen bleiben. Erst als es sicher schien, daß die in der Mitte ersticken mußten oder zu Tode getrampelt würden, kamen wir auf die Idee, zu versuchen, uns zu setzen, wobei die eine die Beine der anderen umschlang, wie es Schlittenfahrer tun. Und es gelang uns.

»Weißt du, wofür ich dankbar bin?« vernahm ich plötzlich Betsies sanfte Stimme in diesem Tollhaus. »Ich bin dankbar, daß Vater im Himmel ist.«

Vater. Ja! Ach, Vater, wie hatte ich um dich weinen können? Die heiße Sonne knallte auf den stehenden Zug. Die Temperatur in dem dicht gefüllten Wagen stieg, und die Luft war verpestet. Neben mir zog jemand an einem Nagel in dem alten Holz der Wand. Schließlich war es geschafft, und mit der Spitze begann sie das Loch zu vergrößern. Andere machten es ihr nach, und nach einer Weile begann frische Luft von draußen einzudringen.

Es dauerte Stunden, bis der Zug plötzlich anruckte und zu fahren begann. Fast sofort hielt er wieder, dann kroch er von neuem weiter. Den ganzen Tag und bis in die Nacht hinein ging es so weiter: halten, fahren, rucken. Als ich an der Reihe war, durch das Luftloch zu blicken, sah ich im Mondschein Eisenbahner eine lange, verbogene Schiene tragen. Die vor uns liegenden Gleise waren gewiß zerstört. Ich berichtete es den anderen. Vielleicht würde man sie nicht reparieren können. Vielleicht würden wir noch in Holland sein, wenn die Stunde der Befreiung schlug.

Betsies Stirn fühlte sich heiß an. Das »Rotes-Licht«-Mädchen, zwischen dessen Beinen ich eingezwängt war, machte sich noch kleiner, so daß Betsie fast flach auf meinem Schoß liegen konnte. Den Kopf auf der Schulter des freundlichen Mädchens hinter uns, dämmerte auch ich immer wieder ein. Einmal träumte ich, es hagele. Ich konnte hören, wie die Hagelkörner gegen Tante Jans' Vorderfenster prasselten. Ich schlug die Augen auf. Es hagelte wirklich.

Alle waren jetzt wach und sprachen. Ein neuer Hagelschauer. Und dann hörten wir Maschinengewehrfeuer vom Dach des Zuges. »Es sind Kugeln«, schrie jemand. »Sie greifen den Zug an.«

Wieder hörten wir das Geräusch, das so klang, als ob kleine Steine gegen die Wand flögen, und wieder antworteten die Maschinengewehre. Hatte die Brigade uns doch noch erreicht?

Das Schießen hörte auf. Eine Stunde lang rührte sich der Zug nicht vom Fleck. Dann fuhren wir langsam weiter.

In der Morgendämmerung rief jemand, wir führen gerade durch die Grenzstadt Emmerich.

Wir waren in Deutschland.

RAVENSBRÜCK

Zwei weitere furchtbare Tage und Nächte fuhren wir tiefer und tiefer in das Land unserer Ängste. Hin und wieder wurde ein Brot herumgereicht, aber die sanitären Verhältnisse waren unbeschreiblich, und die Luft in dem Waggon war so, daß nur wenige etwas essen konnten.

Aber noch schlimmer als alles andere, als das Eingezwängtsein und der Schmutz war das Gefühl, zu verdursten. Zwei- oder dreimal wurde, wenn der Zug hielt, die Tür ein paar Zentimeter aufgeschoben und ein Eimer Wasser hineingereicht. Doch wir waren Tiere geworden, und die, die in der Nähe der Tür saßen, tranken den Eimer leer.

Schließlich am Morgen des vierten Tages hielt der Zug wieder, und die Tür wurde weit geöffnet. Wie Babies krochen wir auf Händen und Knien zu der Öffnung und ließen uns dann die Böschung hinuntergleiten. Vor uns lag ein lächelnder blauer See. Am anderen Ende ragte unter Platanen ein weißer Kirchturm auf.

Die stärkeren Gefangenen schöpften mit Eimern Wasser aus dem See. Obwohl unsere Lippen gesprungen und geschwollen waren, tranken wir das Wasser gierig. Der Zug war jetzt kürzer. Die Wagen, in denen die Männer befördert worden waren, waren verschwunden. Nur eine Handvoll Soldaten — von denen einige nicht älter als fünfzehn aussahen — war dort, um tausend Frauen zu bewachen. Aber wir brauchten auch nicht mehr. Wir konnten kaum gehen, geschweige denn Widerstand leisten.

Nach einer Weile mußten wir uns in Reihen aufstellen, und dann marschierten sie mit uns ab. Eine Meile lang folgte die Straße dem Seeufer. Dann führte sie einen Berg hinauf. Ich fragte mich, ob Betsie den Aufstieg schaffen würde, aber der Anblick von Bäumen und Himmel schien sie neu belebt zu haben, und sie stützte mich genauso wie ich sie. Wir kamen an Leuten aus der Gegend vorüber; die einen gingen zu Fuß, die anderen fuhren in Pferdewagen. Besonders die rotwangigen und sehr gesund aussehenden Kinder entzückten mich. Sie starrten mich so interessiert an wie ich sie; aber ich merkte, daß die Erwachsenen uns nicht anblickten, sondern den Kopf abwandten, wenn wir an ihnen vorbeikamen.

Vom Gipfel des Berges sahen wir sie wie eine große Narbe in der grünen deutschen Landschaft: eine aus niedrigen grauen Baracken bestehende Stadt, von Betonmauern umschlossen, auf denen in Abständen Wachttürme aufragten. Genau in der Mitte stieg aus einem viereckigen Schornstein dünner grauer Rauch in den blauen Himmel.

»Ravensbrück!«

Wie ein geflüsterter Fluch ging das Wort von Reihe zu Reihe. Dies war das berüchtigte Frauenvernichtungslager, von dem wir sogar in Haarlem gehört hatten. Dieses plumpe Betongebäude, dieser in der leuchtenden Sonne verschwindende Rauch — nein! Ich wollte es nicht sehen! Als Betsie und ich den Berg hinunterstolperten, spürte ich die zwischen meinen Schulterblättern baumelnde Bibel. Gottes frohe Botschaft. Hatte er sie dieser Welt verkündet?

Wir waren jetzt nahe genug, um die Wachtposten mit den Totenschädeln an den Mützen auf den Mauern zu sehen, über denen sich elektrisch geladener Draht hinzog. Das massive Eisentor öffnete sich, und wir marschierten hinein. Meilenweit erstreckten sich schmutziggraue Baracken vor uns. Gleich hinter der Mauer befand sich in Taillenhöhe eine Reihe Wasserhähne. Wir eilten auf sie zu, ließen Wasserströme über Hände, Arme, Beine, sogar den Kopf laufen, wuschen den Gestank der Güterwagen ab. Eine Abteilung von Aufseherinnen in dunkelblauer Uniform kam schreiend auf uns zugerast und schwangen ihre kurzen harten Peitschen.

Schließlich trieben sie uns von den Wasserhähnen fort und führten uns eine Straße zwischen Baracken hinunter. Dieses Lager wirkte grausamer als das, aus dem wir kamen. Wenn wir durch Vught marschiert waren, hatten wir wenigstens Felder und Wälder sehen können. Hier endete jede Aussicht an der gleichen Betonbarriere; das Lager lag in einem großen, von Menschen ausgehobenen Tal, das auf allen Seiten von diesen Mauern mit elektrisch geladenem Draht darüber umgeben war.

Schließlich machten wir halt. Vor uns sahen wir ein riesiges

Leinenzeltdach über einem Morgen oder mehr strohbedeckten Boden. Betsie und ich fanden ein Plätzchen am Rande und ließen uns dankbar nieder. Aber sofort sprangen wir wieder auf. Läuse! Es wimmelte im Stroh von ihnen. Eine Weile wichen wir, Decken und Kissenbezüge an uns pressend, von dem Gewimmel zurück. Aber schließlich breiteten wir unsere Decken auf dem »lebendigen« Stroh aus und setzten uns auf sie.

Einige der Gefangenen hatten aus Vught Scheren mitgebracht: überall unter dem hohen Zeltdach schnitten Frauen einander das Haar ab. Auch uns reichte man eine Schere. Natürlich mußten wir schneiden. An einem solchen Ort war langes Haar Wahnsinn, aber als ich Betsies kastanienbraune Locken abschnitt, weinte ich.

Gegen Abend gab es am einen Ende des Zelts Bewegung. Eine Reihe SS-Wachtposten trieb Frauen hinaus. Wir erhoben uns mühsam, ergriffen unsere Decken, als sie auf uns zukamen. Vielleicht hundert Meter hinter dem Zelt hörte die Jagd auf. Wir standen herum, wußten nicht, was wir tun sollten. Ob eine neue Gruppe Gefangener gekommen war oder aus welchem Grund sonst man uns aus dem Zelt vertrieb, niemand wußte es. Frauen begannen ihre Decken auf dem harten Ascheboden auszubreiten. Langsam dämmerte es Betsie und mir, daß wir die Nacht hier, wo wir standen, würden verbringen müssen. Wir legten meine Decke auf den Boden, streckten uns nebeneinander darauf aus und bedeckten uns mit ihrer Decke.

»Die Nacht ist dunkel, und ich bin weit weg von zu Hause . . .« In Betsies hellen Sopran fielen alle Stimmen um uns herum ein. »Führe du mich . . .«

Irgendwann mitten in der Nacht wurden wir durch Donner und eine wahre Regenflut geweckt. Die Decken wurden völlig durchnäßt, und unter uns bildeten sich Pfützen. Am Morgen war das Gelände ein einziger Sumpf: Hände, Kleider und Gesichter waren schwarz von dem Ascheboden.

Wir wrangen noch unsere Decken aus, als der Befehl kam, zum Kaffeeholen anzutreten. Es war nicht Kaffee, sondern ein dünnes Gebräu von ungefähr der gleichen Farbe, doch wir waren dankbar, es zu bekommen, als wir immer zu zweit an der Behelfsfeldküche vorbeischlurften. Jede Gefangene bekam auch eine Scheibe Schwarzbrot, aber dann gab es erst am späten Nachmittag eine Kelle Rübensuppe und eine kleine gekochte Kartoffel.

In der Zeit, die dazwischen lag, mußten wir auf dem feuchten Boden, auf dem wir die Nacht verbracht hatten, strammstehen.

Wir waren hier der Mauer des Lagers so nahe, daß wir die dreifache Reihe elektrisch geladener Drähte, die sich über sie hinzog, sehen konnten. Zwei ganze Tage verbrachten wir so, legten uns in der zweiten Nacht wieder dorthin, wo wir standen. Es regnete nicht, aber Boden und Decken waren noch feucht. Betsie begann zu husten. Ich nahm Nollies blauen Pullover aus meinem Kissenbezug, wickelte ihn um sie und gab ihr ein paar Tropfen von dem Vitaminöl ein. Aber am Morgen hatte sie entsetzliche Darmkrämpfe. Immer wieder mußte sie am zweiten Tage um die Erlaubnis bitten, zu dem Graben gehen zu dürfen, der als Toilette diente.

Am dritten Abend, als wir uns anschickten, uns wieder unter freiem Himmel schlafen zu legen, kam der Befehl, uns in der Baracke zu melden, in der die Neuankömmlinge registriert wurden. Nach einem Marsch von zehn Minuten erreichten wir das Gebäude. Wir gingen hintereinander durch einen Flur in einen riesigen Empfangsraum, und dort bot sich uns im grellen Licht der Deckenlampen ein schrecklicher Anblick. Sobald eine Frau einen Schreibtisch erreichte, an dem mehrere Offiziere saßen, mußte sie ihre Decke, ihren Kissenbezug und was sie sonst noch bei sich trug auf einen immer größer werdenden Haufen werfen. Ein paar Schreibtische weiter mußte sie sich nackt ausziehen, alles, was sie am Leibe hatte, auf einen zweiten Haufen werfen und dann an einem Dutzend sie genau musternder SS-Männer vorüber in den Duschraum gehen. Wenn sie dort wieder herauskam, hatte sie nur ein dünnes Gefängniskleid und ein Paar Schuhe an. Nichts weiter. Aber Betsie brauchte diesen Pullover! Sie brauchte die Vitamine, und vor allem brauchten wir unsere Bibel. Wie konnten wir hier ohne sie leben? Aber wie konnte ich sie jemals an so vielen wachsamen Augen vorbeischmuggeln, wenn kein Overall sie bedeckte?

Wir hatten jetzt fast den ersten Schreibtisch erreicht. Ich griff verzweifelt in meinen Kissenbezug, zog das Fläschchen mit dem Vitaminöl heraus und schloß meine Faust darum. »Lieber Gott«, betete ich, »du hast uns dieses kostbare Buch geschenkt, du hast es bei Kontrollen und Inspektionen versteckt, du hast es für so viele benutzt . . .«

Ich spürte, wie Betsie neben mir wankte, und blickte sie beunruhigt an. Ihr Gesicht war weiß, und sie hatte die Lippen fest zusammengepreßt. Ein Aufseher kam vorüber; ich bat ihn auf deutsch, uns die Toilette zu zeigen. Ohne mich anzublicken, deutete er mit dem Kopf zum Duschraum hin.

Schüchtern traten Betsie und ich aus der Reihe und gingen zu der Tür des großen, muffig riechenden Raums mit den Reihen von Hähnen an der Decke darin. Niemand war dort. Er wartete auf den nächsten Schub von fünfzig nackten und zitternden Frauen.

»Bitte«, sagte ich zu dem SS-Mann, der die Tür bewachte, »wo sind die Toiletten?«

Auch er würdigte mich keines Blickes. »Benutzt die Abflußlöcher«, sagte er grob, und als wir hineingingen, schlug er die Tür hinter uns zu. Wir standen allein in dem Raum, in den wir ein paar Minuten später splitternackt zurückkehren würden. Gleich hinter der Tür war die Gefängniskleidung gestapelt, die wir anziehen mußten. Vorn und hinten war auf jedem sonst ganz gewöhnlichen Kleid ein großes X ausgeschnitten und durch einen andersfarbigen Stoff ersetzt worden.

Und dann sahen wir in der hintersten Ecke einen Stapel alter Holzbänke. Sie waren mit Schimmel überzogen und wimmelten von Küchenschaben, aber mich dünkten sie wahre Himmelsmöbel.

»Der Pullover! Zieh den Pullover aus«, flüsterte ich, an der Schnur an meinem Halse fummelnd. Betsie reichte ihn mir, und im Handumdrehen hatte ich die Bibel und die Vitaminflasche in den Pullover gewickelt und versteckte das kostbare Bündel hinter den Bänken. So kam es, daß wir, als wir zehn Minuten später in jenen Raum geführt wurden, nicht arm, sondern reich waren. Reich durch diesen neuen Beweis der Fürsorge dessen, der sogar Gott von Ravensbrück war.

Wir standen so lange unter den Hähnen, wie der Strom eisigen Wassers floß, spürten, wie wohl es unserer von Läusen zerbissenen Haut tat. Dann drängten wir uns noch tropfend um den Haufen Gefangenenkleider, hielten sie hoch, reichten sie weiter, suchten nach einigermaßen passenden. Ich fand ein weites langärmeliges Kleid für Betsie, das den blauen Pullover verdecken würde, wenn sie eine Möglichkeit hätte, ihn anzuziehen. Ich selber schlüpfte in ein anderes Kleid. Dann griff ich hinter die Bänke und schob das kleine Bündel rasch in den Halsausschnitt.

Es bildete eine Wölbung, die man über den ganzen Grote Markt hätte sehen können. Ich drückte es so flach wie ich konnte, schob es noch weiter hinunter, zog den Pullover um meine Taille, aber unter dem dünnen Baumwollkleid ließ es sich nicht richtig verstecken. Ich hatte jedoch die ganze Zeit, auch wenn das unglaublich klingt, das Gefühl, es spiele keine Rolle. Es sei nicht meine Sache, sondern Gottes. Ich mußte nur weitergehen.

Als wir den Duschraum verließen, betasteten die SS-Männer jede Gefangene vorn, hinten und an den Seiten. Die Frau vor mir wurde dreimal durchsucht. Betsie, die hinter mir ging, wurde ebenfalls durchsucht. Mich rührte keine Hand an.

An der Ausgangstür des Gebäudes durchsuchten Aufseherinnen jede Gefangene noch einmal. Als ich mich ihnen näherte, verlangsamte ich den Schritt, aber eine Aufseherin gab mir einen Schubs: »Weitergehen! Sie halten die anderen auf.« Und so kamen Betsie und ich in den frühen Morgenstunden in Baracke 8 und brachten nicht nur die Bibel mit, sondern eine neue Erkenntnis Seiner Macht.

Drei Frauen schliefen schon in dem uns zugewiesenen Bett. Sie machten uns Platz, so gut sie es vermochten, aber die Matratze senkte sich, und ich rutschte immer wieder auf den Fußboden. Schließlich legten wir fünf uns quer aufs Bett. Die Decke war, verglichen mit denen, die wir abgegeben hatten, ein jämmerliches, abgewetztes Ding, aber weil so viele Frauen in dem Raum waren, war es wenigstens warm. Betsie hatte den blauen Pullover unter ihrem Kleid mit den langen Ärmeln angezogen und lag jetzt eingekeilt zwischen mir und den anderen. Ihr Bibbern ließ allmählich nach, und sie schlief ein. Ich lag noch eine Weile wach und beobachtete, wie ein Scheinwerfer in langen, regelmäßigen Bogen über die Rückwand glitt, hörte die fernen Rufe von Soldaten, die an den Mauern entlang patrouillierten.

In Ravensbrück fand der Morgenappell eine halbe Stunde früher statt als in Vught. Um halb fünf mußten wir draußen im kalten Dunkel in Gruppen von hundert Frauen — zehn Zehnerreihen — strammstehen. Wenn wir manchmal stundenlang so gestanden hatten, ertönte, kaum hatten wir die Baracke erreicht, das Pfeifen schon wieder.

»Alle hinaus! Zum Appell antreten!«

Baracke 8 stand auf dem Quarantänegelände. Gleich neben uns befand sich — vielleicht, um Neuankömmlinge zu warnen — die Strafbaracke. Aus ihr drang den ganzen Tag und oft bis in die Nacht hinein ein Höllenlärm. Nicht Wutgebrüll oder Zornesausbrüche, sondern pure Grausamkeit: auf die regelmäßig landenden Schläge folgten Schreie. Wir standen in unseren zehn Zehnerreihen, unsere zitternden Hände an die Seiten gepreßt, hätten uns am liebsten mit ihnen die Ohren zugehalten, um die gräßlichen Laute nicht zu hören. Sobald wir abtreten durften, stürzten wir zur Tür von Baracke 8, wobei wir uns in unserem Eifer, hineinzugelangen, wieder in einer einigermaßen normalen Welt zu sein, gegenseitig in die Hacken traten.

Es wurde schlimmer und schlimmer. Selbst in diesen vier Wänden war zuviel Elend, zuviel sinnloses Leiden. Jeden Tag geschah etwas anderes Unbegreifliches, wurde etwas anderes zu schwer. »Wirst du auch das tragen, Herr Jesus?« Aber je fremder uns die übrige Welt wurde, desto klarer wurde eins, und das war der Grund, warum wir beide hier waren. Warum andere leiden mußten, wußten wir nicht, für uns war von morgens bis abends, wenn das Licht ausging, immer wenn wir nicht zum Appell antreten mußten, unsere Bibel der Mittelpunkt eines immer größer werdenden Kreises der Hilfe und Hoffnung. Wie Landstreicher, die sich um ein loderndes Feuer scharen, scharten wir uns um sie, ließen ihre Wärme und ihr Licht in unser Herz dringen. Je dunkler die Nacht um uns herum wurde, desto heller, wahrer und schöner brannte das Wort Gottes. »Wer kann uns trennen von der Liebe Christi? Weder Drangsal, noch Kummer, noch Verfolgung, noch Nacktheit, noch Gefahr, noch das Schwert? . . . Nein, in all diesem sind wir mehr als Überwinder durch ihn, der uns geliebt hat.«

Ich blickte um mich, während Betsie las, sah, wie ein Gesicht nach dem anderen sich erhellte. Mehr als Überwinder . . . Das war kein Wunsch. Das war eine Tatsache. Wir wußten es, wir erfuhren es Minute für Minute — arm, gehaßt, hungrig. Wir sind mehr als Überwinder. Wir werden es nicht, wir sind es. Das Leben in Ravensbrück spielte sich auf zwei getrennten, einander ausschließenden Ebenen ab. Die eine, das sichtbare äußere Leben, wurde Tag für Tag furchtbarer. Die andere, das Leben, das wir mit Gott lebten, wurde täglich beglückender, Wahrheit um Wahrheit, Lichtglanz um Lichtglanz.

Manchmal nahm ich mit zitternden Händen die Bibel aus ihrem kleinen Beutel, so geheimnisvoll war sie für mich geworden. Sie war neu; erst gerade geschrieben. Ich wunderte mich fast darüber, daß die Tinte schon getrocknet war. Ich hatte immer an die Bibel geglaubt, aber sie jetzt lesen, hatte nichts mit Glauben zu tun. Es wurde darin nur die Wirklichkeit beschrieben — die der Hölle und des Himmels, wie Menschen handeln und wie Gott handelt. Tausendmal hatte ich die Geschichte der Festnahme Jesu gelesen — wie Soldaten ihn geschlagen, ihn verhöhnt und ihn gegeißelt hatten. Jetzt hatten solche Geschehnisse Gesichter und Stimmen.

Jeden Freitag — die immer wiederkehrende Erniedrigung durch die ärztliche Untersuchung. Der Flur im Hospital, in dem wir warteten, war nicht geheizt, und die Herbstkälte war durch die Mauern gedrungen. Dennoch war es uns sogar verboten, unsere Arme um uns zu schlingen. Wir mußten strammstehen und dann langsam an einer Phalanx grinsender Wächter vorübergehen. Wie ihnen der Anblick dieser spindeldürren Beine und vom Hunger geschwollenen Bäuche Freude machen konnte, ging über mein Begreifen. Sicherlich gibt es nichts Häßlicheres als den Anblick eines verwahrlosten menschlichen Körpers. Ich konnte auch nicht die Notwendigkeit einsehen, daß wir uns splitternackt ausziehen mußten; wenn wir schließlich den Untersuchungsraum erreichten, sah ein Arzt in jeden Hals, ein anderer — ein Zahnarzt vermutlich — betrachtete unsere Zähne, ein dritter sah zwischen jeden Finger. Und das war alles. Wir gingen wieder durch den langen, kalten Korridor und streiften an der Tür unsere mit dem X gekennzeichneten Kleider über. Aber an einem dieser Morgen, als wir bibbernd in dem Flur warteten, wurde eine andere Seite in der Bibel für mich lebendig.

Er hing nackt am Kreuz.

Ich hatte nicht gewußt . . . ich hatte nicht gedacht . . . Die Bilder, die geschnitzten Kruzifixe zeigten ihn wenigstens mit einem Lendentuch. Aber das, ging mir plötzlich auf, war der Achtung und Ehrfurcht des Künstlers zu verdanken. Doch, ach — damals an jenem anderen Freitagmorgen — hatten ihn alle verachtet. Genauso wie die Männer, an denen wir vorübermußten, uns verachteten.

Ich beugte mich zu Betsie vor, die in der Reihe vor mir ging.

Ihre Schulterblätter traten scharf und dünn unter ihrer blau gefleckten Haut heraus. »Betsie, sie haben auch ihm seine Kleider genommen.« Vor mir hörte ich ein leises Stöhnen. »Ach, Corrie. Und ich habe ihm nie gedankt . . .«

Jeden Tag ging die Sonne etwas später auf, und die Luft erwärmte sich langsamer. Es wird besser werden, versicherten uns alle, wenn wir in eine Baracke kommen, in der wir bleiben. Wir werden dann jede eine Decke bekommen und ein eigenes Bett. Jede von uns malte sich aus, wonach sie sich am meisten sehnte.

Für mich war es eine Apotheke, in der Betsie eine Medizin gegen ihren Husten bekäme. »In jeder Baracke wird eine Schwester sein.« Ich sagte das so oft, daß ich es schließlich selber glaubte. Ich träufelte jeden Morgen ein wenig von dem Vitaminöl auf ihre Scheibe Schwarzbrot. Aber wie lange würde es noch dauern und die kleine Flasche war leer? »Zumal«, sagte ich zu ihr, »wenn du jedesmal jemandem, der niest, etwas davon gibst.«

Der Umzug in die »Dauerbaracke« erfolgte in der zweiten Oktoberwoche. Wir wurden in Zehnerreihen durch eine breite Aschenstraße und in eine schmalere Barackenstraße geführt. Mehrmals machte die Abteilung halt, während Nummern aufgerufen wurden — in Ravensbrück wurde keiner mit seinem Namen genannt. Schließlich wurden Betsie und ich aufgerufen: »Gefangene 66 729, Gefangene 66 730.« Wir traten mit einem Dutzend anderer aus der Reihe und starrten auf die lange graue Front der Baracke 28. Die Hälfte der Fensterscheiben schien zerbrochen und durch Lappen ersetzt worden zu sein. Durch eine Tür in der Mitte gelangten wir in einen großen Raum, in dem zweihundert oder mehr Frauen sich über Stricknadeln beugten. Auf den Tischen zwischen ihnen stapelten sich feldgraue Wollsocken.

Zu beiden Seiten führten Türen in zwei noch größere Räume — bei weitem die größten Schlafsäle, die wir je gesehen hatten. Betsie und ich folgten einer Kalfaktorin durch die Tür rechts. Der zerbrochenen Fensterscheiben wegen war der große Raum in ein Dämmerlicht getaucht. Unsere Nasen sagten uns sofort, daß es hier sehr schmutzig war: das Stroh auf den Pritschen stank. Als unsere Augen sich dann an das Dämmerlicht gewöhnt hatten, sahen wir, daß es hier überhaupt keine Pritschen gab, sondern dreistöckige Plattformen, die dicht nebeneinander standen und zwischen denen nur hin und wieder ein schmaler Gang war.

Wir folgten unserer Führerin eine hinter der anderen — für zwei war der Gang nicht breit genug, kämpften die Furcht vor diesen sich überall erhebenden Plattformen nieder. Der schreckliche Raum war fast menschenleer; wahrscheinlich waren seine Bewohner draußen, wo man sie verschiedenen Arbeitsgruppen zugeteilt hatte. Endlich deutete sie auf eine mittlere Plattform in einem großen Block. Um sie zu erreichen, mußten wir uns auf die unterste stellen, uns hinaufziehen und dann über drei andere strohbedeckte Plattformen kriechen, um zu der zu gelangen, die wir mit vielen anderen würden teilen müssen. Die nächste Plattform lag so dicht über dieser, daß wir uns nicht aufsetzen konnten. Wir streckten uns aus, unterdrückten den Brechreiz, den der Gestank des Strohs verursachte. Wir hörten, wie die Frauen, die mit uns gekommen waren, ihre Plätze suchten.

Plötzlich setzte ich mich auf, wobei ich mit dem Kopf gegen die Platte über mir stieß. Etwas hatte mich ins Bein gestochen.

»Flöhe«, rief ich. »Betsie, hier wimmelt es von ihnen!«

Wir krochen über die anderen Plattformen zurück, hielten den Kopf gesenkt, um uns nicht wieder zu stoßen, ließen uns zu dem Gang hinunter und gingen auf einen Lichtfleck zu.

»Hier! Und da ist noch einer«, jammerte ich. »Betsie, wie können wir in solch einer Höhle leben?«

»Zeig uns, zeig uns, wie.« Sie sagte das in einem so nüchternen Ton, daß mir erst nach einer Sekunde aufging, daß sie betete. Für Betsie schien der Unterschied zwischen Gebet und Leben mehr und mehr zu verblassen.

»Corrie«, sagte sie erregt, »er hat uns die Antwort gegeben! Ehe wir ihn darum baten, wie er es immer tut. In der Bibel heute morgen. Wo war es? Lies die Stelle noch einmal.«

Ich blickte den langen, dunklen Gang hinunter, um mich zu überzeugen, daß keine Aufseherin in Sicht war, dann zog ich die Bibel aus ihrem Beutel. »Im ersten Brief an die Thessalonicher«, sagte ich. Wir lasen das neue Testament zum drittenmal, seit wir Scheveningen verlassen hatten. In dem trüben Licht blätterte ich die Seiten um. »Hier steht es: ›Tröstet die Kleinmütigen, tragt die Schwachen, seid geduldig gegen jedermann. Seht zu, daß niemand Böses mit Bösem jemand vergelte, sondern allezeit jaget dem Guten nach, beide untereinander und gegen jedermann . . .‹ «

Das schien ausdrücklich für Ravensbrück geschrieben zu sein.

»Lies weiter«, sagte Betsie, »das war noch nicht alles.«

»Ach ja. ›... seid allezeit fröhlich. Betet ohne Unterlaß. Seid dankbar in allen Dingen, denn das ist der Wille Gottes in Christus Jesus ...‹.«

»Das ist es, Corrie, Das ist seine Antwort. ›Seid dankbar in allen Dingen.‹ Und das können wir tun. Wir können jetzt gleich beginnen, Gott für alles in dieser neuen Baracke zu danken.«

Ich starrte sie an. Dann blickte ich in dem dunklen, übelriechenden Raum um mich.

»Für was zum Beispiel?« sagte ich.

»Dafür zum Beispiel, daß wir hier zusammen sind.«

Ich biß mich auf die Lippe. »Ach ja, Herr Jesus.«

»Für das, was du in deinen Händen hältst.«

Ich sah auf die Bibel hinunter. »Ja. Ich danke dir, lieber Herr, daß wir, als wir hier hereinkamen, nicht durchsucht worden sind. Ich danke dir für all die Frauen hier in diesem Raum, die dir durch dieses Buch begegnen werden.«

»Ja«, sagte Betsie. »Sei bedankt für die Fülle hier. Da wir so dicht nebeneinander liegen, werden desto mehr es hören.«

Sie blickte mich erwartungsvoll an. »Corrie!« ermahnte sie mich.

»Ach ja. Ich danke dir für die vielen, vielen hier eingezwängten, fast erstickenden Frauen.«

»Ich danke dir«, fuhr Betsie heiter fort, »für die Flöhe und für ...«

Die Flöhe! Das war denn doch zuviel. »Betsie, selbst Gott kann mich nicht dazu bringen, für einen Floh dankbar zu sein.«

»Sei dankbar in allen Dingen«, zitierte sie. »Es heißt nicht in angenehmen. Flöhe gehören hierher, wohin Gott uns geführt hat.«

Und so dankten wir für die Flöhe. Aber diesmal war ich sicher, daß Betsie sich irrte.

Bald nach sechs Uhr begannen sie zu kommen, die Frauen aus Baracke 28. Müde, schweißtriefend und schmutzig von der langen Zwangsarbeit. Das Gebäude, erfuhren wir von einer unserer Plattformgenossinnen, sei als Unterkunft für vierhundert vorgesehen gewesen, aber jetzt seien hier vierzehnhundert, und jede Woche kämen noch neue Zugänge, da Konzentrationslager in Polen, Frankreich, Belgien, Österreich ebenso wie in Holland geräumt und die Insassen nach Deutschland gebracht würden.

Neun von uns teilten die für vier vorgesehene Plattform, und es gab Gemurre, als die anderen entdeckten, daß sie für Betsie und mich Platz machen mußten. Für den ganzen Raum standen nur acht verschmutzte, übelriechende Toiletten zur Verfügung; um sie zu erreichen, mußten wir nicht nur über unsere Bettgenossinnen hinwegkriechen, sondern auch über die auf den anderen Plattformen zwischen uns und dem nächsten Gang, immer mit der Angst, daß sie unter der Last des zusätzlichen Gewichts einbrechen und auf die darunter liegenden Frauen fallen könnten. In jener ersten Nacht geschah das mehrmals. Irgendwo in dem Schlafraum hörte man das Splittern von Holz, einen lauten Aufschrei und gedämpftere Schreie.

Selbst wenn die Holzplatte hielt, fielen bei der geringsten Bewegung auf den oberen Plattformen Staub und Stroh auf die Schläferinnen darunter — worauf ein Hagel von Flüchen folgte. In der Baracke 8 waren die meisten von uns Holländerinnen gewesen. Hier gab es nicht einmal eine gemeinsame Sprache, und unter den erschöpften, schlecht ernährten Frauen kam es ständig zu Streitigkeiten.

Zu einer heftigen Auseinandersetzung kam es, als die den Fenstern am nächsten schlafenden Frauen sie schlossen, damit die Kälte nicht eindrang. Sofort verlangten viele Stimmen, sie wieder zu öffnen. Die Auseinandersetzung wurde immer erbitterter; man hörte wie sich einige schlugen und andere schluchzten.

Im Dunkeln spürte ich, wie Betsies Hände meine umklammerten. »Herr Jesus«, sagte sie laut. »Schicke deinen Frieden in diesen Raum. Es ist hier zu wenig gebetet worden. Selbst die Wände wissen das. Aber wo du erscheinst, Herr, muß der Geist der Zwietracht weichen . . .«

Allmählich, aber deutlich spürbar schlug die Stimmung um. Die wütenden Stimmen verstummten eine nach der anderen.

»Ich mache dir einen Vorschlag.« Die Frau sprach deutsch mit einem starken skandinavischen Akzent. »Du kannst hier schlafen, wo es wärmer ist, und ich lege mich statt deiner ans Fenster.«

»Und vermehrst meine Läuse noch durch deine!« Aber die Antwort klang heiter. »Nein, besten Dank.«

»Ich will euch mal was sagen.« Die dritte Stimme klang französisch. »Wir werden sie halb öffnen. So werden wir nur halb frieren, und ihr werdet nur halb ersticken.«

Schallendes Gelächter folgte diesen Worten. Ich legte mich auf das muffige Stroh zurück und wußte, daß da wieder etwas war, für das ich dankbar sein mußte: Betsie war in Baracke 28 gekommen.

Der Morgenappell fand hier wie in der Quarantäne um halb fünf statt. Eine Pfeife weckte uns um vier Uhr, und sofort begann, ohne daß wir uns das Stroh von den Kleidern und vom Haar abschütteln konnten, die Jagd nach Brot und Kaffee in dem mittleren Raum. Die zuletzt Kommenden bekamen nichts mehr.

Die Zählung erfolgte in der Lagerstraße, der breiten Straße, die zum Hospital führte. Dort gesellten wir uns den in anderen Baracken Hausenden zu — zu der Zeit waren es insgesamt 35000 —, aber im blassen Schein der Laternen war nicht zu erkennen, wie viele es waren, und unsere Füße wurden taub auf dem kalten Aschenboden.

Nach dem Appell wurden die Arbeitstrupps aufgerufen. Wochenlang waren Betsie und ich der Siemensfabrik zugeteilt. Dieser riesige Komplex von Werkhallen und Gleisanlagen war anderthalb Meilen vom Lager entfernt.

Die Siemensbrigade, mehrere tausend von uns, marschierte durch das Eisentor unter den elektrisch geladenen Drähten in eine Welt, in der es Gras, Bäume und einen weiten Horizont gab. Die Sonne ging auf, als wir um den kleinen See herumgingen; das Gold der herbstlichen Felder ließ unsere Herzen höher schlagen.

Die Arbeit bei Siemens war eine reine Qual. Betsie und ich mußten schwere Handkarren zu einem Bahngleis schieben, wo wir große Metallplatten aus einem Güterwagen ausluden und sie dann zu einem Fabriktor karrten. Der zermürbende Arbeitstag dauerte elf Stunden. Mittags bekamen wir wenigstens eine gekochte Kartoffel und etwas dünne Suppe; die im Lager arbeiteten, erhielten überhaupt kein Mittagessen.

Auf dem Rückweg zum Lager konnten wir unsere geschwollenen, schmerzenden Beine kaum bewegen. Die uns begleitenden Soldaten brüllten und fluchten, aber wir kamen nur sehr langsam voran. Wieder einmal bemerkte ich, daß die Einheimischen die Augen abwandten, wenn wir an ihnen vorbeikamen.

In der Baracke mußten wir uns wieder in Reih und Glied aufstellen — würde dieses Antreten und Warten nie enden? —, um in dem mittleren Raum unseren Schlag Rübensuppe zu fassen. Dann eilten Betsie und ich, so schnell wir's in dem Gedränge vermochten, hinten in den Schlafraum, wo wir unseren Gottesdienst abhielten. Auf unserer Plattform war es zu dunkel, um aus der Bibel vorlesen zu können, aber dort hinten warf eine kleine elektrische Birne einen schwachen Lichtschein auf die Wand, und eine immer größere Gruppe von Frauen versammelte sich dort.

Diese Gottesdienste in Baracke 28 hatten nicht ihresgleichen. Es kam vor, daß bei einem eine Gruppe römischer Katholikinnen das Magnificat auf lateinisch aufsagte, ein paar Lutheranerinnen einen Choral flüsterten und Frauen, die der russisch-orthodoxen Kirche angehörten, leise ein Lied sangen. Die Menge um uns herum wurde immer größer, drängte sich auf den daneben liegenden Plattformen und hing über die Ränder hinaus, bis die Plattformen knarrten und schwankten.

Schließlich schlugen Betsie oder ich die Bibel auf. Da nur die Holländerinnen den holländischen Text verstehen konnten, übersetzten wir ihn laut ins Deutsche. Und dann vernahmen wir, wie die lebenspendenden Worte auf französisch, polnisch, russisch, tschechisch durch die Gänge hallten. Diese Abende unter der elektrischen Birne waren ein kleiner Vorgeschmack des Himmels. Ich dachte an Haarlem, an die Kirchen der verschiedenen Konfessionen, jede hinter ihrem schmiedeeisernen Gitter und der Barriere ihrer Lehre. Und ich wußte wieder einmal, daß in der Dunkelheit Gottes Wahrheit am hellsten leuchtet.

Anfangs gingen Betsie und ich bei diesen Gottesdiensten sehr vorsichtig vor. Als Abend um Abend verstrich und keine Aufseherin sich zeigte, wurden wir kühner. So viele wollten jetzt dabei sein, daß wir nach dem Abendappell einen zweiten Gottesdienst abhielten. Dort auf der Lagerstraße waren wir unter strenger Bewachung. Aufseherinnen in ihren warmen wollenen Capes marschierten beständig auf und ab. Genauso war es in dem mittleren Raum der Baracke: immer war dort ein halbes Dutzend Aufseherinnen oder Lagerpolizisten anwesend. Aber in dem großen Schlafraum gab es so gut wie keine Überwachung. Wir verstanden das nicht.

Etwas anderes Seltsames geschah. Noch immer kamen aus der Vitaminölflasche Tropfen. Bei einer so kleinen Flasche und bei so vielen Dosen am Tage schien das kaum möglich. Denn außer Betsie bekam jetzt noch ein Dutzend anderer auf unserer Plattform täglich einen Tropfen.

Instinktiv wollte ich es horten, denn Betsie wurde immer schwächer. Aber andere waren auch krank. Es war schwer, nein zu Augen zu sagen, die vor Fieber glühten, und zu Händen, die vor Kälte zitterten. Ich versuchte, es für die Allerschwächsten aufzusparen — aber selbst deren Zahl wuchs bald: fünfzehn, zwanzig, fünfundzwanzig . . .

Und dennoch jedesmal, wenn ich das Fläschchen kippte, erschien ein Tropfen an der Spitze des Glaspfropfens. Das konnte doch nicht mit rechten Dingen zugehen. Ich hielt es ans Licht, versuchte zu sehen, wieviel noch darin war, aber das dunkelbraune Glas war zu dick, um hindurchblicken zu können.

»In der Bibel wird von einer Frau berichtet«, sagte Betsie, »deren Ölkrüglein nie leer wurde.« Sie bezog sich damit auf das Buch der Könige, auf die Geschichte der armen Witwe aus Zarpath, die Elia in ihrem Haus beherbergte: »Denn also spricht der Herr, der Gott Israels: Das Mehl im Cad soll nicht verzehret werden, und dem Ölkrug soll nichts mangeln . . .«

Nun, in der Bibel geschahen viele Wunder. Es war etwas anderes, zu glauben, daß so etwas vor tausend Jahren möglich gewesen war, als daß es uns jetzt an diesem Tage geschehen konnte. Und dennoch geschah es. An diesem Tage und dem nächsten und dem übernächsten, bis eine kleine Gruppe in frommer Scheu zusah, wie die Tropfen auf die täglichen Brotrationen fielen.

Viele Nächte lag ich wach in dem Staubregen, der aus der Matratze über mir auf mich fiel, und versuchte, mir dieses Wunder zu erklären. »Vielleicht«, flüsterte ich Betsie zu, »dringen nur ein oder zwei Moleküle durch das kleine Nadelloch — und in der Luft dehnen sie sich dann aus.«

Ich hörte ihr leises Lachen im Dunkeln. »Bemühe dich nicht, es zu erklären, Corrie. Nimm es einfach als eine Überraschung von einem Vater hin, der dich liebt.«

Und dann eines Tages drängte sich Mien zu uns durch, als wir uns zum Abendessenempfang anstellten. »Sehen Sie mal, was ich für Sie habe!«

Mien war eine hübsche junge Holländerin, die wir in Vught kennengelernt hatten. Sie arbeitete hier im Hospital, und oft gelang es ihr, aus dem Zimmer, in dem Schwestern und Ärzte aßen, etwas Kostbares zu stehlen und in Baracke 28 zu bringen — eine Zeitung, mit der man eine zerbrochene Fensterscheibe zustopfen konnte, oder eine Scheibe Brot, die eine Schwester auf ihrem Teller hatte liegen lassen. Wir spähten in das Leinensäckchen, das sie uns reichte. »Vitamine!« rief ich und warf dann einen beklommenen Blick zu einem in der Nähe stehenden Lagerpolizisten hin. »Trockenhefe«, flüsterte ich.

»Ja«, sagte sie ebenfalls flüsternd. »Es waren dort mehrere große Büchsen. Ich habe aus jeder die gleiche Menge genommen.« Wir schluckten die dünne Rübensuppe, beglückt über unseren plötzlichen Reichtum. Als wir wieder in der Baracke waren, nahm ich die Flasche aus dem Stroh. »Wir werden die erst leeren«, entschied ich.

Aber an jenem Abend kam kein Tropfen heraus, solange ich sie auch umgekehrt hielt oder wie stark ich sie auch schüttelte.

Am 1. November erhielt jede Gefangene einen Mantel. Betsies und meiner waren russischer Herkunft, wahrscheinlich einmal mit Pelz besetzt gewesen: Fäden an Kragen und Manschetten verrieten, wo etwas abgetrennt worden war.

Die Arbeit in der Siemensfabrik hatte aufgehört. Wir nahmen an, daß die Fabrik bei einem der Luftangriffe zerstört worden war; fast jede Nacht hörten wir in der Nähe Bomben fallen. Betsie und ich mußten jetzt unebenen Boden innerhalb der Lagermauer nivellieren. Auch das war eine schwere Arbeit. Manchmal verkrampfte sich mein Herz, wenn ich mich bückte, um eine Schaufel Erde zu heben, und nachts litt ich an stark schmerzenden Wadenkrämpfen.

Aber am schlimmsten war Betsies Kraftlosigkeit. Eines Morgens war die Erde nach einem heftigen Regen in der Nacht feucht und schwer. Betsie hatte nie viel zu heben vermocht. Heute aber war das, was sie auf der Schaufel hatte, mehr als bescheiden, und sie stolperte häufig, wenn sie zu dem niedriger gelegenen Boden ging, den wir aufschütten sollten.

»Schneller«, schrie eine Aufseherin sie an. »Können Sie nicht schneller gehen?«

Warum müssen sie nur immer schreien? fragte ich mich, als ich meine Schaufel mit schwarzem Dreck füllte. Warum können sie nicht wie gewöhnliche Sterbliche sprechen? Ich richtete mich langsam auf, am ganzen Leibe schwitzend. Mir fiel ein, wo wir zum erstenmal dieses irre Gebrüll gehört hatten. Im Beje. In Tante Jans' Zimmer. Eine Stimme ertönte aus dem muschelförmigen

Lautsprecher, und sie hallte einem noch in den Ohren, nachdem Betsie aufgesprungen war, um das Radio abzustellen ...

»Faules Schwein!«

Die Aufseherin entriß Betsie die Schaufel und lief von Gruppe zu Gruppe der mit dem Nivellieren beschäftigten Gefangenen, um ihnen die Handvoll Dreck zu zeigen, das einzige, was Betsie hatte heben können.

»Seht doch, was Frau Baronin schafft! Sie wird sich bestimmt überanstrengen!«

Die anderen Aufseherinnen und sogar einige der Gefangenen lachten. Dadurch ermutigt, parodierte die Aufseherin Betsies schwankenden Gang. An diesem Tage war ein Aufseher bei unserem Arbeitskommando, und in der Anwesenheit eines Mannes waren die Aufseherinnen immer animiert.

Als das Gelächter lauter wurde, spürte ich, wie eine fürchterliche Wut in mir aufstieg. Die Aufseherin war jung und gut genährt — war es Betsies Schuld, daß sie alt und halb verhungert war? Aber zu meinem Erstaunen lachte auch sie.

»Sie imitieren mich prächtig«, gab sie zu. »Aber es ist besser, sie lassen mich so weitermachen, sonst muß ich ganz aufhören.«

Die dicken Backen der Aufseherin wurden dunkelrot. »Ich allein bestimme, wer aufhört!« Und sie zog die Lederpeitsche aus ihrem Gürtel und schlug Betsie auf Brust und Nacken.

Ohne zu wissen, was ich tat, hatte ich meine Schaufel ergriffen und war im Begriff, mich auf sie zu stürzen. Aber Betsie verstellte mir den Weg, ehe jemand das gesehen hatte. »Corrie«, bat sie, meinen Arm festhaltend, »Corrie, arbeite weiter!« Sie nahm mir die Schaufel aus der Hand und stieß sie in den Boden. Verächtlich warf die Aufseherin uns Betsies Schaufel zu. Benommen hob ich sie auf. Ein roter Fleck erschien auf Betsies Kragen, und an ihrem Nacken wurde ein Striemen sichtbar.

Betsie sah, wohin ich blickte, und bedeckte das Peitschenmal mit ihrer dünnen Hand. »Sieh nicht hin, Corrie. Sieh nur auf Jesus.« Sie zog ihre Hand weg. Sie war klebrig von Blut.

Mitte November setzten heftige Regenfälle ein. Es goß den ganzen Tag, und sogar an den Innenwänden sah man Regentropfen. Die Lagerstraße war jetzt nie trocken; selbst wenn der Regen nachließ, war sie voller Pfützen. Wir durften sie nie umgehen, wenn wir uns in Reih und Glied aufstellten; oft standen wir bis an die Fußknöchel im Wasser, und nachts stank es in der Baracke nach fauligem Schuhleder.

Betsie begann beim Husten Blut zu spucken. Wir gingen zur Sprechstunde ins Hospital. Aber sie hatte nur 37,6 Fieber, was für eine Aufnahme ins Hospital nicht genügte. Ach, meine schönen Träume von einer Schwester und einer Apotheke in jeder Baracke! In diesem großen Raum im Hospital mußten sich alle Kranken des Lagers versammeln, mußten oft stundenlang draußen im Regen stehen, nur um hineinzukommen. Ich haßte diesen trostlosen Ort voll kranker und leidender Frauen, aber wir mußten immer wieder hingehen, denn Betsies Zustand verschlechterte sich zusehends. Sie litt unter dem Krankenrevier nicht so wie ich. Für sie war es nur ein Ort, an dem sie über Jesus sprechen konnte — wie übrigens an jedem anderen auch. Wo immer sie war, bei der Arbeit, beim Anstehen zum Essen, im Schlafsaal, Betsie sprach zu denen um sie herum von seiner Nähe und wie sehr er sich danach sehnte, von ihnen aufgenommen zu werden. Je schwächer ihr Körper wurde, desto zuversichtlicher schien ihr Glaube zu werden. »Und das Krankenrevier ist so wichtig, Corrie. Manche dieser Frauen stehen schon auf der Schwelle des Himmels.«

Schließlich stieg Betsies Fieber eines Abends über die geforderte Höhe. Wieder mußten wir lange warten, bis eine Schwester erschien, um sie und ein halbes Dutzend anderer in das eigentliche Hospital zu bringen.

Ich begleitete sie bis zur Tür des Krankensaals, und dann ging ich langsam zu der Baracke zurück.

Wie immer, wenn ich in der Tür des Schlafsaals stand, erinnerte er mich stark an einen Ameisenhaufen. Einige Frauen schliefen schon nach dem langen Arbeitstag, aber die meisten gingen noch umher; ein paar warteten darauf, auf die Toilette gehen zu können, andere suchten sich und ihren Nachbarinnen Läuse ab. Ich drängte mich durch die überfüllten Gänge nach hinten, wo der Gottesdienst gerade endete. An den Abenden, an denen Betsie und ich ins Revier gingen, überließen wir die Bibel Frau Wielmaker, einer frommen Katholikin aus Den Haag, die die holländischen Worte ins Deutsche, Französische, Lateinische oder Griechische übersetzen konnte. Frauen drängten sich um mich und erkundigten sich nach Betsie. Wie ging es ihr? Wie lange würde sie im Hospital bleiben müssen?

Das Signal, daß es Zeit war, das Licht zu löschen, ertönte. Und die große Kletterpartie begann. Ich zog mich auf die mittlere Plattform hinauf und kroch über jene, die schon dort waren. Wie anders war alles geworden, seit Betsie in diesen Raum gekommen war! Wo man sich vorher um diese Zeit gebalgt und gegenseitig verflucht hatte, hörte man heute nur »Verzeihung«, »Es tut mir leid« und »Ach, es macht nichts.«

Ich fand unsere Plattform im Dunkeln und einen Platz in der Mitte. Von der Tür glitt das Licht eines Scheinwerfers durch den Raum, verweilte auf Plattformen, auf denen sich etwas bewegte. Eine Frau stieß mich mit dem Ellbogen in den Rücken, einer anderen Füße waren dicht vor meinem Gesicht. Wie war es möglich, daß ich mich trotz der Nähe der anderen so einsam und verlassen fühlte?

DER BLAUE PULLOVER

Am Morgen hing ein kalter, feuchter Nebel über der Lagerstraße. Ich war dankbar, daß Betsie nicht draußen stehen mußte.

Den ganzen Tag lichtete sich der Nebel über Ravensbrück nicht. Es war geradezu unheimlich, daß jeder Laut gedämpft klang und die Sonne nicht aufging. Ich war zur Kartoffelarbeit abkommandiert, war eine von denen, die Körbe voller Kartoffeln zu langen Gräben schleppen mußten, wo sie mit Erde bedeckt wurden, damit sie nicht bei der bevorstehenden Kälte erfroren. Ich war froh über diese harte körperliche Arbeit und auch darüber, daß ich gelegentlich, wenn die Aufseherinnen nicht hinguckten, in eine rohe Kartoffel beißen konnte.

Als am nächsten Tage der weiße Nebel immer noch über dem Lager lag, wurde meine Sehnsucht nach Betsie unerträglich. Nach dem Abendappell tat ich etwas Waghalsiges. Mien hatte mir gesagt, wie man in das Hospital gelangen konnte, ohne an dem in der Tür stehenden Wachtposten vorbei zu müssen. Die Latrine hinten habe ein sehr großes Fenster, das sich nicht fest schließen lasse. Da im Hospital keine Besuche erlaubt waren, benutzten Verwandte von Patienten oft diesen Weg, um hineinzukommen.

In dem dichten Nebel war es leicht, ungesehen das Fenster zu erreichen. Ich kletterte hinein, dann hielt ich mir die Nase zu, um den furchtbaren Gestank nicht zu riechen. An der einen Wand zog sich eine Reihe von Toiletten ohne Tür und Deckel entlang, und jede quoll von Schmutz über. Ich eilte zu der Tür, blieb dann stehen, und es lief mir kalt den Rücken hinunter. An der Wand gegenüber lag ein Dutzend nackter Leichen nebeneinander auf dem Rücken. Einige der Toten hatten die Augen offen und schienen zur Decke zu starren.

Ich stand dort, vor Entsetzen wie angewurzelt, als zwei Männer, die ein in ein Laken eingewickeltes Bündel zwischen sich trugen, durch die Tür kamen. Sie nahmen keinerlei Notiz von mir, woraus ich schloß, daß sie mich für eine Patientin hielten.

Ich ging an ihnen vorüber in den Flur und blieb einen Augenblick stehen, weil ich mich von dem Anblick fast erbrechen mußte. Nach einer Weile ging ich ziellos nach links weiter.

Das Hospital war ein Gewirr von Fluren und Türen. Schon wußte ich nicht mehr genau, wie ich zu der Latrine zurückgelangen würde. Und was sollte werden, wenn das Kartoffelkommando schon gegangen war, ehe ich zurückkam? Aber dann kam mir ein Flur vertraut vor. Ich rannte fast von Tür zu Tür. Endlich fand ich den Saal, in den Betsie gebracht worden war. Kein Arzt, keine Schwester waren in Sicht: ich ging eilig durch die Gänge zwischen den Betten, blickte von einem Gesicht zum anderen. »Corrie!«

Betsie saß auf ihrem Bett nahe am Fenster. Sie wirkte kräftiger. Ihre Augen strahlten, und ihre eingefallenen Wangen hatten etwas Farbe. Bis jetzt, sagte sie, sei keine Schwester oder ein Arzt bei ihr gewesen, aber daß sie still liegen könne und nicht hinaus müsse, habe ihr schon geholfen.

Drei Tage später kehrte Betsie in die Baracke 28 zurück. Sie war auch, seitdem ich bei ihr gewesen, nicht untersucht worden, hatte keinerlei Medizin bekommen, und als ich ihre Stirn berührte, glühte sie von Fieber. Doch die Freude, sie wiederzuhaben, war stärker als meine Angst.

Daß sie im Hospital gewesen war, hatte wenigstens das eine Gute, daß sie von jetzt an für immer der »Strickbrigade« angehörte. Das waren die Frauen, die wir am ersten Tage an den Tischen in dem mittleren Raum hatten sitzen sehen. Diese Arbeit war den schwächsten Gefangenen vorbehalten, und jetzt waren es so viele, daß einige in den Schlafsälen arbeiten mußten. Diese wurden viel weniger überwacht als die an den Tischen, und Betsie konnte den größten Teil des Tages damit verbringen, denen um sie herum das Wort Gottes zu verkündigen. Sie konnte sehr schnell stricken, so daß sie schon gegen Mittag ihr Tagessoll erfüllt hatte. Sie hatte unsere Bibel stets bei sich und las jeden Tag stundenlang, von Plattform zu Plattform gehend, aus ihr vor.

Eines Abends kam ich spät vom Holzsammeln außerhalb des Lagers in die Baracke zurück. Der Boden war mit Schnee bedeckt gewesen, und es war schwer, die Stöcke und Zweige zu finden, mit denen ein kleiner Ofen in jedem Raum geheizt wurde. Betsie wartete wie immer auf mich, so daß wir uns zusammen zur Essensausgabe anstellen konnten. Ihre Augen funkelten.

»Du scheinst sehr mit dir zufrieden zu sein«, sagte ich.

»Wie du weißt, haben wir nie verstanden, warum wir hier in dem großen Raum so viel Freiheit hatten«, sagte sie. »Nun — ich bin dahintergekommen.«

An diesem Nachmittag, sagte sie, habe es einen Streit in ihrer Strickgruppe über Strumpfgrößen gegeben, und sie hätten die Oberaufseherin gebeten, zu kommen und ihn zu schlichten. »Aber sie wollte es nicht. Sie wollte nicht durch die Tür gehen, und die Aufseherinnen wollten es auch nicht. Und weißt du, warum?«

Betsie konnte einen triumphierenden Ton nicht unterdrücken: »Der Flöhe wegen! Wortwörtlich hat sie gesagt: ›Da wimmelt's von Flöhen!‹ «

Ich mußte an unsere erste Stunde hier zurückdenken. Ich erinnerte mich an Betsies gesenkten Kopf, und daß sie Gott für Geschöpfe dankte, von denen ich wußte, daß ich mich nie mit ihnen abfinden könnte.

Obwohl Betsie jetzt von der Außenarbeit befreit war, mußte sie nach wie vor zweimal täglich zum Appell antreten. Als die Temperaturen im Dezember fielen, wurden diese Appelle zu einer wahren Marter, und viele überlebten sie nicht. An einem dunklen Morgen beschmutzte sich ein schwachsinniges Mädchen zwei Reihen vor uns plötzlich. Eine Aufseherin raste auf sie zu, schwang ihre dicke Lederpeitsche, während das Mädchen vor Angst und Schmerz schrie. Es war immer besonders schrecklich, wenn eine dieser Unschuldigen geschlagen wurde. Doch die Aufseherin ließ sich nicht beirren, sie schlug weiter. Es war die, der wir ihres glänzenden Kleides wegen den Spitznamen »Die Schlange« gegeben hatten. Ich sah es auch jetzt unter ihrem langen Wollcape im Licht der Laterne glänzen, sobald sie den Arm hob. Ich war dankbar, als das Mädchen endlich still auf der Aschenstraße lag.

»Betsie«, flüsterte ich, als die Schlange weit genug weg war, »was können wir für diese Menschen tun? Danach, meine ich. Können wir ihnen nicht ein Heim schaffen und für sie sorgen und sie lieben?«

»Corrie, ich bete jeden Tag, daß wir das tun dürfen: ihnen zeigen, daß die Liebe größer ist als alles andere.«

Und erst am späteren Morgen beim Holzsammeln wurde mir klar, daß ich an die Geistesschwachen und Betsie an ihre Verfolger gedacht hatte.

Mehrere Tage später wurde meine ganze Arbeitsgruppe zur medizinischen Inspektion ins Hospital befohlen. Ich warf mein Kleid auf den Haufen gleich hinter der Tür und stellte mich in der Reihe nackter Frauen an. Zu meiner Überraschung horchte ein Arzt mit einem Stethoskop jede genau ab.

»Was soll das?« flüsterte ich der Frau vor mir zu.

»Sie untersuchen uns, weil sie uns in eine Munitionsfabrik schicken wollen«, flüsterte sie zurück, ohne den Kopf zu bewegen.

Munitionsfabrik. Aber das konnten sie doch nicht! Sie durften mich nicht wegschicken. Lieber Gott, laß es nicht zu, daß sie mich von Betsie trennen!

Doch zu meinem Entsetzen wurde bei mir alles für gesund befunden — Herz, Lunge, Kopf, Hals, und ich schied nicht aus. Viele hatte man für untauglich erklärt, aber die, die blieben, wirkten kaum tauglicher. Geschwollene Bäuche, eingefallene Brüste, spindeldürre Beine: wie verzweifelt mußte Deutschland Arbeitskräfte suchen!

Ich blieb vor einer Frau in einem schmutzigen weißen Kittel stehen. Sie drehte mich um, so daß ich einer Karte an der Wand gegenüberstand. Ihre Hand lag kalt auf meiner nackten Schulter. »Lesen Sie die kleinste Schrift, die Sie zu lesen vermögen.«

»Ich ... ich kann scheint's keine von ihnen lesen (Herr, vergib mir!), nur den obersten Buchstaben. Das E.« Der oberste Buchstabe war ein F.

Die Frau blickte mich zum erstenmal an. »Sie können besser sehen. Wollen Sie zurückgewiesen werden?«

In Ravensbrück galt die Überführung in eine Munitionsfabrik als ein Privileg; das Essen und die Lebensbedingungen, hieß es, seien dort viel besser als hier im Lager.

»Ach ja, Frau Doktor. Meine Schwester ist hier in Ravensbrück. Es geht ihr nicht gut. Ich kann sie nicht verlassen.«

Die Ärztin setzte sich an ihren Tisch und kritzelte etwas auf ein Stück Papier. »Kommen Sie morgen wieder, damit man Ihnen eine Brille verpaßt.«

Als ich mich wieder in die Reihe gestellt hatte, faltete ich das kleine blaue Papier auseinander. Die Gefangene 66 730 sollte am nächsten Morgen um halb sieben erscheinen, um von einem Optiker eine Brille verpaßt zu bekommen. Halb sieben war die Zeit, zu der die Abzutransportierenden verladen wurden, und so stand ich, als am nächsten Tage die riesigen Lastwagen die Lagerstraße hinunterrumpelten, in einem Korridor des Hospitals und wartete darauf, daß ich in der Augenklinik an die Reihe kam. Der diensttuende junge Mann war vielleicht ein guter Augenarzt, aber die ganze Ausstattung seiner Klinik bestand aus einem Kasten voller Bifokalbrillen mit goldenem Rand bis zu Kinderbrillen in Plastikgestellen. Ich fand keine für mich passende und wurde schließlich zu meiner Arbeitsgruppe zurückgeschickt.

Aber natürlich hatte man mich nicht zur Arbeit eingeteilt, da ich für den Transport vorgemerkt war. Zögernd ging ich darum zur Baracke 28 zurück und betrat den mittleren Raum. Die Oberaufseherin blickte über die Köpfe der strickenden Frauen zu mir hin.

»Nummer?« fragte sie.

Ich nannte sie ihr, und sie schrieb sie in ein Buch mit schwarzem Deckel. »Nehmen Sie Ihr Garn und ein Muster«, fuhr sie fort. »Sie werden auf einem der Betten sitzen müssen, denn hier ist kein Platz.« Und sie wandte sich wieder dem Haufen fertiggestrickter Socken auf dem Tisch zu. Ich stand blinzelnd mitten im Raum, dann ergriff ich einen Strang der dunkelgrauen Wolle und eilte in den Schlafraum. Und damit begann für Betsie und mich die schönste Zeit in Ravensbrück. Seite an Seite verkündeten wir im Heiligtum von Gottes Flöhen sein Wort. Wir saßen an Sterbebetten, die Himmelstore wurden. Wir sahen Frauen, die alles verloren hatten, durch ihre Hoffnung reich werden. Die Strickerinnen in Baracke 28 wurden das betende Herz des großen kranken Körpers, der Ravensbrück war, legten für alle im Lager Fürsprache ein — auf Betsies Drängen ebenso für die Aufseherinnen wie für die Gefangenen. Wir beteten hinter den Betonmauern für die Heilung Deutschlands, Europas, der Welt — so wie Mama einst aus dem Gefängnis ihres leidenden Körpers gebetet hatte.

Und während wir beteten, sprach Gott zu uns über die Welt nach dem Kriege. Es war seltsam; an diesem Ort, wo Pfeifen und Lautsprecher alles entschieden, fragte uns Gott, was wir in den vor uns liegenden Jahren tun würden.

Betsie wußte immer eine eindeutige Antwort ebenso für sie wie für mich. Wir würden ein Haus haben, ein großes — viel größer als das Beje —, in das Menschen, die durch das Leben im Konzentrationslager körperlich und seelisch Schaden gelitten hatten, kommen würden, bis sie sich fähig fühlten, wieder in der normalen Welt zu leben.

»Es ist ein so schönes Haus, Corrie! Mit Parkettfußböden, mit Statuen, die in Nischen in den Wänden stehen, und einer breiten Treppe. Und einem Garten! Ein Garten rings herum, wo sie Blumen pflanzen können. Es wird ihnen so gut tun, Corrie, Blumen zu pflegen!«

Ich starrte Betsie verwundert an, als sie von diesen Dingen sprach. Sie sprach immer, als beschriebe sie etwas, das sie sah — als wären die breite, sich windende Treppe und dieser herrliche Garten die Wirklichkeit und die vollgestopfte schmutzige Baracke nur ein Traum.

Aber sie war kein Traum. Sie war wirklich, quälend wirklich, und während der Appelle drohte das hier angesammelte Elend mich immer wieder zu überwältigen.

Eines Morgens blieben drei Frauen aus der Baracke 28 noch eine Weile drinnen, weil sie sich vor der Kälte draußen fürchteten. In der folgenden Woche wurde die ganze Baracke mit einer Extrastunde Strammstehen bestraft. Auf der Lagerstraße wurden nicht einmal die Lampen angemacht, als man uns um halb vier morgens aus unserer Baracke scheuchte.

Es war während dieses Antretens vor dem eigentlichen Appell, daß ich eines Morgens sah, was zu glauben ich mich bis dahin geweigert hatte. Scheinwerfer erschienen am anderen Ende der langen Straße, und ihr Licht glitt über den Schnee. Lastwagen mit Anhängern kamen angefahren, wobei der Matsch aufspritzte. Sie hielten vor der Eingangstür des Hospitals. Sie öffnete sich, und eine Schwester kam heraus. Sie stützte eine alte Frau, der die Beine den Dienst versagten, als sie die Stufen hinunterhinkte. Die Schwester hob sie behutsam hinten in den Lastwagen. Dann kamen immer mehr aus der Tür, die sich auf die Arme von Schwestern und Helferinnen stützten, die Alten, die Kranken. Zum Schluß erschienen Sanitäter mit Bahren.

Wir beobachteten jede Einzelheit der Szene, aber wir konnten nicht glauben, was wir da sahen. Wir hatten zwar gewußt, daß, wenn die Überfüllung einen gewissen Punkt erreichte, die Kränkesten in das Ziegelgebäude neben dem großen viereckigen Schornstein gebracht wurden. Aber daß das wirklich mit diesen Frauen, die wir hier vor uns sahen, geschah, konnte doch nicht sein. Es ließ sich in meinen Augen vor allem nicht mit dem freundlichen Verhalten der Schwestern vereinen, daß sich z. B. eine in dem Lastwagen vor uns fürsorglich, sogar liebevoll über ihre Patientin beugte ... Was mochte in ihrem Inneren in diesem Augenblick vorgehen?

Und währenddessen wurde es kälter. Eines Abends begann während des Appells irgendwo weiter unten in der Lagerstraße eine Gruppe rhythmisch zu stampfen. Das Stampfen wurde lauter, als andere dem Beispiel folgten. Die Aufseherinnen ließen uns gewähren, und schließlich marschierten alle auf der Stelle, klopften in ihren zerrissenen Schuhen auf den gefrorenen Boden, brachten die Blutzirkulation in tauben Füßen und Beinen wieder in Gang. Von da an war dies die Begleitmusik des Appells: das Stampfen Tausender von Füßen auf der langen dunklen Straße.

Und mit der zunehmenden Kälte nahm auch die besondere Versuchung des Konzentrationslagerlebens zu: die Versuchung, nur an sich selbst zu denken. Sie äußerte sich auf die raffinierteste Weise. Ich entdeckte rasch, daß wir, wenn wir uns beim Appell in die Mitte der angetretenen Abteilung stellten, vor dem Wind ein wenig geschützt waren.

Ich wußte, das war egoistisch: wenn Betsie und ich in der Mitte standen, mußte jemand anders am Rand stehen. Wie leicht war es, das anders zu bezeichnen! Ich tat es nur, um Betsies willen. Wir hatten ein wichtiges Amt und mußten uns gesund erhalten. In Polen war es kälter als in Holland, und die Polinnen spürten darum wahrscheinlich die Kälte nicht so wie wir.

Die Selbstsucht hatte ihr eigenes Leben. Als ich sah, wie Miens Trockenhefe in dem Säckchen abnahm, begann ich es erst dann unter dem Stroh hervorzuziehen, wenn das Licht ausgegangen war und andere es nicht sehen und mich um etwas bitten konnten. War Betsies Gesundheit nicht wichtiger? (Weißt du, Gott, sie kann soviel für sie tun! Denke an das Haus nach dem Kriege!)

Und wenn es auch nicht gut war — so ganz böse war es auch nicht. Nicht so böse wie Sadismus und Mord und die anderen ungeheuerlichen Quälereien, die wir Tag für Tag in Ravensbrück erlebten. Ach, dies war die große List Satans in seinem Reich: das Böse so marktschreierisch zur Schau zu stellen, daß man fast glauben konnte, die eigenen heimlichen Sünden spielten keine Rolle.

Das Übel breitete sich aus. In der zweiten Dezemberwoche wurde an jede Insassin der Baracke 28 eine Extradecke ausgegeben. Am nächsten Tage kam eine große Gruppe aus der Tschechoslowakei hierher verlegter Gefangener. Eine von ihnen, der unsere Plattform zugewiesen wurde, hatte überhaupt keine Decke, und Betsie bestand darauf, daß wir ihr eine von unseren gäben. So »lieh« ich ihr an jenem Abend eine Decke. Aber ich »schenkte« sie ihr nicht. In meinem Innern betrachtete ich sie weiter als meine. War es Zufall, daß ich alles nur noch freudlos tat? Meine Gebete wurden mechanisch. Selbst die Bibellesungen waren langweilig und ohne Leben. Betsie versuchte, an meiner Stelle zu lesen, doch ihr Husten machte ihr das unmöglich.

Und so mühte ich mich mit Beten und Lehren ab, aber es hatte nichts Wirkliches mehr. Bis an einem regnerischen Nachmittag, als gerade noch so viel Licht durch das Fenster drang, daß man dabei lesen konnte, ich zu Paulus' Bericht von seinem »Pfahl im Fleisch« kam. Dreimal, schrieb er, habe er Gott gebeten, die Schwachheit von ihm zu nehmen, was sie auch sein mochte. Und jedesmal habe Gott gesagt: »Vertraue mir.« Schließlich, schloß Paulus — die Worte schienen mir ins Gesicht zu springen —, daß gerade seine Schwäche etwas sei, für das er danken müsse, weil Paulus jetzt erkannte, daß keins der Wunder und Mirakel, die geschahen, wenn er das Wort Gottes verkündete, seinen eigenen Tugenden zugeschrieben werden konnte. Es war alles Christi Kraft, niemals die des Paulus.

Und so war es.

Die Wahrheit erleuchtete wie die Sonne das Dunkel der Baracke 28. Die wirkliche Sünde, die ich begangen hatte, war nicht, daß ich mich in die Mitte der zum Appell angetretenen Gruppe stellte, weil mich fror. Die wirkliche Sünde war, daß ich dachte, die Kraft, zu helfen und verwandeln, käme aus mir. Natürlich war nicht ich das, die das vermochte.

Der kurze Wintertag verging; ich konnte die Worte auf der Seite nicht mehr erkennen. Darum klappte ich die Bibel zu und sagte der Gruppe der sich um mich scharenden Frauen die Wahrheit über mich — meine Ichbezogenheit, meinen Geiz, meinen Mangel an Liebe. An diesem Abend betete ich wieder mit wirklicher Freude.

Bei jedem Appell schien der Wind schärfer zu werden. Wann

immer sie es konnte, schmuggelte Mien Zeitungen aus dem Hospital in unsere Baracke, und wir stopften sie in unsere Kleider. Nollies blauer Pullover unter Betsies Kleid war schwarz von Druckerschwärze.

Die Kälte schien für Betsies Beine Gift zu sein. Manchmal konnte sie sie morgens überhaupt nicht bewegen, und zwei von uns mußten sie tragen. Das war nicht schwer — sie wog nicht mehr als ein Kind. Doch sie konnte nicht mehr mit den Füßen stampfen, wie wir anderen es taten, damit das Blut zirkulierte. Wenn wir in den Schlafraum zurückkehrten, rieb ich ihr Füße und Hände, aber die Folge war nur, daß meine Hände kalt wurden.

In der Woche vor Weihnachten konnte Betsie beim Aufwachen plötzlich weder Beine noch Arme bewegen. Ich drängte mich durch die überfüllten Gänge in den mittleren Raum. Die Schlange hatte Dienst. »Bitte«, bettelte ich, »Betsie ist krank. Ach bitte, sie muß ins Hospital gebracht werden.«

»Nehmen Sie Haltung an. Nennen Sie Ihre Nummer.«

»Gefangene 66 730. Bitte, meine Schwester ist krank.«

»Alle Gefangenen müssen bei der Zählung anwesend sein. Wenn sie krank ist, kann sie sich im Krankenrevier melden.«

Maryke de Graaf, eine Holländerin auf der Plattform über uns, half mir, mit unseren Armen eine Art Wiege zu bilden und Betsie hinauszutragen. Auf der Lagerstraße hatte schon das rhythmische Stampfen begonnen. Wir trugen sie zum Hospital, dann blieben wir stehen. Im Schein der Straßenlaternen sahen wir die lange Reihe der sich Krankmeldenden, die sich bis um die Ecke des Hauses zog. Im schwärzlichen Schnee lagen drei Frauen an der Stelle, an der sie hingefallen waren.

Wortlos machten Maryke und ich kehrt und trugen unsere Last in die Lagerstraße zurück. Nach dem Appell brachten wir sie wieder ins Bett. Sie konnte nur langsam und undeutlich sprechen, bemühte sich aber, etwas zu sagen.

»Ein Lager, Corrie ... Ein Konzentrationslager. Aber wir sind ... verantwortlich ...«

Ich mußte mich sehr dicht über sie beugen, um sie verstehen zu können. Das Lager war in Deutschland. Es war kein Gefängnis mehr, sondern ein Heim, wohin Menschen, die durch diese Philosophie des Hasses und der Gewalt verdorben worden waren, freiwillig kommen konnten. Es gab dort keine Mauern, keinen Stacheldraht, und vor den Barackenfenstern waren Blumenkästen. »Es wird so gut für sie sein ... zu sehen, wie sie wachsen. Menschen können von Blumen lernen, zu lieben ...«

Ich wußte jetzt, welche Menschen sie meinte. Die Deutschen. Ich dachte an die Schlange, die am Morgen in der Baracke mich aufgefordert hatte, meine Nummer zu nennen. »Alle Gefangenen müssen zur Zählung anwesend sein.«

Ich blickte in Betsies eingefallenes Gesicht. »Sollen wir das Lager in Deutschland haben, Betsie, anstelle des großen Hauses in Holland?«

Sie schien entsetzt. »O nein! Als erstes kommt das Haus. Es ist bereit und wartet auf uns ... so große, große Fenster! Die Sonne flutet ... herein ...«

Sie bekam einen Hustenanfall, und als sie schließlich wieder still dalag, sah man einen Blutfleck im Stroh. Sie hatte am Tage und in der folgenden Nacht einen unruhigen Schlaf, wachte immer wieder auf, weil ihr ein neuer Einfall hinsichtlich unserer Arbeit in Holland oder Deutschland kam.

»Die Baracken sind grau, Corrie, aber wir werden sie grün streichen, hellgrün, wie das Grün im Frühling.«

»Werden wir zusammen sein, Betsie? Werden wir das alles zusammen tun? Bist du dessen sicher?«

»Immer zusammen, Corrie! Du und ich ... immer zusammen.«

Als am nächsten Morgen die Pfeife ertönte, trugen Maryke und ich Betsie wieder aus dem Schlafraum. Die Schlange stand an der Tür zur Straße. Als wir mit unserer leichten Last hindurchgehen wollten, versperrte sie uns den Weg. »Tragen Sie sie wieder auf ihr Bett.«

»Ich denke, alle Gef ...«

»Tragen Sie sie wieder auf ihr Bett!«

Verwundert taten wir es. Ein Graupelschauer prasselte gegen die Fenster. War es möglich, daß die Atmosphäre in Baracke 28 selbst diese grausame Aufseherin beeinflußt hatte?

Gleich nach dem Appell rannte ich in den Schlafraum zurück. Neben unserem Bett stand die Schlange. Zwei Sanitäter aus dem Hospital stellten dort gerade eine Bahre auf den Boden. Die Schlange richtete sich fast schuldbewußt auf, als ich mich nahte. »Die Gefangene kann abtransportiert werden«, sagte sie kühl.

Ich betrachtete sie genauer: hatte sie Flöhe und Läuse riskiert, um Betsie das Anstehen der Kranken vor dem Hospital zu ersparen? Sie hielt mich nicht zurück, als ich hinter der Bahre herging. Unsere Strickerinnengruppe kam gerade in den großen Raum. Als wir vorübergingen, kniete sich eine polnische Freundin hin und machte das Kreuzeszeichen.

Die Graupeln stachen uns ins Gesicht, als wir hinauskamen. Ich trat dicht an die Bahre, um so etwas wie einen Schild für Betsie zu bilden. Wir gingen an der Reihe der wartenden Kranken vorüber und dann durch die Tür und in einen großen Krankensaal. Sie stellten die Bahre auf den Fußboden, und ich beugte mich hinunter, um Betsies Worte zu verstehen.

»... müssen den Menschen sagen, was wir hier gelernt haben. Müssen ihnen sagen, daß kein Abgrund so tief ist, daß Er einen nicht herausholen könnte. Sie werden auf uns hören, Corrie, weil wir hier gewesen sind.«

»Aber wann wird das alles geschehen, Betsie?«

»Jetzt, gleich. Ach, sehr bald! Am ersten Januar, Corrie, werden wir aus dem Gefängnis heraus sein.«

Eine Schwester hatte mich bemerkt. Ich ging rückwärts aus dem Saal und sah, wie sie Betsie auf ein schmales Bett am Fenster legten. Ich rannte hinaus, stellte mich vor das Fenster. Schließlich erblickte Betsie mich; wir tauschten ein Lächeln und lautlose Worte, bis ein Lagerpolizist mich anschrie, ich solle weitergehen.

Gegen Mittag legte ich meine Strickarbeit hin und ging in den Mittelraum. »Gefangene 66 730 bittet um die Erlaubnis, das Hospital zu besuchen.« Ich stand stramm.

Die Schlange blickte auf, dann stellte sie mir einen Passierschein aus. Draußen graupelte es noch. Ich erreichte die Tür des Krankensaals, aber die widerliche Schwester wollte mich nicht hereinlassen, selbst mit meinem Passierschein nicht. Darum ging ich wieder zu dem Fenster in der Nähe von Betsies Bett. Ich wartete, bis die Schwester den Raum verlassen hatte. Dann klopfte ich leise an die Scheibe.

Betsie schlug die Augen auf. Langsam wandte sie ihren Kopf mir zu. »Geht's dir gut?« fragte ich, die Worte mit den Lippen bildend.

Sie nickte.

»Ruh dich aus«, fuhr ich fort.

Sie bewegte die Lippen, aber ich verstand nicht, was sie sagen wollte. Sie formte die Worte von neuem. Ich beugte den Kopf nach einer Seite. Die blauen Lippen öffneten sich wieder:

»... so viel zu tun ...«

Die Schlange hatte den Nachmittag und Abend frei, und obwohl ich die anderen Aufseherinnen wiederholt bat, erlaubte man mir nicht, noch einmal hinzugehen. Aber gleich nach dem Appell am nächsten Morgen eilte ich zum Hospital, ob's mir erlaubt war oder nicht.

Ich erreichte das Fenster und hielt mir die Hände über die Augen, um hineinzuspähen. Eine Schwester stand unmittelbar zwischen mir und Betsie. Ich duckte mich, damit sie mich nicht sah, wartete eine Minute, blickte dann wieder hinein. Eine zweite Schwester hatte sich der ersten zugesellt, und beide standen jetzt dort und versperrten mir den Blick. Die eine ging zum Kopfende, die andere zum Fußende des Bettes: neugierig betrachtete ich, was darin lag. Es war eine aus vergilbtem alten Elfenbein geschnitzte Figur. Sie hatte nichts an; ich konnte jede Rippe sehen und durch die pergamentenen Wangen hindurch die Umrisse der Zähne. Es dauerte einen Augenblick, bis mir bewußt wurde, daß es Betsie war.

Die Schwestern hatten jede zwei Zipfel des Lakens ergriffen. Sie hoben es hoch und trugen das Bündel aus dem Raum, ehe mein Herz wieder zu schlagen begonnen hatte. Betsie! Sie hatte noch so viel zu tun! Sie konnte nicht ...

Wohin brachten sie sie? Wohin waren sie gegangen? Ich wandte mich von dem Fenster ab und rannte an dem Gebäude entlang. Dann erinnerte ich mich an die Toilette. Das Fenster an der Rückseite — dort ...

Mechanisch ging ich dorthin, legte die Hand auf die Fensterbank und rührte mich nicht mehr. Wenn sie nun dort war? Wenn sie Betsie dort auf den Fußboden gelegt hatten? Ich ging weiter, ging lange mit schmerzender Brust. Und jedesmal brachten meine Füße mich zu dem Toilettenfenster zurück. Ich wollte nicht hinein. Ich wollte es nicht sehen. Betsie konnte nicht dort sein.

Und ich wanderte wieder ziellos umher. Obwohl ich an mehreren Lagerpolizisten vorüberkam, hielt mich merkwürdigerweise keiner an oder fragte mich. »Corrie!«

Ich drehte mich um und sah, daß Mien mir nachgelaufen kam.

»Corrie, ich habe Sie überall gesucht. Ach, Corrie, kommen Sie.« Sie ergriff meinen Arm und zog mich zur Rückseite des Hospitals.

Als ich merkte, wohin sie wollte, machte ich mich von ihr los. »Ich weiß. Ich weiß es schon.«

Sie schien gar nicht hinzuhören, ergriff von neuem meinen Arm, führte mich zu dem Toilettenfenster und schob mich vor sich hinein. In dem stinkenden Raum stand eine Schwester. Erschrokken wich ich zurück, aber Mien hielt mich fest.

»Dies ist Betsies Schwester«, sagte sie.

Ich wandte den Kopf zur Seite — ich wollte die Leichen an der entgegengesetzten Wand nicht sehen. Mien legte einen Arm um meine Schultern und zog mich durch den Raum, bis wir vor der erschütternden Reihe von Toten standen.

»Corrie! Sehen Sie sie?«

Ich blickte auf Betsies Gesicht. Herr Jesus, was hast du getan! Ach, Herr, was sagst du? Was schenkst du mir?

Denn dort lag Betsie mit geschlossenen Augen wie im Schlaf, und ihr Gesicht war nicht mehr abgezehrt, sondern frisch und jung. Die Sorgenfalten, die Kummerfalten, die tiefen Höhlen von Hunger und Krankheit waren verschwunden. Dies war die Betsie aus Haarlem, glücklich und in Frieden. Stärker! Freier! Dies war die himmlische Betsie, strotzend von Freude und Gesundheit. Selbst ihr Haar lag anmutig um den Kopf, als habe ein Engel das getan.

Schließlich wandte ich mich fragend Mien zu. Die Schwester ging stumm zur Tür und öffnete sie uns. »Sie können durch den Flur gehen«, sagte sie leise.

Ich blickte noch einmal in das strahlende Gesicht meiner Schwester, dann verließen Mien und ich zusammen den Raum. Draußen im Flur lag ein Kleiderbündel und oben drauf Nollies blauer Pullover.

Ich bückte mich, um ihn an mich zu nehmen. Er war abgetragen und mit Druckerschwärze befleckt, aber er war noch ein Band zu Betsie.

Mien ergriff meinen Arm. »Rühren Sie das nicht an. Läuse. Die Sachen werden alle verbrannt.«

Und so ließ ich das letzte physische Band zurück. Es war im Grunde gut. Es war sogar besser. Was mich jetzt an Betsie band, war die Hoffnung auf den Himmel.

DIE DREI VISIONEN

Die Schönheit von Betsies Gesicht gab mir in den nächsten Tagen Kraft, wenn ich von einer der Frauen, die sie geliebt hatten, zur anderen ging und ihnen ihren Frieden und ihre Freude beschrieb.

Als am dritten Morgen nach ihrem Tode die Zählung beim Appell beendet war, wurden die Insassen der anderen Baracken entlassen, während wir von Baracke 28 die Augen geradeaus in Reih und Glied stehen bleiben mußten. Ein Knarren im Lautsprecher, und eine Stimme sagte: eine Frau werde vermißt und alle aus der Baracke müßten, bis sie gefunden sei, auf der Lagerstraße stehen bleiben. Links rechts, links rechts, endloses Stampfen, um die Kälte aus den müden Beinen zu vertreiben. Die Sonne ging auf, eine bleiche Wintersonne, die nicht wärmte. Ich blickte auf meine Füße hinunter: meine Beine und Knöchel waren grotesk geschwollen. Am Mittag war überhaupt kein Gefühl mehr in ihnen. Betsie, wie glücklich bist du heute! Kein Frieren, kein Hunger, nichts zwischen dir und Jesu Antlitz.

Erst am Nachmittag durften wir in die Baracke zurück. Wir erfuhren später, daß man die vermißte Frau tot auf einer der oberen Plattformen gefunden hatte.

Am nächsten Morgen ertönten aus dem Lautsprecher während des Appells die Worte: »Ten Boom, Cornelia!«

Einen Augenblick blieb ich blöde stehen. Ich war so lange die Gefangene 66 730 gewesen, daß ich fast nicht auf meinen Namen reagierte. Dann trat ich vor.

»Bleiben Sie hier stehen.«

Was sollte das bedeuten? Warum hatte man mich aufgerufen? Hatte mich jemand der Bibel wegen verpfiffen?

Der Appell zog sich hin. Von dort, wo ich stand, konnte ich fast die ganze Lagerstraße sehen: Zehntausende von Frauen standen dort, so weit das Auge reichte, und ihr Atem hing weiß im Dunkeln.

Das Signal zum Abmarsch ertönte. Die Aufseherin machte mir

ein Zeichen, ihr zu folgen. Ich platschte durch den Matsch, versuchte, mit ihr Schritt zu halten. Meine Beine und Füße waren immer noch von dem langen Appell am Tage zuvor stark geschwollen, und ich hatte meine Schuhe mit Bindfaden zugebunden.

Ich hoppelte hinter der Aufseherin in die Verwaltungsbaracke, die an dem dem Hospital entgegengesetzten Ende der Lagerstraße lag. Mehrere Gefangene warteten hintereinander vor einem großen Schreibtisch. Ein Offizier saß dahinter, drückte einen Stempel auf ein Papier und reichte es der vor ihm stehenden Frau.

»Entlassen!« sagte er.

Entlassen? War die Frau also frei? Bedeutete das, daß wir alle . . .?

Er rief einen Namen, und eine andere Gefangene trat vor den Schreibtisch. Eine Unterschrift, ein Stempel: »Entlassen!«

Schließlich rief er: »Ten Boom, Cornelia.« Ich trat wie die anderen an den Tisch und lehnte mich an ihn. Der Offizier unterschrieb, stempelte, und dann hielt ich es in meiner Hand: ein Blatt mit meinem Namen und Geburtsdatum darauf, und oben stand in großen schwarzen Buchstaben: Entlassungsschein.

Verblüfft folgte ich den anderen durch eine Tür links von uns. Dort bekam ich an einem anderen Schreibtisch einen Fahrtausweis ausgehändigt, der mich berechtigte, durch Deutschland zur holländischen Grenze zu fahren. Ein vor dem Büro stehender Wachtposten verwies mich in ein anderes Büro, das am Ende des Flures lag. Dort streiften die Gefangenen, die vor mir an der Reihe gewesen waren, ihre Kleider über den Kopf und stellten sich dann vor der Rückwand auf. »Die Kleidung bleibt hier«, sagte eine Kalfaktorin lächelnd zu mir. »Damit beginnt die Entlassung«, erklärte sie.

Ich zog den Beutel mit der Bibel mit meinem Kleid über den Kopf, rollte beides zusammen und schob das Bündel unten in den Kleiderhaufen. Dann stellte ich mich wie die anderen mit bloßem Rücken an die rauhe Holzwand. Seltsam, daß das Wort Entlassung die Gefängnisprozeduren hundertmal hassenswerter gemacht hatte. Wie oft hatten Betsie und ich so dagestanden! Aber der Gedanke an die Freiheit hatte sich in mir geregt, und ich fand diese Untersuchung beschämender als alle anderen.

Schließlich kam der Arzt, ein sommersprossiger junger Mann in Uniform. Mit unverhüllter Verachtung musterte er die in einer

Reihe stehenden Frauen. Eine nach der anderen mußten wir uns bücken, umdrehen, die Finger spreizen. Als ich an die Reihe kam, blickte er auf meine Füße hinunter, und seine Lippen verzogen sich angewidert. »Ödem«, sagte er. »Hospital.«

Und schon war er fort. Mit einer anderen Frau, die nicht »bestanden« hatte, zog auch ich wieder die alten Sachen an und folgte der Kalfaktorin aus der Baracke. Es war Tag geworden, und aus dem trüben grauen Himmel fiel Schnee. Wir gingen die Lagerstraße hinauf, an den endlosen Barackenstraßen vorüber.

»Dann werden wir also nicht entlassen?«

»Doch, sobald die Schwellung an Ihren Beinen vergangen ist, nehme ich an«, sagte die Kalfaktorin. »Sie entlassen nur Gesunde.« Ich sah, wie sie zu der anderen Gefangenen hinblickte: Haut und Augen der Frau waren dunkelgelb.

Wieder wartete eine lange Reihe vor dem Krankenrevier, aber wir gingen geradenwegs durch die Tür und dann in einen Krankensaal hinein. Die Betten — immer eins über dem anderen — standen dicht nebeneinander. Mir wurde ein oberes angewiesen neben einer Frau, deren Körper mit Geschwüren bedeckt war, aber wenigstens war es nahe der Wand, so daß ich meine geschwollenen Beine hochhalten konnte. Das war jetzt das einzig Wichtige: zu erreichen, daß sie abschwollen und ich bei der Untersuchung durchkam.

Ob dieser Freiheitsstrahl ein neues unbarmherziges Licht auf Ravensbrück warf oder ob dies hier wirklich schlimmer als alles andere Bisherige war, vermochte ich nicht zu sagen. Das Leiden war unvorstellbar. Um mich herum lagen Überlebende eines Luftangriffs auf einen Gefangenenzug, der auf der Fahrt hierher bombardiert worden war. Die Frauen waren furchtbar verstümmelt und litten entsetzlich, aber es schien keinen zu rühren.

Selbst bei den übrigen Patientinnen bemerkte ich eine steinerne Gleichgültigkeit anderen gegenüber, und das war die schlimmste Krankheit des Konzentrationslagers. Ich spürte, daß auch ich von ihr angesteckt wurde: wie konnte man überleben, wenn man Mitleid hatte! Die Gelähmten und Bewußtlosen fielen immer wieder aus den schmalen überfüllten Betten: in jener ersten Nacht gleich vier Frauen aus den oberen Betten, und sie starben auf dem Fußboden. Es war besser, nur an seine eigene Not zu denken und vor allem anderen die Augen zu verschließen.

Aber vor den Geräuschen konnte man sich nicht retten. Die ganze Nacht riefen Frauen ein deutsches Wort, das ich nicht kannte. »Schieber!« Immer wieder, immer wieder. Mit der Zeit wurde mir klar, daß sie Bettschüsseln meinten. Für die meisten der Frauen in diesem Raum war es unmöglich, auf die schmutzige Latrine nebenan zu gehen. Schließlich kletterte ich, obwohl ich das meiner Beine wegen nur sehr ungern tat, von meinem Bett herunter und brachte ihnen die Bettschüsseln. Ihre Dankbarkeit war herzzerreißend. »Wer sind Sie? Wer sind Sie? Warum tun Sie das?« — als ob Grausamkeit und Gefühllosigkeit das Normale sei und gewöhnliche Anständigkeit ein Wunder.

Und dann kam Weihnachten . . .

Jeden Morgen ging ich in die Klinik im Hospital, die nach vorn lag, so daß ich das Stampfen der Füße draußen auf der Lagerstraße hören konnte. Jedesmal lautete das Urteil: »Ödem an Füßen und Knöcheln.« Viele von denen, die in die Klinik kamen, waren wie ich entlassene Gefangene. Manche waren schon vor Monaten entlassen worden: ihre Entlassungspapiere waren vom vielen Auseinanderfalten fast zerfetzt. Und — was wäre, wenn Betsie noch lebte? Sicherlich wären wir zusammen entlassen worden. Aber Betsie wäre nie, nie für gesund befunden worden. Was wäre, wenn sie jetzt mit mir hier wäre? Was, wenn ich bei der Untersuchung durchkam und sie . . .?

»Es gibt keine ›Wenns‹ in Gottesreich.« Ich hörte ihre sanfte Stimme das sagen. »Sein Zeitplan ist vollkommen. Sein Wille ist unser Versteck. Herr Jesus, bewahre mich in deinem Willen. Laß es nicht zu, daß ich den Wahnsinn begehe, aus ihm davonzulaufen.«

Ich blickte immer wieder nach jemandem aus, dem ich die Bibel schenken könnte. Wie leicht würde es sein, wenn ich erst wieder in Holland war, eine andere — hundert andere zu bekommen. Es waren nicht viele Holländerinnen in dem Saal, die den holländischen Text würden lesen können, aber schließlich hängte ich einer dankbaren jungen Frau aus Utrecht den Beutel mit der Bibel um den Hals.

In der sechsten Nacht, die ich in dem Saal verbrachte, waren beide Bettschüsseln plötzlich auf geheimnisvolle Weise verschwunden. In einem Oberbett am Mittelgang lagen zwei ungarische

Zigeunerinnen, die unentwegt schwatzten. Ich ging nie an dem Bett vorüber, weil die eine an einem Fuß Brand hatte und jedem, der sich ihr nahte, mit ihm ins Gesicht trat. Jetzt rief jemand, die Zigeunerinnen hätten die Bettschüsseln unter ihren Decken versteckt, um sich den Gang zur Toilette zu ersparen. Ich ging zu ihnen und versuchte, ihnen gut zuzureden — obwohl ich nicht wußte, ob sie deutsch verstanden oder nicht.

Plötzlich wand sich im Dunkeln etwas Klebriges und Feuchtes um mein Gesicht. Die Frau hatte den Verband von ihrem Fuß abgerissen und auf mich geworfen. Ich rannte schluchzend den Flur entlang und wusch und wusch mein Gesicht unter dem Wasserhahn in der Latrine. Nie wieder würde ich jenen Gang betreten. Was gingen mich die elenden Bettschüsseln an! Ich konnte es nicht ertragen ... Aber natürlich ging ich zurück. Ich hatte in dem vergangenen Jahr viel gelernt, hatte gelernt, was ich ertragen konnte und was nicht. Als die Zigeunerinnen mich auf sich zukommen sahen, fielen die beiden Bettschüsseln mit lautem Geklapper auf den Boden.

Am nächsten Morgen drückte der diensttuende Arzt in der Klinik einen Stempel auf meinen Entlassungsschein, und damit war meine Entlassung ärztlich genehmigt. Bis jetzt war alles so langsam gegangen, aber jetzt begann ein geradezu atemraubendes Tempo. In einer Kleiderkammer unweit des Lagertors wurde ich neu eingekleidet: Unterwäsche; ein wollener Rock; eine wirklich schöne seidene Bluse; stabile, fast neue Schuhe; ein Hut; ein Mantel. Ich mußte ein Formular unterschreiben, auf dem stand, daß ich in Ravensbrück nie krank gewesen sei, nie einen Unfall gehabt hätte und die Behandlung gut gewesen sei. Ich tat es.

In einem anderen Gebäude bekam ich eine Tagesbrotration und Lebensmittelkarten für drei weitere Tage. Ebenso erhielt ich meine Uhr, mein holländisches Geld und Mamas Ring wieder. Und dann stand ich mit zehn oder zwölf anderen Frauen am Tor.

Das schwere Eisentor öffnete sich. Hinter einer Aufseherin marschierten wir hindurch. Wir erklommen den kleinen Berg: ich konnte jetzt den von einem Ufer zum anderen zugefrorenen See sehen. Die Tannen und der in der Ferne aufragende Kirchturm glitzerten in der Wintersonne wie auf einer altmodischen Weihnachtskarte.

Ich konnte es noch nicht glauben. Vielleicht gingen wir nur zu der Siemensfabrik und würden heute abend ins Lager zurückmarschieren. Aber auf dem Berg bogen wir nach links ein und gingen den Weg zu der kleinen Stadt hinunter. Ich spürte, wie meine Füße in den engen neuen Schuhen wieder anschwollen, aber ich biß mich auf die Lippe und marschierte tapfer weiter. Ich malte mir aus, wie die Aufseherin sich umdrehte, spöttisch mit dem Finger auf mich zeigte und sagte: »Ödem! Sie muß ins Lager zurück!«

Auf dem kleinen Bahnhof verließ sie uns, ohne sich noch einmal nach uns umzublicken. Offenbar fuhren wir zunächst alle nach Berlin, wo sich dann unsere Wege trennten. Wir mußten lange auf den kalten Eisenbänken warten.

Mir erschien das alles immer noch unwirklich; nur eins kam mir vertraut vor, das Hungergefühl, aber so lange ich konnte, rührte ich meine Brotration nicht an. Schließlich griff ich doch in meine Manteltasche. Das Päckchen war fort. Ich sprang von der Bank auf, blickte darunter, ging noch einmal zum Bahnhofseingang zurück. Aber ob ich es verloren hatte oder ob es mir gestohlen worden war, das Brot war fort und mit ihm die Lebensmittelkarten.

Endlich fuhr ein Zug in den Bahnhof ein, und wir liefen eilig auf ihn zu. Aber nur Militär durfte ihn benutzen. Am Spätnachmittag gestattete man uns, in einen Postzug zu steigen, doch schon zwei Stationen später mußten wir wieder aussteigen, weil Kisten mit Lebensmitteln darin verladen wurden. Kurz nach Mitternacht erreichten wir den riesigen, von Bomben halb zerstörten Bahnhof in Berlin.

Es war Neujahr 1945. Betsie hatte recht gehabt. Sie und ich waren an diesem Tage nicht mehr im Gefängnis . . .

Schnee fiel durch ein zerbombtes Glasdach, während ich verwirrt und verängstigt durch den halb zerstörten Bahnhof ging. Ich wußte, daß ich den Zug nach Ülzen finden mußte, aber die Monate, in denen ich nur tun durfte, was man mir befahl, hatten mir jede Initiative genommen. Schließlich schickte mich jemand zu einem fernen Bahnsteig. Jeder Schritt in den steifen neuen Schuhen war eine Qual. Als ich endlich den Bahnsteig erreichte, stand auf dem Schild nicht: Ülzen, sondern: Olsztyn, eine Stadt in Polen. Ich mußte den ganzen weiten Weg noch einmal machen.

Ein älterer Mann schaufelte Bombentrümmer auf einen Haufen. Als ich ihn fragte, wo der Zug abgehe, nahm er mich am Arm und führte mich selber auf den richtigen Bahnsteig. »Ich bin einmal in Holland gewesen«, sagte er, sehnsüchtig daran zurückdenkend, »als meine Frau noch lebte, wissen Sie. Wir waren damals an der See.«

Ein Zug stand dort, und ich stieg ein. Es dauerte Stunden, bis noch jemand einstieg, doch ich wagte nicht, wieder auszusteigen, weil ich fürchtete, den Weg zurück nicht zu finden. Als der Zug sich in Bewegung setzte, war ich vor Hunger schwindlig. An der ersten Station hinter Berlin folgte ich den anderen Fahrgästen in den Wartesaal. Ich zeigte der Frau hinter der Theke meine holländischen Gulden und sagte, ich hätte meine Lebensmittelkarten verloren.

»Die Geschichte kenne ich! Machen Sie, daß Sie fortkommen, sonst rufe ich die Polizei!«

Die Fahrt nahm kein Ende. Lange Strecken konnte der Zug nur kriechen. Dann mußte er viele Umwege machen, und immer wieder hieß es: Umsteigen. Oft hielten wir aus Angst vor Luftangriffen in einem Bahnhof überhaupt nicht, sondern auf dem platten Land.

Und währenddessen glitt an meinem Fenster das einst so schöne Deutschland vorüber: vom Feuer geschwärzte Wälder, die dunkle Ruine einer Kirche, die über einem zerstörten Dorf aufragte. Als ich Bremen sah, kamen mir die Tränen. In der ganzen Trümmerwüste erspähte ich nur einen Menschen, eine alte Frau, die in einem Steinhaufen stocherte.

In Ülzen mußten wir lange auf den Anschluß warten. Es war spät abends, und der Bahnhof war menschenleer. Ich setzte mich in einen Wartesaal, in dem niemand war, schlief vor Müdigkeit ein, und dabei sank mein Kopf auf den kleinen Tisch vor mir.

Züge kamen oder kamen nicht. Ich stieg ein und aus. Und dann stand ich in einer Reihe vor einem Zollschuppen, und an dem kleinen Bahnhofsgebäude stand: Nieuwerschans.

Als ich aus dem Schuppen wieder herauskam, kam ein Arbeiter in blauer Mütze und blauem Overall auf mich zu.

»Hier. Auf den Beinen kommen Sie nicht weit. Fassen Sie mich unter.«

Er sprach holländisch.

Ich faßte ihn unter und humpelte über ein paar Gleise zu einem, auf dem ein anderer Zug wartete, aus dessen Lokomotive schon Rauch aufstieg. Ich war in Holland. Mit einem Ruck fuhr der Zug an. Draußen sah man verschneite flache Felder. Zu Hause. Es war immer noch das besetzte Holland. Deutsche Soldaten standen immer noch in Abständen längs der Gleise — trotzdem war es die Heimat.

Der Zug fuhr nur bis Groningen, einer holländischen Stadt unweit der Grenze. Dahinter waren die Gleise herausgerissen. Mit meiner letzten Kraft hinkte ich zu einem Krankenhaus in der Nähe des Bahnhofs.

Eine Schwester in blitzsauberem weißen Kittel führte mich in ein kleines Büro. Als ich meine Geschichte erzählt hatte, verließ sie den Raum. Nach ein paar Minuten kam sie mit einem Tablett, auf dem eine Kanne Tee und ein Teller mit Zwieback standen, wieder. »Ich habe sie nicht mit Butter bestrichen«, sagte sie. »Sie sind unterernährt. Sie müssen mit dem Essen vorsichtig sein.«

Tränen fielen in den heißen Tee, als ich ihn trank. Da war jemand, der sich meiner annahm. Im Hospital sei kein Bett frei, aber eine der Schwestern sei auf Urlaub und ich könne ihr Zimmer bekommen. »Ich lasse gerade ein heißes Bad für Sie ein.«

Ich folgte ihr wie im Traum durch blanke Flure. In einem großen Badezimmer stiegen Dampfwolken aus einer strahlend weißen Wanne. Noch nie hatte ich in meinem Leben etwas so genossen wie dieses Bad. Ich lag bis zum Kinn darin und spürte, wie wohl das warme Wasser meiner verschorften Haut tat. »Nur noch fünf Minuten«, bettelte ich jedesmal, wenn die Schwester an die Tür klopfte.

Schließlich ließ ich mir von ihr ein Nachthemd reichen und mich in ein Zimmer führen, wo ein frisch gemachtes Bett auf mich wartete. Laken. Weiße Laken. Ich mußte immer wieder mit meinen Händen über sie streichen. Die Schwester schob ein zweites Kissen unter meine geschwollenen Beine. Ich hielt mich krampfhaft wach: hier sauber zu liegen und mit allem versorgt zu werden, war eine solche Freude, daß ich nicht eine Minute davon verschlafen wollte.

Zehn Tage blieb ich in dem Krankenhaus in Groningen und spürte, wie meine Kraft wiederkehrte. Die meisten Mahlzeiten nahm ich mit den Schwestern in deren Eßzimmer ein. Als ich das erste Mal den mit silbernen Bestecken und Gläsern gedeckten Tisch sah, fuhr ich erschrocken zurück.

»Sie haben eine Feier. Ich werde mir das Essen mit in mein Zimmer nehmen.« Für Lachen und Geplauder fühlte ich mich noch nicht fähig.

Die junge Frau neben mir lachte, als sie mich zu einem Stuhl geleitete. »Es ist keine Gesellschaft. Es ist nur ein Abendessen und ein recht bescheidenes obendrein.«

Ich setzte mich und starrte auf Messer, Gabeln, Tischtuch — hatte ich einmal jeden Tag im Jahr so gegessen? Wie eine Wilde, die zum erstenmal an einem zivilisierten Essen teilnimmt, bemühte ich mich, es den anderen gleichzutun, die einander bedächtig Brot und Käse reichten und gemächlich ihren Kaffee rührten.

Ich sehnte mich so sehr nach Willem und Nollie — aber wie sollte ich bei dem Reiseverbot zu ihnen kommen? Auch telefonieren konnte man kaum, doch die Telefonistin im Krankenhaus brachte es wenigstens fertig, ihrer Kollegin in Hilversum mitzuteilen, daß Betsie tot und ich entlassen sei.

In der Mitte der zweiten Woche arrangierte es die Krankenhausverwaltung, daß mich ein Lastwagen, der Lebensmittel in den Süden brachte, mitnahm. Es war eine illegale Fahrt bei Nacht. Die Lebensmittel waren von einer für Deutschland bestimmten Sendung abgezweigt worden. In der grauen Morgendämmerung hielt der Lastwagen vor Willems großem Pflegeheim. Ein hochgewachsenes, breitschultriges Mädchen öffnete auf mein Klopfen und eilte dann den Flur hinunter, um zu verkünden, daß ich da sei.

Und gleich darauf schlossen Tine und zwei meiner Nichten mich in ihre Arme. Willem kam langsam, sich auf einen Stock stützend, durch den Flur gehinkt. Wir umarmten uns lange, während ich die Einzelheiten von Betsies Krankheit und Tod berichtete.

»Fast«, sagte Willem leise, »fast wünschte ich, ich würde das gleiche von Kik erfahren. Es wäre gut für ihn, bei Betsie und Vater zu sein.« Sie hatten seit der Verschleppung ihres Sohnes nach Deutschland nie wieder etwas von ihm gehört. Ich erinnerte mich noch, wie er, als wir durch die verdunkelten Straßen auf unseren Fahrrädern zu Pickwick fuhren, die Hand auf meine Schulter legte, damit wir uns nicht im Dunkel verloren. Erinnerte mich daran, wie er mir immer wieder geduldig eingetrichtert hatte: »Du hast keine Lebensmittelkarten, Tante Corrie. In diesem Hause sind keine Juden.« Kik! Sind die Jungen und Tapferen ebenso verletzlich wie die Alten und Schwerfälligen?

Ich blieb vierzehn Tage in Hilversum und versuchte, mich mit dem abzufinden, was meine Augen mir gleich zu Anfang gesagt hatten. Willem war ein Sterbender. Nur er selber schien das nicht zu ahnen, während er durch die Flure seines Hauses hinkte und den seiner Fürsorge Anvertrauten Trost und Rat brachte. Sie hatten im Augenblick über fünfzig Patienten. Aber was mich am meisten erstaunte, waren die vielen jungen Frauen, die halfen: Hilfsschwestern, Küchenhilfen, Sekretärinnen. Es dauerte mehrere Tage, bis ich dahinterkam, daß die meisten dieser »Mädchen« junge Männer waren, die hier versteckt wurden, um nicht als Zwangsarbeiter nach Deutschland geschickt zu werden, was erbarmungsloser denn je geschah.

Aber etwas in mir konnte nicht zur Ruhe kommen, ehe ich nicht wieder in Haarlem war. Nollie war natürlich dort. Aber es war auch das Beje, etwas in dem Hause, das mich rief, mir winkte, mir sagte, ich solle heimkommen.

Das Problem jedoch war wieder: wie dorthin gelangen? Willem hatte für sein Heim einen Wagen zur Verfügung, aber nur im Umkreis von Hilversum. Nach vielen Telefonanrufen gelang es ihm schließlich, für mich eine Fahrgelegenheit zu finden.

Die Straßen waren fast leer; wir begegneten nur zwei anderen Autos bis zu der Stelle, wo das Auto aus Haarlem mich erwartete. Wir sahen es im Schnee am Straßenrand stehen, eine lange schwarze Limousine mit amtlichen Kennzeichen, vor deren Hinterfenster ein Vorhang gezogen war. Ich küßte Willem zum Abschied und stieg dann schnell, wie man mich instruiert hatte, hinten in die Limousine ein. Selbst im Dämmerlicht erkannte ich die plumpe Gestalt neben mir sofort.

»Oom Herman!« rief ich.

»Meine liebe Cornelia!« Seine große Hand schloß sich um meine beiden. »Gott gewährt mir, dich wiederzusehen.«

Das letzte Mal hatte ich Pickwick zwischen zwei Soldaten mit blutendem Kopf im Gefängnisbus in Den Haag gesehen. Jetzt saß er hier und wollte von Mitleid nichts hören. Als wäre das Geschehene viel zu trivial, um sich daran zu erinnern.

Wie eh und je schien er über alles, was in Haarlem vorging, gut informiert zu sein, und als der Chauffeur uns durch die stillen Straßen fuhr, berichtete er mir alle Einzelheiten, die zu wissen mich brennend verlangte. Alle unsere Juden waren in Sicherheit bis auf Mary Itallie, die nach ihrer Verhaftung auf der Straße nach Polen verschleppt worden war. Unsere Gruppe war noch tätig, wenn auch viele der jungen Männer sich versteckt halten mußten.

Er bereitete mich darauf vor, daß im Beje vieles anders geworden sei. Nachdem die Polizeiwache zurückgezogen worden war, hätte dort eine Reihe von Familien, deren Wohnungen zerstört waren, gehaust. Im Augenblick freilich, glaube er, wohne niemand über dem Laden. Noch bevor die Siegel an den Eingangstüren entfernt worden seien, sei die treue Toos aus Scheveningen zurückgekehrt und habe den Laden wieder geöffnet. Herr Beukers, der Optiker nebenan, habe ihr in seinem Geschäft Platz zur Verfügung gestellt. Dort hatte sie reparaturbedürftige Uhren angenommen und sie an unsere Uhrmacher weitergegeben, die sie bei sich zu Hause reparierten.

Als meine Augen sich an das Dämmerlicht gewöhnt hatten, sah ich das Gesicht meines Freundes deutlicher. Auf dem unförmigen Kopf waren vielleicht noch ein oder zwei Höcker mehr, und es fehlten ihm Zähne — aber dieser freundlichen Häßlichkeit hatten die Schläge kaum etwas anhaben können. Die Limousine fuhr jetzt durch die engen Straßen Haarlems, über die Spaarnbrücke, den Grote Markt im Schatten St. Bavos in die Barteljorisstraat.

Noch ehe das Auto hielt, sprang ich schon hinaus, rannte in die kleine Gasse zur Haustür hinein und in Nollies Arme. Sie und ihre Töchter waren den ganzen Morgen dort gewesen, hatten für mein Heimkommen geschrubbt und gefegt, Fenster geputzt, Betten gelüftet. Über Nollies Schulter sah ich Toos lachend und weinend zugleich in der Hintertür zum Laden stehen. Lachend, weil ich zu Hause war; weinend, weil Vater und Betsie, die beiden einzigen Menschen, die sie je geliebt hatte, nie wiederkommen würden.

Zusammen gingen wir durch Haus und Laden, betrachteten alles, strichen mit der Hand über dies und jenes — »erinnerst du dich noch, wie Betsie diese Tassen im Schrank aufstellte?« — »Erinnerst du dich, wie Meta Eusie schalt, weil er seine Pfeife hier hatte liegen lassen?« Ich stand auf dem Treppenabsatz vor dem Eßzimmer und fuhr mit meiner Hand über das glatte Holz der friesischen Uhr. Ich sah, wie Vater hier stehenblieb, und Kapteyn hinter ihm.

»Die Uhr darf nicht stehen bleiben ...«

Ich öffnete das Glas, stellte die Zeiger nach meiner Armbanduhr und zog langsam die Gewichte hoch. Ich war zu Hause. So wie die Uhr wieder ging, begann das Leben wieder: am Vormittag reparierte ich Uhren an der Werkbank, und mittags fuhr ich sehr oft auf meinem Fahrrad ohne Reifen in die Bos-en-Hoven Straat.

Und dennoch war ich nicht zu Hause. Ich wartete auf etwas, spähte nach etwas aus. Tagelang wanderte ich durch die Gassen und an den Kanalufern in der Nähe entlang und rief Maher Shalal Hashbaz bei Namen. Die ältere Gemüsehändlerin drei Läden weiter hinunter sagte mir, die Katze habe in der Nacht unserer Verhaftung vor ihrer Tür miaut und sie habe sie hereingeholt. Monatelang hätten die Kinder in der Nachbarschaft sich zusammengetan, um »Opas Kätzchen« Futter zu bringen. Sie hätten Abfall aus Mülleimern gebracht und sogar trotz der wachsamen Augen ihrer Mütter etwas von ihrem eigenen dürftigen Essen herausgeschmuggelt, und die Katze sei fett geblieben und habe ihr glänzendes Fell behalten.

Mitte Dezember, sagte sie, sei sie eines Abends auf ihr Rufen nicht erschienen, und seitdem habe sie sie nicht wiedergesehen. Und so machte ich mich auf die Suche, aber ohne viel Hoffnung: in diesem Hungerwinter Hollands kam weder ein Hund noch eine Katze auf mein Rufen.

Ich vermißte noch mehr als die Katze; in die leeren Zimmer des Beje gehörten Menschen. Ich erinnerte mich, wie Vater zu dem Gestapochef in Den Haag gesagt hatte: »Ich werde meine Tür für jeden öffnen, der in Not ist ...« Niemand in der Stadt war in größerer Not als die Geistesschwachen. Seit dem Beginn der Nazibesetzung waren sie von ihren Familien in Hinterzimmern versteckt worden — ihre Schulen waren geschlossen —, versteckt vor einer Regierung, die entschieden hatte, daß sie nicht lebensfähig waren. Bald lebte eine Gruppe von ihnen im Beje. Sie konnten nicht auf die Straße gehen, aber hier hatten sie wenigstens eine neue Umgebung, und ich konnte mich mit ihnen beschäftigen, wenn ich nicht in der Werkstatt sein mußte.

Dennoch blieb meine Ruhelosigkeit. Ich war zu Hause, ich arbeitete, hatte viel zu tun — oder? Oft fuhr ich, wenn ich an meiner Werkbank saß, zusammen, weil mir plötzlich bewußt wurde, daß ich eine Stunde ins Leere gestarrt hatte. Die Uhrmacher, die

Toos gefunden hatte — sie waren noch von Vater ausgebildet —, waren ausgezeichnet. Ich verbrachte immer weniger Zeit in dem Laden; was oder wen ich suchte, fand ich nicht.

Auch nicht oben. Ich liebte die friedlichen Kinder, für die ich sorgen mußte, aber das Beje war nicht mehr mein Zuhause. Im Gedanken an Betsie kaufte ich Pflanzen für jede Fensterbank, doch ich vergaß sie zu begießen, und sie gingen ein.

Vielleicht vermißte ich die Herausforderung des Untergrunds. Als die nationale Gruppe mit einer Bitte an mich herantrat, war ich sofort Feuer und Flamme dafür. Sie hatten gefälschte Entlassungspapiere für einen Gefangenen im Haarlemer Gefängnis. Was konnte einfacher sein, als mit diesen Papieren um die Ecke und durch die vertraute Holztür zu gehen?

Aber als die Tür sich hinter mir schloß, begann mein Herz wild zu schlagen. Wenn ich hier nun nicht wieder herauskam? Wenn ich in einer Falle saß?

»Ja?« Ein junger Polizeileutnant mit rotblondem Haar kam auf mich zu. »Sind Sie bestellt?«

Es war Rolf. Warum war er so kühl zu mir? Sollte ich verhaftet werden? Würde man mich in eine Zelle sperren?

»Rolf«, sagte ich, »kennen Sie mich nicht?«

Er blickte mich an, als versuche er sich zu besinnen.

»Natürlich!« sagte er dann. »Die Dame aus dem Uhrenladen. Ich habe gehört, Sie hätten ihn eine Weile geschlossen.«

Ich starrte ihn an. Rolf wußte doch alles — und dann fiel mir ein, wo wir waren: in der Haupthalle des Polizeipräsidiums, und ein halbes Dutzend deutscher Soldaten beobachtete uns. Und ich hatte einen aus unserer Gruppe mit Namen begrüßt, praktisch eine besondere Beziehung zwischen uns zugegeben, wo es doch das erste Gebot im Untergrund war ... Ich fuhr mir mit der Zunge über die Lippen. Wie konnte ich so töricht gewesen sein?

Rolf nahm die gefälschten Papiere aus meinen zitternden Händen und sah sie durch. »Sie müssen vom Polizeichef und dem militärischen Oberkommando unterschrieben werden«, sagte er. »Können Sie mit ihnen morgen nachmittag um vier noch einmal wiederkommen? Der Chef hat eine Besprechung ...«

Ich hörte gar nicht mehr hin. Auf die Worte »morgen nachmittag« war ich mit einem Satz zur Tür geeilt. Ich stand dankbar auf dem Gehsteig draußen, bis meine Knie aufhörten zu zittern.

Wenn ich je den Beweis gebraucht hätte, daß ich aus mir weder kühn noch klug war, jetzt hatte ich ihn. Wo ich tapfer oder geschickt gewesen war, war das jedesmal ein Geschenk Gottes gewesen. Er hatte mir das für die Aufgabe notwendige Talent geliehen. Und da mir jetzt solche Fähigkeiten fehlten, war klar, daß dies nicht mehr die Arbeit war, die ich für ihn tun sollte.

Demütig schlich ich zum Beje zurück. Und in dem Augenblick, als ich die Gasse betrat, wußte ich, was ich suchte.

Es war Betsie.

Es war Betsie, die ich Tag für Tag von früh bis spät vermißte, seit ich zu dem Fenster im Hospital gelaufen war und sah, daß sie Ravensbrück für immer verlassen hatte. Es war Betsie, die ich hier in Haarlem wiederzufinden geglaubt hatte, hier in dem Uhrenladen und in dem Haus, das sie liebte.

Aber sie war nicht hier, und zum erstenmal seit ihrem Tode fiel mir ein, was sie gesagt hatte. »Wir müssen es den Menschen sagen, Corrie, wir müssen ihnen sagen, was wir gelernt haben . . .«

Und noch in der gleichen Woche begann ich damit. Wenn dies Gottes neue Arbeit für mich war, dann würde er mir den Mut und die Worte geben. Ich fuhr auf meinem Fahrrad durch die Straßen und Außenbezirke von Haarlem und verkündete die Botschaft, daß Freude die Verzweiflung besiegt.

Es war etwas, das die Menschen in jenem freudlosen Frühling 1945 hören mußten. Kein Braut-von-Haarlem-Baum erfüllte die Luft mit seinem Duft; der Stumpf war zu groß gewesen, um ihn auszugraben und als Brennholz zu verwerten. Keine Tulpen verwandelten Felder in bunte Teppiche: die Zwiebeln waren alle verzehrt worden. Jede Familie hatte ihre eigene Tragödie. In Kirchen, Klubräumen und Privathäusern verkündete ich in jenen dunklen Tagen die Wahrheiten, die Betsie und ich in Ravensbrück erkannt hatten.

Und immer bei diesen Zusammenkünften sprach ich von Betsies erster Vision: von einem Heim hier in Holland, in dem jene, die inneren Schaden erlitten hatten, lernen konnten, wieder ohne Angst zu leben. Nach Beendigung einer dieser Reden kam eine schlanke, aristokratische Dame auf mich zu. Ich kannte sie vom Sehen: es war Frau Bierens de Haan, von deren Haus im Vorort Bloemendaal es hieß, es sei eins der schönsten in Holland. Ich hatte es nie gesehen, nur die Bäume am Rand des riesigen Parks, in dem es stand, und darum war ich erstaunt, daß diese elegant gekleidete Frau mich fragte, ob ich noch in dem alten kleinen Hause in der Barteljorisstraat wohne.

»Woher wissen Sie . . . ja, ich wohne noch dort. Aber . . .«

»Meine Mutter hat mir viel davon erzählt. Sie hat dort oft eine Tante von Ihnen besucht, die, wie ich mich zu erinnern glaube, in der Wohlfahrt tätig war.«

Und da fiel mir alles wieder ein: Ich öffnete die Haustür und ließ ein Rauschen von Seide und ein Rascheln von Federn herein. Ein langes Kleid und ein Federhut, der fast zu breit für die schmale Treppe war. Und dann erschien Tante Jans in ihrer Tür mit einem Blick, der einem das Blut erstarren ließ.

»Ich bin Witwe«, sagte Frau Bierens de Haan, »aber ich habe fünf Söhne in der Resistance. Vier leben noch, und es geht ihnen gut. Von dem fünften haben wir nichts gehört, seit er nach Deutschland verschleppt worden ist. Als ich Ihnen vorhin zuhörte, sagte eine Stimme in mir immer wieder: ›Jan wird wiederkommen, und zum Dank wirst du dein Haus für diese Vision Betsie ten Booms öffnen.‹ «

Zwei Wochen später brachte ein kleiner Junge einen wohlriechenden Brief; darin standen nur drei Worte: »Jan ist heimgekehrt.«

Frau Bierens de Haan erwartete mich am Eingang zu ihrem Besitz. Zusammen gingen wir eine alte Eichenallee hinunter, und als wir um die letzte Biegung kamen, sahen wir es: ein Haus mit sechsundfünfzig Räumen inmitten einer großen Rasenfläche. Zwei ältere Gärtner arbeiteten an den Blumenbeeten.

»Wir haben den Park verwildern lassen«, sagte Frau Bierens de Haan, »aber ich finde, wir sollten ihn doch vielleicht wieder in Ordnung bringen. Meinen Sie nicht, daß entlassene Gefangene genesen könnten, wenn sie etwas wachsen sehen?«

Ich antwortete nicht. Ich blickte zu dem Giebeldach hinauf und den Fenstern, den hohen, hohen Fenstern . . .

»Sind drinnen Parkettfußböden?« fragte ich mit trockener Kehle, »und eine breite Galerie, die sich um eine große Halle herumzieht und . . . Statuen in Nischen an den Wänden?«

Frau Bierens de Haan blickte mich überrascht an. »Dann sind Sie also schon einmal hier gewesen! Ich kann mich leider nicht erinnern . . .«

»Nein«, sagte ich. »Ich habe davon gehört . . .«

Ich hielt inne. Wie konnte ich erklären, was ich nicht verstand?

»Von jemandem, der hier gewesen ist?« schloß sie, ohne meine Verwirrung zu verstehen.

»Ja«, sagte ich, »von jemandem, der hier gewesen ist.«

In der zweiten Maiwoche besetzten die Alliierten Holland. Die holländische Flagge hing aus jedem Fenster, und der »Wilhelmus« wurde im wieder freien Radio Tag und Nacht gespielt. Die kanadische Armee brachte eiligst die Lebensmittel, die sie an den Grenzen gestapelt hatte, in die Städte.

Im Juni kamen die ersten von vielen hundert Menschen in das schöne Haus in Bloemendaal. Ob stumm oder endlos von seinen Verlusten berichtend, ob in sich zurückgezogen oder verbissen aggressiv, jeder war ein zerstörter Mensch. Nicht alle waren in Konzentrationslagern gewesen; einige hatten zwei, drei, sogar vier Jahre versteckt in Mansarden und Kammern hier in Holland verbracht.

Eine der ersten war Frau Kan, die Witwe des Besitzers des Uhrenladens ein Stück die Straße hinauf. Herr Kan war in dem Versteck gestorben, in das wir die beiden gebracht hatten; sie kam allein zu uns, eine gebeugte, weißhaarige Frau, die bei jedem Geräusch zusammenzuckte. Andere kamen verletzt an Leib und Seele durch Bombenangriffe oder den Tod von Angehörigen oder weil sie im Krieg wie Ahasver umhergetrieben worden waren, nach Bloemendaal. 1947 erschienen Holländer bei uns, die in Indonesien in japanischer Gefangenschaft gewesen waren.

Obwohl das nicht geplant war, erwies sich das Haus als besonders geeignet für jene, die in Deutschland gefangen gewesen waren. Wenn sie unter sich waren, neigten sie dazu, immer wieder über das zu sprechen, was sie durchgemacht hatten; in Bloemendaal wurden sie daran erinnert, daß sie nicht die einzigen waren, die gelitten hatten. Aber für all diese Menschen gab es nur einen Weg zur Heilung. Jedem hatte man etwas angetan, das er vergeben mußte. Dem Nachbarn, der ihn angezeigt hatte, dem brutalen Aufseher, dem Soldaten.

Seltsamerweise waren es nicht die Deutschen oder die Japaner, denen zu vergeben ihnen am schwersten fiel, sondern ihren holländischen Landsleuten, die sich auf die Seite des Feindes gestellt hatten. Ich sah sie oft auf den Straßen. NSBer mit kahlgeschorenem Kopf und unsteten Augen. Diese früheren Kollaborateure lebten jetzt in jämmerlichen Verhältnissen, wurden aus ihren Häusern und Wohnungen vertrieben, konnten keine Arbeit finden, wurden auf der Straße verhöhnt.

Anfangs fand ich, wir sollten auch sie nach Bloemendaal einladen, damit sie dort Seite an Seite mit denen lebten, denen sie Schlimmes angetan hatten, und so ein neues Mitgefühl auf beiden Seiten geweckt würde. Aber das erwies sich als zu früh für Menschen, die nach dem, was sie durchlitten hatten, ihren Weg ins normale Leben wiederfinden wollten; die beiden Male, die ich es versuchte, endete es in offenen Kämpfen. Und darum übergab ich das Beje, gleich nachdem Heime und Schulen für die Geistesschwachen im ganzen Lande wieder geöffnet wurden, diesen früheren NSBern.

So vergingen diese Jahre nach dem Krieg: man experimentierte, machte Fehler, lernte. Die Ärzte, Psychiater und Ernährungswissenschaftler, die, ohne ein Honorar zu fordern, in alle Heime kamen, in denen Kriegsopfer betraut wurden, zeigten sich manchmal überrascht darüber, daß es bei uns so gar keinen Zwang gab. Beim Morgen- und Abendgottesdienst war ein stetes Kommen und Gehen. Die Tischsitten waren grauenhaft. Ein Mann ging jeden Morgen um drei Uhr nach Haarlem. Ich konnte mich nicht dazu überwinden, eine Pfeife zu benutzen oder zu schelten, Tore abzuschließen oder vorzuschreiben, wann sie wieder zu Hause sein mußten.

Und natürlich brauchten die Menschen verschieden lange, um mit ihrer inneren Qual fertig zu werden, und jeder auf seine eigene Art. Sehr oft begann es, wie Betsie gewußt hatte, im Garten. Wenn Blumen blühten oder Gemüse reifte, wurde weniger von der bitteren Vergangenheit als vom Wetter am nächsten Tage gesprochen. Als sich ihr Horizont erweiterte, erzählte ich ihnen von den Menschen, die im Beje lebten, Menschen, die nie jemand besuchte, die nie Post bekamen. Wenn die Erwähnung der NSBer nicht mehr einen Sturm selbstgerechter Wut auslöste, wußte ich, daß der Betreffende bald ganz genesen würde. Und an dem Tage, da er sagte: »Diese Menschen, von denen Sie da gesprochen haben — ob sie sich wohl über ein paar selbstgezogene Möhren freuen würden?«, wußte ich, das Wunder war geschehen.

Ich hielt Vorträge, teils, weil das Heim in Bloemendaal Geld brauchte, teils, weil das Verlangen, Betsies Geschichte zu hören, mit der Zeit immer stärker zu werden schien. Ich reiste durch ganz Holland, in andere Teile Europas und in die Vereinigten Staaten.

Doch am größten war das Verlangen in Deutschland. Deutschland war ein zerstörtes Land, seine Städte lagen in Schutt und Asche, aber noch erschreckender war, daß auch hier Herzen und Seelen zerstört waren. Man brauchte bloß die Grenze zu überqueren, um das Dunkel zu spüren, das über dem Land hing.

In einem Gottesdienst in München sah ich ihn, den früheren SS-Mann, der vor der Tür zum Duschraum in Ravensbrück Wache gestanden hatte. Er war der erste unserer wirklichen Kerkermeister, den ich seit damals wiedersah. Und plötzlich war das alles wieder lebendig — der Raum voll spottender Männer, die Kleiderhaufen, Betsies vom Schmerz gezeichnetes Gesicht.

Als die Kirche sich leerte, kam er strahlend und sich verbeugend auf mich zu. »Wie dankbar bin ich Ihnen für Ihre Botschaft, Fräulein«, sagte er. »Mir vorzustellen, daß er, wie Sie sagen, meine Sünden abgewaschen hat!«

Er streckte die Hand aus, um meine zu schütteln, aber ich, die ich in Bloemendaal den Menschen so oft gepredigt hatte, daß sie vergeben müßten, ließ meine Hand herunterhängen.

Selbst als die bitteren Rachegedanken in mir kochten, erkannte ich, daß das Sünde war. Jesus Christus war für diesen Mann gestorben; wollte ich mehr verlangen? »Herr Jesus«, betete ich, »vergib mir und hilf mir, ihm zu vergeben.«

Ich versuchte zu lächeln, bemühte mich krampfhaft, meine Hand zu heben. Ich konnte es nicht. Ich fühlte nichts, nicht den kleinsten Funken Wärme oder Erbarmen. Und so hauchte ich wieder ein stummes Gebet. »Jesus, ich kann ihm nicht vergeben. Schenke mir deine Vergebung.«

Und als ich seine Hand nahm, geschah etwas ganz Unglaubliches. Von meiner Schulter herunter, an meinem Arm entlang und durch meine Hand schien ein Strom von mir auf ihn überzugehen, während in meinem Herzen eine Liebe zu diesem Fremden aufloderte, die mich fast überwältigte.

Und so entdeckte ich, daß die Heilung der Welt weder von unserer Vergebung noch von unserer Güte abhängt, sondern allein von seiner. Wenn er uns sagt, daß wir unsere Feinde lieben sollen, dann schenkt er uns mit dem Gebot die Liebe selbst.

Es bedurfte eines großen Maßes von Liebe. Die schlimmste Not im Nachkriegsdeutschland war die Wohnungsnot; neun Millionen Menschen, hieß es, hätten kein Heim. Sie lebten in Ruinen, halb stehengebliebenen Häusern und verlassenen Militärlastwagen.

Eine Kirchengruppe lud mich ein, vor hundert Familien zu sprechen, die in einem ehemaligen Fabrikgebäude hausten. Laken und Decken waren zwischen den einzelnen »Wohnungen« aufgehängt, um so etwas wie eine Intimsphäre vorzutäuschen. Aber die Geräusche ließen sich nicht isolieren: das Wimmern eines Babys, das Geplärr von Radios, die wütenden Worte bei einem Familienstreit. Wie konnte ich zu diesen Menschen von der Wirklichkeit Gottes sprechen und dann in mein stilles Zimmer im Christlichen Hospiz außerhalb der Stadt zurückkehren? Nein, ehe ich ihnen eine Botschaft bringen konnte, würde ich unter ihnen leben müssen. Und in den Monaten, die ich in der Fabrik verbrachte, suchte mich der Leiter eines Hilfswerks auf. Sie hätten von meiner Rehabilitierungsarbeit in Holland gehört, sagte er, und wollten gern wissen ... Schon machte ich den Mund auf, um zu sagen, daß ich in diesen Dingen beruflich nicht ausgebildet sei, da ließen seine nächsten Worte mich verstummen.

»Wir haben für die Arbeit die geeigneten Räumlichkeiten gefunden. Es handelt sich um ein früheres Konzentrationslager, das von der Regierung soeben freigegeben worden ist.«

Wir fuhren nach Darmstadt, um das Lager zu besichtigen. Ein verrosteter Stacheldrahtzaun zog sich noch darum. Ich ging langsam zwischen den düsteren grauen Baracken einen Ascheweg entlang, dann stieß ich eine knirschende Tür auf und betrat einen Raum, in dem Reihen von Metallpritschen standen.

»Blumenkästen«, sagte ich. »Wir müssen vor jedem Fenster einen Blumenkasten haben. Der Stacheldraht muß natürlich verschwinden, und dann brauchen wir Farbe, grüne Farbe. Ein helles Gelbgrün, die Farbe all dessen, was der Frühling neu weckt ...«

Corrie ten Boom

DENNOCH

R. Brockhaus Taschenbuch Bd. 3, 14. Auflage, 157 Seiten

Erlebnisbericht aus dem KZ, das erste Buch Corie ten Booms, mit dem sie durch ihre überwindende Liebe besonders in Deutschland bekannt wurde.

Aus dem Inhalt: Untertaucher — Feindlicher Überfall — Abschied von Haarlem — Im Gefängnis in Scheveningen — Briefe aus der Zelle — Sklavenmarkt — Abtransport nach Deutschland — Engel behüten uns — Sieg in Christo — Totenfeier — Zurück in die Heimat — Daheim in Haarlem.

Und „dennoch" konnte man die Liebe Gottes in ihr nicht zerstören. Sie reist heute durch aller Herren Länder, um Zeugnis abzulegen von dieser Liebe Gottes, die sie auch im Leiden erfuhr.

„Ein Triumph christlichen Glaubens über Haß und Verfolgung"
Lit. Verz. der polit. Wissenschaften

„Das ist einfach entwaffnend — auch für die, die sich nur ungern erinnern lassen . . ."
Sonntagsblatt, Emden

R. BROCKHAUS VERLAG WUPPERTAL